La canción de Dorotea

Autores Españoles e Iberoamericanos

Esta novela obtuvo el Premio Planeta 2001,
concedido por el siguiente jurado:
Alberto Blecua, Pere Gimferrer,
Carmen Posadas, Antonio Prieto, Carlos Pujol,
Terenci Moix y Manuel Vázquez Montalbán.

Rosa Regàs

La canción de Dorotea

Premio Planeta
2001

50 ANIVERSARIO

⊕ Planeta

© Rosa Regàs, 2001

© Editorial Planeta, S. A., 2001
Còrsega, 273-279, 08008 Barcelona (España)

Diseño de la colección: Silvia Antem y Helena Rosa-Trias

Ilustración de la sobrecubierta: «Interior» (1906), de Vilhelm Hammershøi,
Randers Kunstmuseum, Randers (Dinamarca)

Primera edición: noviembre de 2001

Depósito Legal: B. 45.623-2001

ISBN 84-08-04214-9

Composición: Foto Informàtica, S. A.

Impresión y encuadernación: Cayfosa-Quebecor, Industria Gráfica

Printed in Spain - Impreso en España

A Carmen Balcells
T'estimi

El deseo de ser diferente de lo que eres
es la mayor tragedia con que el destino
puede castigar a una persona.

SANDOR MARAI, *El último encuentro*

¡Ay, voz secreta del amor oscuro!
¡Ay, balido sin lanas! ¡Ay, herida!
¡Ay, agua de hiel, camelia hundida!
¡Ay, corriente sin mar, ciudad sin muro!

FEDERICO GARCÍA LORCA,
Sonetos del amor oscuro

1
———

Se llamaba Adelita. Era una mujer tan baja que ni siquiera en las raras ocasiones en que se ponía zapatos de altos tacones, sobre los que se balanceaba incómoda aunque segura, levantaba del suelo más de un metro cincuenta. Sin embargo lo más peculiar de su figura era, sin lugar a dudas, la estructura de su cuerpo reducido. Reducido pero no débil. Era un cuerpo robusto, fuerte, de anchas espaldas, de cuello breve y sólido, pero de caderas estrechas en comparación con la magnificencia de sus hombros y de sus muslos recios y potentes. Los brazos, cortos y fornidos, disparados hacia el exterior por el tórax extremadamente vigoroso punteado por unos pechos leves que se perdían en él, remataban su aspecto de aborigen en proceso de extinción que por circunstancias inexplicables hubiera huido de un país lejano y primitivo. No era enana ni habría llamado la atención su estatura de no haber sido por la contundencia de ese ancho cuerpo, por esa coincidencia de medida entre la longitud y la anchura que la convertía en un ser tan singular.

Ella, en cambio, sólo era consciente de su reducida altura, y se permitía hacer bromas sobre sí misma con coquetería, dando a entender que si bien en ese aspecto la naturaleza la había tratado con mezquindad, le había dado para compensar una gracia innata que convertía sus limitaciones en un atractivo distinto de los que adornaban a las demás mujeres. Y cuando quiso sacarse el carnet de conducir y, precisamente por ser tan bajita, la obligaron a solicitar un permiso especial parecido al que se exige a quienes tienen algún tipo de minusvalía, achacó los fracasos de sus exámenes a la mala idea de los examinadores que la habían arrinconado en una categoría que, de hecho, no le correspondía. Y tal vez tenía razón, porque si bien intentó pasar el examen seis veces sin lograrlo, sin ni siquiera aprobar la teórica, no era inteligencia lo que le faltaba ni dotes para el estudio. Pero aunque se negó a hablar de ello, no se arredró y, a falta de permiso de conducir, circulaba de la finca al pueblo en una mobilette cuyo manillar le llegaba a la barbilla y en la que la corpulencia de su cuerpo se desvanecía al sentarse y su cara ancha y su cabeza aplastada sobre ese cuello potente bailaban dentro de un casco que parecía sostenerse sobre el sillín.

Había entrado al servicio de la casa como guarda para sustituir a otra que se había despedido porque había comenzado a trabajar en un hotel, y ocupaba con su marido y sus hijos una pequeña vivienda adosada a nuestra casa. Era la última de una serie inacabable de criadas, asistentas y enfermeras que habían dado buenos resultados los primeros días pero que habían acabado yéndose, agobiadas por la soledad del lugar y el arisco carácter de mi padre y más tarde por su enfermedad, o habían sido despedidas por descuidar sus obligaciones.

El día que tuve con ella la primera entrevista en un bar del pueblo que distaba apenas dos kilómetros de donde se encontraba la finca, Antonia la carnicera había hecho las presentaciones y yo, tras una rápida conversación, la había contratado aunque, sin saber por qué, su presencia me inquietaba no tanto por su aspecto cuanto por esa insistencia en rehuir la mirada cuando hablaba. Con el tiempo comencé a sospechar que si cada vez miraba de frente con mayor frecuencia no se debía, como había supuesto al principio, a la familiaridad y al buen trato que recibía y a la relación de confianza que habíamos establecido, sino a que mentía, y que sólo ocultaba la mirada cuando la verdad de sus respuestas la hacía avergonzarse de sí misma. Llegué a pensar que Adelita mentía por sistema, por exagerar sus méritos o dar más relieve a las historias que contaba, pero también por inventar excusas con las que justificar retrasos, ausencias, la pérdida de pequeñas cantidades de dinero o la desaparición de objetos. Tal vez el extraordinario aplomo con el que mentía fue la razón por la que, hasta mucho más adelante, no caí en la cuenta de que cuanto más sostenía la mirada, mayor era el embuste. No logro comprender cómo me resistí a aceptarlo durante tanto tiempo a pesar de que las pruebas eran inequívocas y numerosas, e incluso cuando ya estaba por rendirme a la evidencia llegué a pensar que mentía sólo por el mero placer de fabular. Tal vez de haber estado yo más atenta a ella y a sus cuitas lo habría admitido mucho antes. Pero aun viéndolo y palpándolo desde el principio, no admití el motivo de su insistencia en la mentira hasta mucho más tarde, casi al final de la historia, y cuando me decidí a aceptar que la mentira, como todas las mistificaciones que acabé descubriendo en ella, se debía simplemente a un vehemente e impenitente deseo de ser mejor, más bella, más rica y más inteligente, de salir del pozo de insatisfacción en el que el destino la había situado y la vida mantenido, de todos modos ya era demasiado tarde, incluso para mí.

Pero aquel día de la primera entrevista en el bar La Estrella Polar sólo vi lo que quería ver. Las referencias de la carnicera eran vagas pero me bastaron: «Es muy buena mujer, hace años que viene a comprar a la carnicería, la conozco bien a ella y a toda su familia.» Y aunque había entrevistado a otras candidatas que podrían haberme convenido, ella tenía a su favor que ya había cuidado enfermos anteriormente y podía comenzar en seguida. «Al día siguiente», me dijo, «si a la señora le conviene.»

A la señora le convenía en gran manera, pensé, porque tenía que irme al cabo de una semana y me daba cuenta de que en unos pocos días esta mujer, que según lo que me había dicho tenía experiencia en trabajar y llevar una casa, podría aprender el manejo de la mía, conocer los cuidados que necesitaba mi padre inválido, y familiarizarse con Jalib, el jardinero que teníamos contratado por horas un par de días a la semana. Así yo podría irme en paz a Madrid, la ciudad donde vivía y trabajaba.

«Usted quedará contenta, ya lo verá. Si viera usted lo contentos que estaban conmigo los señores Álvarez, los que tienen esa cadena de heladerías en Barcelona, ¿los conoce? Con toda tranquilidad me dejaban sola, o incluso con los niños. Yo era quien llevaba la casa. Estuve con ellos más de cinco años. Y todavía hoy, cuando los encuentro, me abrazan y lloran.»

«¿Los Álvarez de Álvarez y Bonmatí?», pregunté, satisfecha por haber encontrado esa nueva referencia.

«Sí, ésos, ¿los conoce?», y me miró fijamente un instante.

«Sí, sé quiénes son.»

«Pues pregúnteles. Ya verá. Fue una pena que muriera el marido y ella tuviera que traspasar el negocio e irse a vivir con la madre a Francia.»

«No sabía», dije yo, que si bien llevaba años sin ver a los Álvarez de Álvarez y Bonmatí, los conocía lo suficiente como para haberme enterado de la desgracia. Pero hacía tanto tiempo que no vivía en Barcelona, tanto tiempo que me había distanciado de mis amigos y conocidos de la ciudad, que achaqué a la ausencia mi ignorancia, pasé el hecho por alto y pregunté: «¿Puede comenzar mañana?»

«Sí», respondió ella sin levantar la vista, «ya se lo he dicho, puedo comenzar cuando usted quiera.»

«¿Y qué ocurre con su casa? De hecho, usted ¿dónde vive ahora?», quise saber.

«Vivimos a unos tres kilómetros de aquí, cerca de la carretera de Gerona, en un grupo de casas que hay junto al camino del Faro, pero no tenemos que preocuparnos de nada porque cerramos la casa y mis suegros...»

No quise saber más. Establecimos las condiciones, las responsabilidades, el sueldo, podía vivir con su familia en la vivienda de los guardas anexa a mi casa, pero dejé bien claro que sólo contrataba sus servicios, no los de su marido.

«Claro que no», dijo, «mi marido tiene ya un trabajo fijo...» Y volvió a clavar sus ojos en los míos casi con impertinencia.

«Entonces, hasta mañana.»

«Hasta mañana.»

Desde la ventana del estudio de la casa, contemplé con melancolía cómo caía la tarde. El sol se había escondido tras la montaña a mi espalda, pero un halo de claridad vicaria aún del día hacía más diáfanos los contornos de los árboles y de los montes de la otra ladera del valle, que oscurecía lentamente en tonos azul y violeta. A través del cristal, el aire transparente me trajo el canto de un gorrión perdido destacándose sobre el ruido de la mobilette que subía a trompicones por el camino y le ganaba a las hojas apelmazadas de humedad cada palmo del ascenso. Sí, miraba el paisaje con esa melancolía que dulcifica el espíritu y se empeña en esconder la inquietud que lo ronda.

Era Adelita la que subía con su mobilette por el camino que serpenteaba en la cañada, dejando a su paso una estela de moscardón. El casco dominaba la figura que se hundía en el asiento y las piernas cortas y robustas encogidas sobre el vientre daban al conjunto el aspecto de un bulto informe. El pequeño portaequipajes a su espalda estaba atiborrado de paquetes y en torno a él colgaban infinidad de bolsas de plástico llenas, como una coraza posterior que la protegiera por la espalda. Al llegar a la entrada detuvo la moto, saltó hacia un lado y puso el caballete. Abrió la cancela metiendo la mano por entre las rejas. Luego volvió a encaramarse a la moto, dio una sacudida al pedal y, una vez sobrepasada la entrada, se detuvo de nuevo y saltó para cerrarla como es debido.

«Va a disponer de todo lo mío como si fuera yo misma. Va a quedarse en la casa cuando yo no esté. Va a entrar en mi vida. ¿De qué la conozco?» Alejé ese desasosiego que nunca había sentido antes al contratar ayudas para la casa o guardas o enfermeras para cuidar a mi padre y volví a la figura que componían ella y su mobilette, ese centauro grotesco tal vez, pero de cualquier modo inquietante: «¡Cómo voy a saber si he hecho bien!» No era tranquila la voz de mi conciencia.

Habían pasado tres años y Adelita había cumplido su palabra. Era una mujer lista y eficaz que tenía un verdadero prurito en hacer las cosas bien hechas. Nada le gustaba más que organizar de improviso un almuerzo para quince personas, que cocinaba y servía sin que yo apenas tuviera que hacerle una leve indicación. Se sentía tan orgullosa de mis invitados como si hubieran sido los suyos, les servía el aperitivo e incluso en un exceso de celo se colgaba una servilleta doblada en el antebrazo, «como en el hotel donde yo iba a ayudar los días que había banquete», decía. Mantenía las habitaciones en perfecto orden, cuidaba a «su viejo señor inválido», como llamaba a mi padre con cariño, lo lavaba y afeitaba, le daba de comer, lo sacaba todos los días a la solana y lo paseaba con ayuda del jardinero los días que trabajaba en casa, o sola si no había nadie más. Atendía a la enfermera de noche, limpiaba, cosía, cuidaba del perro y del gato, a los que mangoneaba, enjabonaba y fregoteaba, y cuando yo tenía que irme a Madrid para volver a mis clases me hacía las maletas con esmero y atención, y las deshacía a mi vuelta después de haber salido a recibirme; llevaba el equipaje a la habitación y me subía una taza de té que yo le agradecía del mismo modo que lo hacía al ver brillar la madera de los muebles, descubrir flores en los jarrones, encontrar la nevera con todo lo necesario y la mesa bien dispuesta para la próxima comida. Un reconocimiento que le demostraba con breves palabras al comprobar que una vez más no se había excedido del presupuesto que le adjudicaba cada vez que hacíamos la previsión para los meses siguientes. Era, además, pulcra y precisa en la información que, cuando yo estaba en Madrid, prácticamente todos los días me daba por teléfono sobre la salud de mi padre y el funcionamiento de la casa. «Si no puede venir este fin de semana», decía, «no se preocupe, aquí todo funciona perfectamente.» Y así era.

Al poco tiempo llegué a la conclusión de que había contratado a la persona ideal, una perla, tan responsable que apenas me exigía trato ni convivencia, los mínimos por lo menos para sumirme en una extraña y deliciosa sensación de comodidad. Y cuando al final del segundo año murió mi padre, su comportamiento me reafirmó en esa convicción, porque fue ella la que se ocupó de limpiar el cadáver y amortajarlo, y organizar el entierro, haciendo y deshaciendo y dando órdenes o sustituyendo en su labor a los empleados de la funeraria, que no pusieron objeción ninguna a que alguien les hiciera el trabajo. Es más, Adelita preparó un somero bufet funerario al estilo de su lejano pueblo de la provincia de Albacete para los pocos amigos que asistieron a las exequias, con un surtido de tortas de pimientos, buñuelos de bacalao, huevos duros y empanadillas de carne picante que, si bien me parecieron un tanto pintorescos para la ocasión, la dejé hacer porque no tenía humor para contradecirla y porque en el fondo me daba igual.

Después llegaron aquellos días vacíos, más vacíos porque no había trajín en la casa, o a mí me lo parecía, o porque la ausencia del padre por dura que haya sido la vida con él deja un agujero negro difícil de aceptar y de soportar. Y porque sabía, además, que habría de tomar una decisión sobre la casa y no me sentía con capacidad para hacerlo. Todo funcionaba tan bien ahora en comparación con los años anteriores a su llegada que el solo pensamiento de abandonarla me ponía de malhumor, como si fuera una desagradecida que no supiera valorar la dicha que me había caído del cielo, como si no fuera capaz de aprovechar una oportunidad que nunca más se me presentaría.

Mi padre, un neurólogo con cierta fama en Barcelona que siempre había vivido en la ciudad y presumía de ser urbano, había adquirido un buen día esta casa situada en un pequeño valle cerca del mar, en la provincia de Gerona, cuando ya era mayor y estaba un tanto atropellado pero gozaba todavía de buena salud. Y cuando le llegó la jubilación se instaló en ella, decidido a convertirse en un ser rural. Aunque ni él mismo ni nadie habría presagiado un final tan rápido, le quedaban diez años de vida. Sin embargo, él no pensaba en la llegada de la muerte como no la anticipa nadie por temor a enfrentarse a lo inevitable. Así que, para sorpresa de sus amigos y conocidos, se había dedicado a vivir allí solo y enloquecido como siempre había estado, y más aún porque quería suplir con la voluntad la falta de experiencia y su incapacidad para hacerse con la vida en el campo, que nunca le había atraído. Tal vez ésta fuera la razón por la que se peleaba aún más de lo que lo había hecho siempre con sus colaboradores y sirvientas, y a todas horas chillaba y los amenazaba con despedirlos porque los hacía responsables de la encarnizada lucha que le ocupaba todo el día y parte de la noche contra las inclemencias del tiempo, los desastres de su economía y la pretendida persecución de que era objeto por parte de hombres y dioses, en el inalterable afán de convertir aquella finca en una finca agrícola donde pacieran los corderos que se había hecho traer de Inglaterra para cruzarlos con los autóctonos. Había construido corrales, tenía pastores que andaban por los campos en barbecho o en las lindes de los caminos y los bosques con la radio a todo volumen ahuyentando a los motoristas que cruzaban los prados en busca de peligros, y había logrado perder en los años que duró la aventura buena parte de su patrimonio.

Pero contaba a gritos a todo el que quisiera oírlo, incluso a los hombres del bar del pueblo con los que iba a jugar al dominó los domingos por la tarde, y también a mí cuando le acometía uno de sus ataques de violencia verbal, que «poco le importaba perder o ganar, que el dinero era suyo y que a su hija Aurelia», ésa era yo, «ya le había dado la posibilidad de cantar su canción en esta vida. Cada uno tiene que cantar su canción»; repetía a gritos una metáfora que yo le había oído desde que era niña: «y no tengo que reprocharme de habérselo impedido. La he enviado a estudiar por el ancho mundo, la he mantenido y subvencionado durante largos años de investigación y estudio, la he convertido en una doctora en Virología o en Biología Molecular, algo así», dudaba siempre quitándole importancia, «que ahora, si no gana tanto dinero como el que ganaba yo a su edad, se basta a sí misma y además tiene cierto prestigio, y como vive la mayor parte del tiempo en Madrid, donde se casó y encontró trabajo, apenas nos vemos y por supuesto ya no nos necesitamos. En cuanto a mi yerno», en un imparable aumento de la irritación, «ya he perdido la cuenta de cuándo murió, sólo recuerdo que era un enloquecido artista de izquierdas», decía con desprecio, «que no merecía cobrar un duro porque había perdido hacía años la capacidad, no ya de ganar dinero, sino siquiera de conservarlo.» Les tocaba después el turno a los nietos que no tenía ni parecía que fuera a tener, decía, como no tenía sobrinos, ni ahijados, ni familiares de ningún otro tipo. Así que nada lo obligaba con nadie. Estaba convencido de que conseguiría enderezar el negocio de los corderos pero en caso de que así no fuere —en este punto del discurso ya había levantado el brazo que movía como si blandiera una espada—, poco importaba, porque tenía la experiencia y la inteligencia suficientes para que ni la mala suerte ni los reveses lograran acabar con su fortuna por mal que le fueran las cosas y por años que le quedaran de vida. El discurso podía ser interminable, pero siempre acababa con las mismas palabras: «Y si al morir dejo la hacienda mermada, no por esto voy a sentir el menor remordimiento, también yo tengo derecho a cantar mi propia canción.»

Cuando la compró, la casa se llamaba «El Viejo Molino», por un molino desvencijado de grandes aspas situado en la entrada de la finca a media altura de la ladera donde estaba situada, que recogía como en un corredor todas las corrientes de los vientos de los que era tan pródiga aquella tierra. No tenía armadura metálica, sino que se levantaba sobre una torre de ladrillos y piedras, cuyo revocado se habían llevado en buena parte los años, las tormentas y la desidia de antiguos propietarios. Él lo había hecho remozar y aunque seguían las aspas por enderezar y completar, había hecho pintar de verde oscuro los hierros que habían resistido el tiempo y había aceitado la maquinaria hasta tal punto que, cuando la tramontana era muy feroz, el viejo molino se desperezaba, chirriando los goznes de pura pereza y comenzaba por dar lentas vueltas empujado por las ráfagas mientras las bielas subían y bajaban con la lentitud de la inanidad: el pozo se había secado hacía años y no quedaba de él más que un brocal de belén cubierto de hiedra como un elemento decorativo del paisaje. El molino servía de muy poco pero fue él el que dio el nombre definitivo a la casa. «Se llamará "El Molino"», ordenó, «ni nuevo ni viejo, "El Molino" a secas.» Mandó imprimir unas tarjetas con aquel nombre tras el suyo y clavó una placa de metal en un poste a la entrada del camino.

Entre adecentar la casa, comprar ganado, construir corrales y apriscos, y pelearse con los pastores, habían pasado ocho largos años, hasta que un día de pronto, sin ningún síntoma, ningún signo que anticipara la tragedia, llegó el ataque, la hospitalización y la sentencia que lo dejó postrado en una silla como un bulto inerte y mudo, y quién sabe si sordo y desprovisto de entendimiento, convertido en un tierno y sosegado vegetal. Éste fue el único acontecimiento de su vida que logró cambiar la mía y, lo que son las cosas, el único no decretado por su voluntad. Porque desorientada ante este golpe e incapaz de hacerle frente alejándome o ignorándolo como había hecho siempre desde aquella primera vez, cuando me casé y dejé Barcelona para irme a vivir a Madrid aprendiendo a huir de su custodia y del terror que me provocaba su inapelable autoridad, invertí el orden de mis estancias y pasé a tener el centro de operaciones, por decirlo así, en la casa del molino donde decidí que él permaneciera ya que éste había sido su refugio más querido, y en cambio el domicilio de Madrid, el pisito donde habíamos vivido mi marido y yo, pasó a ser un apartamento de escueto mobiliario y estantes con lo imprescindible en el que vivía durante los meses lectivos, casi como una estudiante.

No puedo negar que también me movió el miedo y la angustia a no poder soportar el remordimiento que me corroería si lo abandonaba a su suerte, y sobre todo el rechazo que me provocaba verme viviendo con él, más que inválido inerte, en Madrid. Llevé, pues, todas mis cosas a la casa del molino con el talante de quien sacrifica una buena parte de su vida y de su tiempo por un padre que, si bien había sido autoritario y al que nadie, y menos aún yo, le había conocido una sonrisa o una palabra amable, nunca me había prestado la menor atención y se había dejado llevar permanentemente por un espantoso mal genio; en el fondo era una buena persona, me dije, y en cualquier caso se trataba de mi propio padre. Ésos fueron los motivos de mi restringido traslado, pero justo es reconocerlo, lo hice también por el recóndito anhelo de hacer de aquella casa, mi casa.

Fueron dos años duros, porque no lograba reconocer en ella mi hogar aunque yendo y viniendo tenía siempre el aliciente del cambio. Me gustaba llegar tras uno o dos meses de ausencia y sobre todo me gustaba irme cuando, cansada ya de la inactividad, de la visión escalofriante de mi padre catatónico, harta del campo y de la vida del campo que, sin embargo, tanto echaba de menos cuando estaba lejos, emprendía viaje otra vez para un nuevo semestre o para iniciar un nuevo curso.

Porque aquellas tardes lluviosas junto a la televisión, que según Adelita distraían tanto a mi padre, aquella obligación de quedarme junto a él, por lo menos esas horas antes de la cena que tomaba, o mejor dicho, que le daba ella a las siete y media con una puntualidad conventual, se convertían en torturas cada vez más insoportables y los deseos de huir crecían en mi alma hasta tal punto que a veces apenas podía respirar. En cuanto me hubiera ido, bien lo sabía, desaparecían la repulsión y los remordimientos por mi desapego y sólo me quedaría una vaga ternura al pensar en el hombre silencioso e inmóvil, mi propio padre, cuyo recuerdo era incluso capaz de disfrutar.

Pero ahora que había muerto ya comprendía que no tenía demasiado sentido permanecer en una casa que seguía sin ser mi casa. Y sin embargo, me había hecho a sus muros y a la penumbra de sus estancias de tal modo que la sola idea de abandonarla me daba escalofríos. Tal vez en esta nueva situación con la definitiva ausencia de mi padre lograría poner el pie en ella, y el alma si hacía falta, y me ayudaría el hecho de que, por lo menos en lo relativo a la propiedad, podía considerarla mía a todos los efectos. Y puesto que estaba bien dirigida y no me exigía atención ni trabajo porque había vendido los corderos, arrendado los campos a mi vecino y dejado la administración de la vivienda y del jardín a cargo de Adelita, decidí quedarme, al menos provisionalmente. Ella, Adelita, consciente de su nueva responsabilidad, acrecentó sus dotes de fiscalización y de atención e incluso cambió las batas que yo le había comprado por unos vestidos de seda negra que aderezaba con blanquísimos y amplios delantales y una gargantilla de puntillas que le rodeaba el frondoso cuello como un volante, para encontrarse más en su nuevo papel de ama de llaves, como pasó a denominarse a sí misma, según probablemente habría visto en alguna película. Había adquirido también más seguridad y tal vez porque no tenía que cuidar del enfermo, había dejado de ser la paciente y sufrida sirvienta que tiene cabeza, manos y voluntad para todo. Hablaba más y con mayor soltura, sobre todo de sí misma.

El cambio no me pasó desapercibido y cada vez que volvía a la casa del molino se hacía más evidente, pero aunque había algo misterioso e inquietante en esa nueva actitud de Adelita, no quise detenerme a pensar en ello, tal vez porque me parecía que no importaba demasiado, que era hasta cierto punto natural que al tener menos trabajo se sintiera mejor en su nuevo papel de única rectora de la casa y del jardín, e incluso de vigilante de los campos. Y no es que se tomara más atribuciones que las que la nueva situación le otorgaba, sino que como yo iba dejando para más adelante la decisión de cerrar la casa y volver a Madrid o al menos a Barcelona, donde había nacido y vivido hasta que me fui a estudiar a Estados Unidos, era yo la que poco a poco lo iba dejando todo en sus manos. Además, cada vez eran más largas mis ausencias. También cada vez eran más frecuentes los viajes que hacía con Gerardo, el amigo querido de toda la vida que había reaparecido con motivo de la muerte de mi padre y que casi sin darme cuenta, con la suavidad de un simple gesto de ternura, se había convertido en mi pareja. Pasaba con él buena parte de mis semanas libres y muchas veces iba sólo a la casa del molino a cambiar el contenido de la maleta.

En esas ocasiones, al marido y a los hijos de Adelita no los veía. Una de las puertas de la casa de los guardas donde vivía la familia daba a la parte trasera del jardín, muy cerca de nuestra cocina, pero la puerta que utilizaban para entrar y salir de la vivienda los hijos y el marido se abría directamente a un terreno baldío donde dejaban las motos, que limitaba con el camino, y estaba completamente de espaldas a la casa. Así que yo apenas me enteraba de sus idas y venidas o de las visitas que tuvieran. De hecho, nunca los había visto demasiado. A veces oía una moto a primera hora de la mañana, o más tarde otra y tal vez otra, mientras Adelita aparecía y desaparecía a su aire y de vez en cuando se detenía y me daba conversación. Parecía conocer a todo el mundo en el pueblo porque, decía ella, siempre estaba dispuesta a echar la mano que faltara y, según reconocía con cierta timidez y riendo siempre, recibía regalos de uno y de otro.

«Me quieren, porque cuando puedo les hago un favor, y la gente es agradecida y buena y lo devuelve.»

Así fue como un día que reuní a unos cuantos amigos y me di cuenta de que me faltaban copas de champán ella me trajo una caja con una docena de ellas, o cómo llegó a la casa una cuna de madera para el hijo recién nacido de otros amigos que fueron a pasar unos días conmigo, y cómo la cocina y la nevera que estaban en malas condiciones esperando el día en que yo decidiera ir a comprar otras a Toldrá, la pequeña ciudad más cercana, fueron sustituidas por unos aparatos que trajo en una camioneta gris un muchacho de ojos turbios y pelo rizado, acompañado de Adelita.

«Es mi sobrino», dijo «se está haciendo una casa y ha cambiado todos los electrodomésticos. Por eso nos los da.»

«Pero esta nevera y esta cocina están nuevas. Tendré que pagárselas» dije yo, un poco desconcertada.

«¡Qué va! Si lo que ocurre es que apenas han estado en la antigua casa, puerta por puerta con la de sus padres. De hecho vivían con ellos, comían con ellos, veían la televisión con ellos. Por eso están tan nuevos los electrodomésticos.» Y Adelita levantaba su cara de luna y clavaba los ojos en los míos que, incapaz de reparar en que si estaban tan nuevos no había necesidad que los cambiaran, no sabía si aceptar tanta generosidad o comenzar a dudar de todo lo que oía y veía.

Pero me fui a los dos días y cuando volví al cabo de varias semanas, me encontré con que Adelita había pintado las puertas y los grandes portones de la entrada además de las paredes del salón, había sacado brillo a los suelos, había rascado con papel de lija tantas veces la mesa del comedor y le había dado después cera que estaba bruñida como una antigüedad, que el asunto de la nevera y de la cocina, cuando los recordé, me parecieron excesos de una persona que hacía méritos derrochando favores a su alrededor. Y dejé de dudar. Pero ahora me doy cuenta de que si me hubiera tomado la molestia de juntar las afirmaciones de Adelita a lo largo de aquel último año, habría comprendido, entre muchas otras cosas, que no había vida suficiente para haber vivido tanto. Porque en esta nueva etapa, Adelita no paraba de hablar de sí misma, de su vida y de sus múltiples capacidades.

Tenía, decía ella, treinta y dos años, pero su hijo mayor rondaba los veinte.

«Es que me casé siendo una niña.»

«Pero ¿a los doce años, Adelita?»

«Sí, siempre fui muy precoz», ratificaba sin dudar; «tuve la primera regla a los diez años.» Y mantenía la mirada fija en la mía que, no acostumbrada a esas intimidades, la bajaba sin saber qué decir.

Recordé entonces que a los pocos meses de llegar había descubierto que no tenía dos hijos como me había dicho el primer día, sino tres.

«¿No me dijo dos?», pregunté dudando de mi memoria.

«No, tres», rectificó con aplomo, y en seguida desvió la conversación hacia sus partos. «Sufrí mucho, porque me tuvieron que hacer la cesárea las tres veces. Dijo el médico que jamás había encontrado una persona como yo que...»

Adelita había trabajado en Francia con su marido. «Por eso sé francés.» Y corriendo a la velocidad que le permitían sus cortas piernas, salía al extremo de la terraza y llamaba a gritos: «Jalib, *viens icí, viens*. ¿Ve cómo me comprende?»

Había trabajado también en una residencia de ancianos, de la que prácticamente se encargaba ella sola. Nada le gustaba más, nada en este mundo, decía cerrando sus ojitos y frunciendo la frente, que cuidar a los ancianos que eran para ella como la madre que tanto había querido y que no había podido cuidar.

«¿Por qué no la había podido cuidar?», preguntaba yo.

«Cosas de familia, señora. ¡Ha sido tanto lo que yo he pasado! Pero mire lo que le digo, yo siempre he puesto paz entre los hermanos, siempre. Y cuando murió mi padre...»

Había regentado un hotel donde cocinaba cuando el cocinero estaba enfermo, y durante el verano anterior a su llegada a mi casa, había llevado ella sola seis apartamentos...

«Y ¿por qué lo dejó?»

«El propietario no quería que lo dejara, claro, necesitó varias chicas para sustituirme, pero le digo la verdad, yo ya no podía, era demasiado...»

Y en un momento en que su marido se puso enfermo también había trabajado como albañil. Sabía poner inyecciones, coser las heridas de los perros...

«¡Qué no habrá hecho usted, Adelita!», le decía yo que no quería ni me importaba saber si todo aquello había podido transcurrir en los veinte años de vida laboral de la mujer, y que lo único que deseaba es que me dejara leer el libro que había dejado en el regazo. A veces, bostezaba con ostentación para ver si se daba por aludida y me permitía descansar.

«Lo que a usted le ocurre, señora, es que tiene la tensión baja», decía entonces ella, y salía corriendo para volver al minuto con un aparato de tomar la tensión, se ponía alrededor de la cabeza el fonendoscopio y con un gesto de concentración de experta, comenzaba a darle a la pera hasta que, desviando la mirada al techo como si estuviera concentrada en oír los latidos de la sangre, hacía un gesto como queriendo decir, si ya lo decía yo. Se lo quitaba, lo enrollaba y diagnosticaba: «Once y siete, muy bajo para su edad.»

«¿Qué le pasa a mi edad? Tengo cuarenta y siete años. Siempre he tenido la misma tensión. ¿Se supone que he de tener una tensión especial? Y, por cierto, ¿de dónde ha sacado usted este aparato?»

Adelita lo metía en el estuche y decía con cierto rubor:

«Fui ayudante de un médico muy bueno que había en el pueblo. De él lo aprendí. Al final era yo la que tomaba la tensión a los pacientes.» Y poco a poco su mirada se desplazaba del aparato a mis ojos atónitos, y a mí, que aun no queriendo saber cómo este nuevo trabajo se vinculaba con su vida laboral, me dejaba perpleja.

«Y ¿por qué se fue?»

«El médico es el que se fue, a Madrid. ¡Oh, si supiera la cantidad de veces que me ha llamado para rogarme que me fuera con él! Pero no puedo, compréndalo. Tengo una familia. ¡Ah!», añadía para sí, «si yo no tuviera familia, qué carrera profesional habría podido seguir, pero me casé tan joven que apenas he tenido tiempo de nada.»

«Y ¿el aparato?», insistí yo.

«Lo vi en un catálogo para médicos, y lo compré.»

«Pero usted es imparable, Adelita. Lo compra todo.»

Adelita sonrió:

«Me gusta tener cosas que me ayudan a ser mejor. A pesar de mis limitaciones procuro prosperar, ir hacia adelante.»

Desde que estaba en la casa había comprado por catálogo una máquina de coser...

«No, la máquina de coser aún la estoy pagando, la compré a plazos a unos amigos que son vendedores de una empresa muy buena. Es una empresa que tiene muchos años de experiencia porque fue fundada en 1230.»

«¿Cómo dice?»

«Digo que es una marca muy antigua, es una de las primeras que se conocen, de hace muchos años.»

«Será de 1930.»

«Eso, de 1930, eso es. Se llama Máquinas de Coser La Puntual, y la máquina la he comprado en muy buenas condiciones, me han hecho muchos plazos. Claro que he tenido que firmar unas letras pero pago tan poco dinero cada mes que apenas me entero. Yo soy muy buena con la máquina, me encantan todas estas cosas.» Y bajó entonces de nuevo los ojos para acabar de enrollar el fonendoscopio.

«Un mayordomo...»

«¿Qué es un mayordomo?»

Y corría Adelita a su casa a buscar el aparato.

«¿Ha visto lo bien que va?», decía con el extraño artefacto en las manos, intentando impresionarme a mí que ni entendía en aparatos electrodomésticos ni me interesaban en absoluto. «Hace todo el trabajo de la casa, plancha, limpia las alfombras, los cristales, las paredes, saca brillo a los metales...»

«No puede ser tan perfecto, Adelita, se sabría», le dije yo, que nunca antes había oído hablar de semejantes mayordomos.

«Un teclado electrónico...»

«¡Ah!, yo soy muy aficionada a la música, lástima que no tengo tiempo porque se me da muy bien inventar canciones, tengo mucho oído y quién sabe lo lejos que habría podido llegar de no ser...» Desvió la vista un instante hacia el infinito, en un punto concreto difícil de localizar, como si estuviera ausente, imaginando tal vez lo que el mundo se había perdido. Pero volvió en seguida a la tierra: «Me lo decía la profesora en la escuela.»

«Pero ¿no dice que se casó a los doce años? ¿Cuándo fue a la escuela?»

Adelita no se inmutaba:

«Pues antes, antes de casarme.»

«Un vídeo, una máquina de fotos, un aparato de diapositivas...»

«Me gusta ir por los campos y cuando veo un paisaje, o una puesta de sol, ¡chas! saco una foto. Tengo una cantidad de diapositivas... Miles, miles...»

«Caramba», me admiraba yo, incapaz de asimilar de golpe la cantidad de aficiones que demostraba de pronto Adelita. «Es usted un primor», decía por decir algo.

Lo que sí me había llamado la atención, en cambio, era

la cantidad de vestidos y de conjuntos de falda o de pantalón que tenía. Cuando iba al pueblo, fuera a comprar o a visitar a alguien, siempre llevaba un traje distinto. Incluso una vez la vi paseando por el jardín desde la ventana de mi cuarto con una larga falda que arrastraba la cola por la hierba. Iba y volvía por los pasillos entre romeros y lavandas, despacio, midiendo sus pasos para no caerse, porque se había puesto también unos zapatos de tacón muy alto. Y recordé, además, que en verano se iba al pueblo con el traje de baño sin espalda, rota la cintura por unas bermudas que distorsionaban de tal modo su aspecto que yo me preguntaba cómo podía ser que ella misma no se diera cuenta.

«¿De dónde los saca usted?», le había preguntado entonces.

«Me los regalan. Conozco a mucha gente, y gente de mucho dinero. Saben que me gustan los vestidos y me los regalan.»

A raíz de esta declaración recordé también que en los primeros días de su llegada a la casa le había comprado unas batas en el mercado pero le venían tan largas como un traje de noche, así que sugerí que se las acortaran en la misma tienda.

«¡Qué va!», había dicho ella, «si puedo hacerlo sola.» Se las llevó a casa, y yo nunca las volví a ver. Aparecía siempre muy bien arreglada, pero con otras batas. Pensé entonces que no las recordaba bien, quizá, o que las había cambiado en la tienda. «Además», seguía su imparable discurso, «a mí me gusta mucho coser, la mayoría de los vestidos que usted me ve los he hecho yo. Y no sólo me hago los míos. No habré hecho yo vestidos y trajes y pantalones a todo el mundo. A todas mis cuñadas les hice el vestido de novia. Me gusta mucho la costura. En casa de una señora donde estuve de ama de llaves, como estaba la señora sola yo tenía bastante tiempo libre y me dediqué a coser. No sabe la cantidad de vestidos que le hice. Luego cuando ella se fue a vivir con su hija, siempre venía a mi casa para que yo le hiciera incluso los trajes de chaqueta, las blusas, todo, todo...»

«Caramba, caramba», respondía yo, agotada.

Pero Adelita seguía cumpliendo con sus obligaciones a la perfección y llenándome de atenciones y delicadezas. Un año, el día de mi aniversario, al salir del baño por la mañana me encontré en la mesita de noche, junto al primer té del día, una tarjeta de dimensiones reducidas, en la que por una parte había la reproducción de unas flores deleznables, y por el otro, una cuarteta escrita en diagonal en la que se rogaba a los ángeles del cielo que bajaran a la tierra a desearme felicidades y se invocaba, además, el poder de los santos para que me concedieran una vida en la que se colmaran mis deseos todos. Adelita me felicitaba sumándose a la levedad de los ángeles y a la potestad de los santos, y con el respeto de su fiel servidora y amiga, firmaba con una rúbrica que saliendo de la última letra daba vueltas sobre sí misma antes de rodear todas las demás en un gran arco y acabar con precisión en el primer punto de la inicial de su nombre.

«Muchas gracias, Adelita. ¡Qué detalle! No sabía que fuera usted poeta.»

«No sabe usted la cantidad de poesías y textos que tengo escritos. A veces me pregunto qué harán mis hijos con tantos papeles el día que yo muera.»

Pero yo me fui habituando a sus discursos y la dejaba hablar, consciente de que ese exagerado concepto que parecía tener de sí misma y que con tanta insistencia me quería transmitir formaba parte de su carácter. Y aunque los hechos no coincidieran con los de su vida, admitía que éste era el económico precio que tenía que pagar para estar tan bien atendida.

Unas semanas antes de Navidad, Gerardo y yo decidimos pasar el largo puente de diciembre en la casa del molino, lo que hacíamos con cierta frecuencia. A Gerardo la zona le gustaba porque podía dar largas caminatas que a veces duraban varias horas atravesando valles y subiendo por montes cubiertos de bosque. Llegaba a casa cansado pero feliz, se daba una larga ducha y preparaba unas copas que bebíamos en el porche de la entrada si el tiempo era bueno o junto al fuego de la chimenea en los días ventosos de lluvia y frío. A mí me gustaba también tenerlo cerca, era un buen compañero y la vida con él era cómoda y plácida, y nunca se quejaba si yo andaba por la casa trajinando o si me encerraba en el estudio para acabar algún trabajo pendiente.

«¿No adivinarías lo que me ha dicho hoy Adelita?», me preguntó una noche, haciendo tintinear el hielo de su vaso cuando me reuní con él en el salón poco rato antes de cenar.

«¿Qué te ha dicho?»

«¿Se da cuenta, señor?, la señora se me ha adelantado.»

«¿Se le ha adelantado la señora? ¿Qué quiere decir, Adelita?»

«Que la señora ha terminado su libro, y yo, la verdad, todavía tengo mi novela muy atrasada.»

«Ah, ¿pero usted también escribe, Adelita?»

«¡Claro! Claro que escribo, lo que ocurre es que yo no tengo tanto tiempo como ella, ya sabe, esta casa, la mía, el jardín que de una forma u otra lo tengo que llevar yo porque estos jardineros marroquíes por muy buena voluntad que tengan», y hacía una mueca de suficiencia, «confunden la arena con la tierra. En fin, que no tengo tiempo.»

Me quedé boquiabierta. Cierto que yo acababa de publicar un libro, pero no era una novela, sino una recopilación de algunos de mis últimos artículos de divulgación que habían aparecido en la prensa.

«Está loca», dije finalmente, «pero es una loca inofensiva. ¡Qué más da!»

«No está loca, es un poco exagerada. Dice de sí misma lo que le gustaría ser, no lo que es.»

«Sí, tal vez, tal vez tienes razón.»

«Al fin y al cabo, todos hacemos un poco lo mismo. El otro día, por ejemplo, te oí decir que te gustaba más viajar en tren que en avión porque en el tren podías trabajar, te montabas, decías, una especie de despachito en la mesa del tren y aprovechabas el tiempo. Y yo nunca te he visto trabajar en el tren, duermes, lees a ratos, miras la película, te comes todo lo que te traen o si no lo vas a buscar a la cafetería, pero trabajar, lo que se dice trabajar, yo no te he visto nunca.»

«¿No?», me quedé pensando. «Es cierto que lo dije.»

«Y es natural, porque es así como te gustaría ser, es así como te gustaría ir en tren y haces planes para que así sea, y cuando lo cuentas estás hablando como si los planes ya se hubieran realizado. Así se acaba confundiendo lo que se quiere ser con lo que de verdad se es.»

«Sí, tal vez tengas razón», reconocí de nuevo, «pero de todos modos son demasiadas fabulaciones, todos los días aparece una nueva faceta de su carácter o de su historia.»

«Es que son muchas las personas que quisiera ser, es como si fuera probando a ver con cuál de ellas tiene más suerte.»

«Hablas como si fueras psicólogo», me reí. «Anda ven, no me juzgues tan mal.»

«No te juzgo mal, amor, es que a Adelita le gustaría tanto ser como dice...»

Aun así, eran los tiempos felices. Yo iba y volvía de Madrid, cada vez con más frecuencia, aprovechando cualquier ocasión y gozando de la sensación de libertad que dan las situaciones provisionales. Me quedaba en la casa del molino dos o tres días o más, si podía arreglarlo antes de partir otra vez, y a veces entre semestres incluso una semana o dos. Todo funcionaba, todo estaba en orden.

Dos años habían pasado desde la muerte de mi padre. Una tarde en que volvía en coche del pueblo, al tomar la primera curva antes de la subida que iba a la casa vi entre las encinas a la izquierda del camino a una figura estilizada, casi desvaída, que me llamó la atención porque era el único ser humano del entorno. Era un hombre vestido de negro que llevaba un sombrero también negro, un pájaro de mal agüero me pareció, aunque sólo lo vi de espaldas, inmóvil, sin la menor intención de avanzar o retroceder. Estaba en un claro junto a un gran árbol que desde lejos me pareció una higuera a dos pasos de la masía de Pontus. Lo estuve mirando un buen rato pero, como si fuera una escultura que alguien hubiera introducido en el paisaje, seguía sin moverse. No volví a pensar en él hasta que unos días después volvía con Gerardo de dar un paseo, cuando desde una loma que domina un vasto panorama nos asomamos al valle, y escudriñando el paisaje a la luz del crepúsculo descubrimos a dos figuras desproporcionadas, una alta con sombrero y la otra baja, que trajinaban un bulto. Pero no atinaba a mantenerlos en el punto de mira, el viento sacudía con furia los chopos del torrente y sus figuras desaparecían y aparecían como el avión en el cielo nublado de una noche de luna.

«Podría ser Adelita, ¿no?», dije yo.

«¿Quién? ¿Dónde?», se extrañó Gerardo.

«No, no será», pero hice una mueca.

«Y si es, ¿pasa algo?», preguntó él.

«No, es cierto, no pasa nada», dije dudando, porque me había dado cuenta de que se encontraban en el mismo lugar, en el claro del bosque junto a la gigantesca higuera donde yo había visto al hombre del sombrero negro hacía unos días al volver del pueblo, sólo que el punto de mira era ahora el opuesto y además estábamos en un alto, así que la visión a vista de pájaro era distinta.

Cuando llegamos a casa, Adelita no estaba. A la hora de la cena seguía sin aparecer. Me fui entonces a su casa, que distaba apenas unos pasos de la mía, y llamé. Se abrió la puerta y una vaharada de olor a rancio, a habitaciones cerradas, me vino a la cara. Y me di cuenta entonces de que en todos estos años ni una sola vez había entrado en la casa de los guardas.

El marido, que había abierto, me miraba sin verme. Apestaba a vino y a sudor, y la cara sin afeitar parecía tener el mismo pelo que el cuello y las muñecas que asomaban por las mangas arremangadas de la camisa.

«¿Y Adelita?», pregunté dando un paso hacia atrás.

El hombre había apoyado una mano en el quicio de la puerta.

«Ha ido al pueblo», dijo. «A ver a su madre, creo.» Echó una mirada de través a la luz que le hería la vista y se llevó a la boca un palillo que sostenía en la otra mano. En el fondo de la casa a oscuras, se oía la televisión.

Le di las gracias, murmuré «buenas noches» y me fui.

Gerardo estaba preparando unas copas.

«No te preocupes, Aurelia, ya vendrá.»

«Si no es eso.»

«¿Entonces?»

«No sé...» Y no lo sabía, no sabía por qué de pronto me había inquietado tanto. En aquel momento sonó el teléfono y Gerardo acudió a la llamada.

«¿Quién era?», pregunté por preguntar.

«Nadie. Un error. Un tipo quería hablar con una tal Dorotea.»

Cuando aquella noche, pasadas las diez llegó Adelita, no le pregunté por el motivo de su retraso. Había llorado tanto que tenía la cara más aplastada aún, enrojecida y con los ojos pequeños.

«Disculpe, señora», dijo entre hipos, «disculpe. La cena estará en un minuto.»

«No se preocupe», respondí. «De todos modos, pensábamos cenar fuera. ¿No es así?», dije dirigiéndome a Gerardo, que sonreía tras su vaso de whisky. «Pero ¿qué le ocurre? ¿Qué le ha ocurrido?»

«No puedo ahora, no puedo hablar. Es todo tan triste. Cosas de familias, que siempre me toca cargar a mí con todo.» Y comenzó a llorar de nuevo con tal desconsuelo que, excusándose entre hipos, desapareció por la puerta del salón y se dejó sentir todavía en la cocina antes de que la puerta trasera apagara sus sollozos.

Aquella misma semana, de nuevo volvió tarde y llorando porque se le había extraviado el talón que le había dado hacía una semana para que pagara la cuenta de la carnicería.

«¿Cuándo ha sido?», pregunté.

«No sé, esta mañana he ido a pagar y por más que lo he buscado no he podido encontrarlo.»

«No se preocupe», le dije, «mañana llamaremos al banco, no lo pagarán y en paz.»

Adelita se secó los ojos, aliviada, y se fue a trajinar por la casa. Me levanté para llamar. Pero antes de que llegara al aparato, sonó el teléfono.

«Diga, diga», me impacienté. «No, aquí no hay ninguna Dorotea. Se habrá confundido.»

Adelita no me dio tiempo a colgar.

«¡Ah!, vaya», dijo, muy animada, olvidando el asunto del dinero. «Es una pesadez. Llaman constantemente preguntando por Dorotea, no sé lo que está ocurriendo con el teléfono.»

34

Llamé al banco para que anularan el talón que había perdido Adelita. Sin embargo, a la media hora el director en persona me comunicó que debía haber un error, porque el talón con el número que yo le había dado y por ese mismo importe había sido cobrado en Barcelona precisamente el día antes.

«¡Qué raro», dije a Gerardo, «tal vez la persona que lo ha encontrado era de Barcelona.»

«O la persona que lo ha robado», puntualizó Gerardo.

2

Me fui a Madrid una vez más, pasé las Navidades con Gerardo en Barcelona y no volví a la casa del molino hasta un par de días antes de fin de año. La encontré, como siempre, en perfectas condiciones y a Adelita dispuesta, amable, diligente. Había dos coches bajo el cañizo de la entrada trasera, además del mío. Yo lo dejaba siempre en la casa porque llegaba de Madrid en tren o en avión, y desde la estación o el aeropuerto tomaba un taxi hasta la casa.

«¿De quién son esos coches, Adelita?», le pregunté a la hora del almuerzo.

«Uno es de mi hijo el mayor, se lo acaba de comprar, el otro es de un amigo suyo.»

«Caramba», me dije, porque eran dos coches muy grandes y parecían bastante nuevos, «caramba con esos chicos.»

«¿Así que ya trabaja y se ha comprado un coche?», añadí, más para mostrar interés que por curiosidad.

«Bueno, sí, eso... el trabajo que tenía ya no lo tiene, pero hoy o mañana comienza en otra empresa, de construcción, como su padre.»

Al día siguiente, al ir a poner el dinero que había sacado del banco para pagar una serie de facturas en la pequeña caja fuerte empotrada en la pared del fondo del cuarto de armarios, que yo usaba como vestidor, vi que la puerta estaba cerrada con llave pero no tenía puesta la combinación.

La habré dejado abierta antes de irme, pensé, porque de hecho había ingresado entonces todo el dinero sobrante en el banco y había dejado la caja vacía, exceptuando el viejo joyero y unos pocos documentos. Pero una sombra de inquietud, esa misma sombra que nos hace dudar de una situación cuando no es exactamente igual que la que dejamos, me hizo sacar el joyero y abrirlo. Sabía lo que contenía. La sortija con un brillante que me había regalado Samuel, mi marido, el día que nos casamos, medallas de mi madre, cadenas de oro rotas esperando desde hacía años a ser reparadas, y un broche de flores y diamantes que había recibido de mi suegra el primer día que pasé con ella, además de unas pocas pulseras sin demasiado valor. El estuche estaba un poco deteriorado, no por el uso, sino por los años y los traslados, y había encontrado su lugar definitivo en la caja fuerte empotrada en el muro de ese cuarto de armarios que mi padre había hecho construir junto a su estudio, y que conservaba aún las humedades de aquella obra antigua. Tenía las esquinas raídas y la solapa del cierre rota. Y sin saber qué impulso me obligaba ni entender por qué lo hacía, lo abrí buscando en la hendidura forrada de seda la sortija que había permanecido allí durante veinte años o más. Y no estaba en su sitio. Me di cuenta entonces de que no me sorprendía, que lo había sabido desde el momento que había sentido un atisbo de inquietud al ver la puerta abierta de la caja fuerte. Y lo había sabido con ese conocimiento vago pero firme que sólo reconocemos como tal una vez se ha comprobado que era cierto lo que pronosticaba aquella inicial alarma. Como si una vez más se confirmara esa sensación que me acompaña cuando voy a buscar algún objeto que he dejado en su sitio mucho tiempo atrás, con el recurrente temor a que algo imprevisto, ajeno al objeto y a mí misma, mágico casi, haya ocurrido y aquello ya no esté donde tenía que estar. Como si hubiera un orden oculto pero inmutable según el cual, si no se les presta atención, las cosas se esconden, desaparecen.

Levanté las tapas de la bandejita superior, busqué entre las cadenillas y las viejas medallas, convencida sin embargo de que no habría de encontrarla y por un momento no supe qué pensar. Estaba tan acostumbrada a no encontrar las cosas en su sitio y tenía tan poca confianza en mi memoria que hurgué en ella sin esperanza como hacía tantas veces en busca de las gafas, el bolso, o el libro que estaba leyendo. ¿Cuándo había visto la sortija por última vez? Sí, lo recordaba muy bien, había sido el día antes de irme a Madrid, la última vez, sería en octubre o noviembre, porque me llegó nítida la imagen de mí misma sentada en la cama, rodeada de una pila de blusas, las bolsas de las medias y las bufandas, mientras una lluvia sonora, monótona, tamborileaba en los cristales. Y allí estaba también el joyero, pero ¿por qué? Adelita iba y venía poniendo ropa en la maleta. «No, Adelita, no ponga nada en la maleta hasta que esté todo sobre la cama, ya sabe, así no me olvido nada.» Pero el joyero ¿qué hacía allí? En un momento determinado lo había abierto yo misma, lo recuerdo. ¿Buscando algo? Es evidente que lo había sacado de la caja fuerte, pero ¿para qué? ¿Tal vez para poner algo dentro? ¿Se me había roto alguna cadena? En cualquier caso, allí estaba la sortija entonces. De eso estaba segura. La había sacado de su hendidura, y por uno de esos juegos de la memoria que nos sorprende a veces con una escena del pasado en la que no habíamos vuelto a pensar, había aparecido en la pantalla de mis ojos la última vez que me la había puesto, muchos años antes. Siempre me han molestado las sortijas, por eso casi nunca la usaba, pero sí aquella noche lejana en que Samuel y yo teníamos una cena fuera de la ciudad. A la vuelta nos habíamos detenido a tomar un café. Y una vez de nuevo en la carretera, al tocarme la mano en un gesto automático, había encontrado vacío el anular y había comprendido en seguida que me la había dejado en el lavabo al quitármela para lavarme las manos. «Eres un desastre», había dicho Samuel, «un día perderás las manos.» Volvimos por volver, porque estábamos seguros de no encontrarla. Sin embargo, allí estaba, en un charco de agua jabonosa junto al grifo. Yo me había llevado tal susto y era tan grande el malhumor que la pérdida había provocado en Samuel, por haber tenido que salir de la autovía en busca de la cafetería que, a pesar del alivio, ni él ni yo conseguimos alegrarnos. Tal vez por este mal recuerdo y el miedo a perderla otra vez, nunca más me la había vuelto a poner. «Date prisa, había dicho él al verme llegar, sin cambiar la expresión de malhumor, vamos a llegar a casa tardísimo por esta tontería.» ¡Cómo son los hombres!, había pensado yo entonces, incapaces de cambiar de cara por bien que vayan las cosas una vez se les ha torcido el gesto, sin reconocer que lo mismo me ocurría a mí. Y durante el resto del viaje habíamos permanecido los dos enfurruñados y en silencio. Había ocurrido hacía tantos años que las imágenes aparecían en mi mente con el color tostado de los recuerdos de infancia, aunque para entonces yo ya tendría veintinueve o treinta años.

Levanté la vista, frente a mí, Adelita debía de esperar a que volviera de mi ensimismamiento. «¡Qué bonita!», había dicho, mientras se ponía a doblar una blusa sin dejar de mirar la sortija. ¿O me miraba a mí? No lo recuerdo. Yo no sabía si era bonita. No tenía ni tengo elementos, ni tal vez buen gusto o pasión para juzgar la belleza de las joyas. Podía valorar la riqueza o la labor, el cincelado, el brillo y el tamaño de la piedra, el montaje en forma de pétalos de platino y brillantes minúsculos que rodeaban la pieza central, pero en su calidad de joya no habría sabido cómo catalogarla. Sí, era bonita, pero este tipo de joyas no se habían hecho para mí, eran sobre todo un alarde, un trabajo bello, sin duda, pero casi siempre excesivo. «Es valiosa», le había respondido yo, resumiendo mis propios pensamientos. «Es la única joya realmente de valor que tengo.» Reconstruí la escena en todos sus detalles. Sí, así había sido. Luego yo había vuelto a guardarla en el joyero, y el joyero en la caja fuerte. Pero no recordaba haberla cerrado ni con llave ni haber puesto la combinación. Lo cierto es que casi nunca la cerraba cuando estaba en casa, pero en aquella ocasión me iba, ¿por qué no la cerré? Prisa, tal vez, o desidia, o mera distracción, quién sabe.

Envuelta en la espesa neblina de mis pensamientos, hurgando en busca de más detalles en la memoria, me sobresaltó el timbre del teléfono. Casi me asusté. Salí corriendo del vestidor y me fui a la sala que se abría a la escalera donde sonaba, impertérrito.

«Diga», dije, pero tenía la mente en otra parte. «Diga», grité porque la voz del otro lado del hilo era muy suave y no había comprendido. «¿Dorotea? No aquí no hay ninguna Dorotea, dejen de llamar, por favor, esto es una pesadilla», grité cargando en la voz un malhumor que amenazaba con desbordarme. Y colgué con estrépito.

Estaba desconcertada. Dejé el joyero sobre la mesa y me acerqué al ventanal. Estaba anocheciendo y al socaire de ese punto de melancolía que tienen los dulces atardeceres de invierno crecía ahora una oleada difusa de inquietud, como si saltando los años me llegara la ratificación de aquella otra sombra que había conocido el primer día de la estancia de Adelita en la casa. Entonces no quise pensar en ello, decidí que eran aprensiones mías y que esta mujer, insólita por su aspecto y por la forma en que había comenzado a expresarse, sería a pesar de todo una buena guarda. Y ahora, esa voz, esa voz turbia, borrosa, que insistía en hacerse oír, que intentaba abrirse camino a la superficie, exigía atención e insistía en su llamada. Cierto, no había hecho caso de la voz y la había contratado.

«¡Adelita!, ¡Adelita!», llamé a continuación. Nadie respondió. Busqué en el piso bajo, y como tampoco la encontré, me fui a su casa a buscarla y llamé a la puerta cristalera.

Salió Adelita masticando.

«Adelita, ¿recuerda usted que, el día antes de irme la última vez, estábamos preparando la maleta, yo me había sentado en la cama y tenía el joyero en las manos?»

«Sí, claro que me acuerdo, usted dijo que era la única joya de valor que tenía», añadió mirándose las manos que secaba en el delantal. «¿Por qué?

«Porque no está»

«No está, ¿qué?, ¿el joyero?»

«No, no», me impacienté, «no está la joya, la sortija.»

«¿Que no está la sortija?», preguntó con incredulidad. «La habrá dejado en otra parte.»

«¿Cómo quiere que la haya dejado en otra parte si no me la pongo?»

«¿No se la llevó de viaje?»

«No, ¿por qué iba a hacerlo?»

Habíamos llegado a la casa, ella con sus pasitos menudos, tratando de alcanzar mis grandes zancadas nerviosas. Entramos por la puerta trasera, la de la cocina, y al ir a subir la escalera, Adelita se me adelantó con aire decidido, entre comprensiva y molesta con una señora que lo perdía todo y que encima la interrumpía cuando estaba comiendo.

«Vamos a ver», dijo cogiendo el joyero. «Estaba aquí», señaló la hendidura y me miró como pidiéndome cuentas.

«Sí, eso ya lo sé.»

Volvió a dejarlo y, pensativa, recapacitó:

«Hagamos memoria», dijo como la enfermera que ayuda a un enfermo que no puede valerse por sí mismo. «¿Qué hizo después con el joyero?»

«¿Yo? No sé qué hice. Supongo que lo dejaría en la caja donde lo he encontrado.»

«Tiene que hacer memoria, ¿no se la llevaría? Piénselo bien.»

«No, seguro que no.»

«¿No la llevaría a arreglar o a limpiar?

«No, Adelita, no diga tonterías», dije, ofendida por el tono con que me trataba. «No recuerdo lo que hice pero estoy segura de no habérmela llevado.» Y como para demostrar que retomaba el dominio de la conversación, pregunté a mi vez: «¿No ha venido nadie a la casa en mi ausencia?»

«No, señora, seguro que no. Bueno, mi sobrino, pero no se ha movido de mi casa. Aquí no entra nadie más que yo.»

«Y ¿no habrá entrado alguien por la ventana?»

«Las ventanas están abiertas por las mañanas, mientras yo limpio la casa, pero si hubiera entrado alguien el perro habría ladrado y yo me habría enterado.»

«¿Falta algo más en la casa?»

«No, que yo sepa.»

«Es muy raro que sólo haya desaparecido esta joya del interior del joyero que está en la caja fuerte, en una habitación del fondo. Tiene que haber sido alguien que conozca la casa. De otro modo, antes de llegar aquí se habría llevado un cuadro, una figura, un reloj, algo, ¿no?»

Yo me había distraído de mis temores y estaba excitada con la investigación.

«Piense bien, Adelita. ¿Quién ha venido por aquí? ¿Sus hijos no habrán entrado en la casa?»

«Mis hijos», respondió, ofendida, «no entran en la casa, y aunque entraran no robarían.»

«No se enfade, quiero pasar revista a todo el mundo. No se trata de desconfiar, sino de descartar, ¿me entiende? No se lo tome a mal, que no estamos ahora para estas cosas.»

Adelita pareció comprender y se dispuso a colaborar.

«No, mis hijos, no, pero tal vez alguno de sus amigos. Aunque si le digo la verdad, vienen a buscarlos con prisa y se van, casi nunca apagan el motor y mucho menos bajan de la moto.»

Bien lo sabía yo. Tenían unas motos grandes, sin silenciador, que atronaban el valle a las horas de comer y de cenar y sobre todo los viernes y los sábados de madrugada. La noche anterior, sin ir más lejos.

«Por cierto, ¿les podría decir a sus hijos que no fueran a esas velocidades? Un día se van a matar.»

«No diga eso, señora, yo se lo repito a todas horas, pero ya sabe usted lo que es la juventud. Piense que hay días, sobre todo en las fiestas, en que después de comer desaparecen y no vienen ni a cenar. Vuelven cuando ya casi es de día.»

«¿Todos trabajan?»

«Ya le dije que el mayor había perdido el trabajo, pero ha conseguido un contrato temporal en la construcción, aunque no sé cuándo empieza; el segundo estaba en un taller de pintura pero ahora está de baja porque dice el médico que se le han puesto los nervios en una pierna, y el tercero quería estudiar, pero ya sabe, no podemos, es mucho dinero para unos trabajadores como nosotros, y cuando se le acabe el contrato ya tiene asegurado un puesto en un almacén de granos.»

«Oiga, y las motos, ¿de dónde las sacan?, porque si no me equivoco tienen ustedes cinco motos, las de los tres hijos, que van en unos aparatos tremendos, la mobilette de usted, cuatro, y la de su marido, cinco, ¿no?»

«Son motos baratas que compramos de segunda mano», dijo, quitándole importancia. «De otro modo, y aunque el pueblo sólo está a poco más de un kilómetro, no podrían venir, tendrían que quedarse a vivir con mis suegros. Y a mí, tengo que reconocerlo, me gusta que la familia esté unida.»

Y me miró a los ojos con tal intensidad que tuve la impresión de que me estaba desafiando. Y continuó: «Yo los ayudo, ¿comprende?, ellos son ahorradores, pero ya sabe, una madre es una madre.»

«¿Y los coches que vi ayer cuando llegué?»

«Ya se lo dije, uno es del mayor, se lo ha dejado un amigo que se ha comprado otro y dice que, para venderlo por nada, mejor se lo deja.»

Es cierto, recordé la conversación que habíamos tenido.

«Pero ¿no me dijo que se lo había comprado?»

No se inmutó:

«Bueno, es una forma de decir, porque si bien no le ha dado dinero al amigo que se lo vendió, sí que le hace favores. Ahora, por ejemplo, lo está ayudando a pintar su casa. Tiene mucha mano para la pintura y es una buena persona.»

Seguía mirándome. Yo bajé la vista y dije:

«¡Ah!»

Y nos quedamos las dos en silencio una frente a la otra, yo consciente de que quería volver al asunto de la sortija.

«Así que», dije sin ganas, «no ha entrado nadie. Pues no lo entiendo, si no ha entrado nadie... ¡Un momento! Déjeme pensar, un momento.» Y recuperando el interés, me fui a la habitación más alejada, la que estaba más cerca del camino vecinal. La ventana, como siempre durante el día, estaba abierta. Una cortina floreada oscilaba con el viento y detenía el sol de aquella mañana de diciembre. «Adelita, ¿y esta ventana?»

«Esta ventana, ¿qué? Usted me dijo que la dejara abierta por las mañanas para que se ventilara el cuarto.»

«Pueden haber entrado por aquí, es fácil, se trepa por la verja que en este punto es más baja, se sube por el porche y se salta dentro, ¿no?»

«Es posible», concedió Adelita, «pero yo estoy siempre por la casa y lo habría oído, además, el perro...»

«Alguien que conozca a su perro, quizá», apunté sin demasiada convicción.

Pasé la tarde tratando de descubrir quién podía haber entrado por la ventana sin que ladrara el perro que, según Adelita me había dicho, alguien le había regalado hacía unos meses, y quién podía saber dónde se encontraba la caja de seguridad, que además no estaba cerrada, en la que se guardaba una valiosa sortija con un gran brillante. Y aunque parezca increíble, perdí muchas horas dándole vueltas y más vueltas. Fue Gerardo quien me hizo descender de las nubes.

«Es Adelita», dijo cuando aquella noche hablamos por teléfono y le conté que había desaparecido la sortija.

«¿Cómo va a ser Adelita?», respondí yo. «Podría haber robado mucho antes y no lo ha hecho. Lleva años en la casa. No digas bobadas.»

«Algo habrá robado que no te hayas dado cuenta. No se empieza a robar así como así. ¿Qué cara ha puesto?»

«Una cara normal. Ni asomo de inquietud, ni se ha azorado, nada.» Pero fui recordando pequeños objetos que habían desaparecido sin explicación ninguna y a veces incluso rodeados de misterio. Por ejemplo, aquel utensilio para colgar cuchillos que Adelita no podía recordar dónde había ido a parar. O aquel billete de cien dólares que habían dejado los Beckmann en el cajón de la mesita de noche cuando estuvieron pasando unos días en casa y que, tras horas de búsqueda inútil, Adelita había encontrado doblado en varios pliegues debajo de una alfombra, o el talón que Adelita decía haber perdido y que finalmente alguien había cobrado en Barcelona, o...

Una inquietud me cubrió la frente de sudor.

«¿Estás ahí?», preguntó Gerardo. «Contesta, Aurelia.»

46

«Sí, sí, perdona, estoy aquí.»

«Lo que tienes que hacer es ir al cuartel de la Guardia Civil del pueblo y denunciar el robo.»

«¿Crees que servirá de algo?»

«Sí, creo que sí. De algo servirá, algo pasará. Si no lo denuncias, te expones a que no pase nada.»

Cuando Adelita ocupó el asiento delantero del coche, estaba muy seria. Más que seria, enfurruñada, y yo la miraba de reojo, no tanto porque dudara de ella, que no dudaba de momento o no quería hacerlo, sino porque me había parecido que a su manera se había ofendido cuando le dije que íbamos a la Guardia Civil.

Se lo había dicho en cuanto había colgado el teléfono.

«Claro que sí, yo también lo he pensado. Que busquen ellos y no nosotras. A ver si los encuentran. Estos guardias civiles no sirven para nada. No sabe usted las veces que yo he ido a decirles que por la noche ladra mi perro. Pues ellos, como si tal cosa. Igual que las llamadas de teléfono. Que si está Dorotea, que si no está Dorotea. Ya no puedo más con tanta Dorotea, me duele la cabeza de tanta Dorotea. Como si no tuviera otra cosa que hacer que ponerme al teléfono. Son unos irresponsables. Y con el dinero del contribuyente...»

El resto del camino lo hicimos en silencio.

Al llegar al cuartel nos recibió un número de la Guardia Civil. Adelita se había vuelto de pronto muy parlanchina e incluso agresiva con él:

«Los he llamado varias veces para decirles que nos acosan por teléfono: llaman, preguntan por Dorotea y después cuelgan. Y ahora ha pasado lo que ha pasado. Siempre lo estoy diciendo: lo que no pasa en un año pasa en un día.»

47

El guardia civil la miraba sin interés, como si lo que decía no fuera con él. Se volvió a mí y me preguntó:

«¿Quiere usted presentar una denuncia por este asunto del teléfono?»

«¿Por el asunto del teléfono? No. Quiero denunciar que me ha desaparecido una sortija.»

Nos hicieron pasar a un cuarto interior donde otro guardia civil parecía esperarnos sentado frente a una máquina de escribir. Nos sentamos. Di mi nombre, la dirección de la casa del molino, la mía de Madrid, mis teléfonos. Y luego comenzó el interrogatorio.

«¿Dónde tenía la joya?»

«En un cuarto de armarios detrás de mi habitación, en el primer piso de la casa.»

El hombre escribía con atención, mordiéndose la punta de la lengua. El ruido de la máquina horadaba el halo de luz de su lámpara.

«¿En el armario o en una caja dentro del armario?»

«En un joyero, dentro de la caja fuerte, que no estaba cerrada.»

«¿No estaba cerrada?»

«No tenía puesta la combinación, estaba sólo cerrada con llave pero la llave estaba en la cerradura.» Hizo un leve gesto de irónica extrañeza pero continuó: «¿En cuánto la valora?»

«No sé lo que vale ahora. Cuando me casé, hace veinte años, costó una fortuna, un millón de pesetas, creo.» Lo recordaba bien, recordaba que mi marido, como si se tratara de un gran secreto, me había dicho lo que sus padres se habían gastado en ella. Sí, un millón en aquel tiempo era como hablar ahora de un tesoro.

Fueron muchas las preguntas que respondí bajo la mirada atenta de Adelita. Cuando acabamos, sacó el papel de la máquina de escribir, me pidió que lo firmara si estaba de acuerdo, y una vez lo hube hecho, me entregó la copia. Y ya me disponía a irme cuando se acercó otro guardia civil y me dijo:

«¿Quiere pasar un momento? El sargento Hidalgo la espera.»

Lo seguí por el pasillo y lo mismo hizo Adelita.

«No», le dijo con amabilidad el guardia, «usted espere un momento.»

El sargento fue breve. Se presentó:

«Soy el sargento Hidalgo», dijo, y al darme la mano, añadió: «encantado, señora. No tenía el gusto de conocerla personalmente, pero sí sabía que vivía usted en los alrededores. ¿Tiene aquí su domicilio?»

«No del todo, yo vivo en Madrid, pero vengo aquí muy a menudo, y pienso venir más a medida que trabaje menos.»

Sonrió y me hizo sentar frente a su mesa, y sin preámbulos de ningún tipo, dijo que la sortija cuyo robo había venido a denunciar estaba en Gerona.

«¿En Gerona? ¿Dónde?»

«Quien la robó la vendió a una joyería.»

«¿Y quién la robó?»

El sargento sonrió y señaló con la cabeza en dirección a la sala de espera, pero no movió las manos, que mantenía cruzadas con los codos apoyados en los brazos del sillón, ni dijo una palabra.

Me volví.

«¿Quién?»

«Ella, su guarda», dijo, y siguió sonriendo inmóvil, comprobando el efecto de sus palabras.

«¿Adelita?»

«La misma.»

«¿Cómo lo sabe?»

«Porque fue ella la que vendió la joya, y el joyero le exigió el carnet de identidad. Fue ella también la que le dijo que era la guarda de la casa de usted.»

«¿Cuándo se lo dijo?»

«El mismo día que fue a venderla, el 11 de noviembre.»

«Mi cumpleaños», dije con asombro, como si añadiera un dato más a la investigación porque algo me decía que mostrar mi estupor sería alinearme de entrada con el guardia civil y ponerme en contra de Adelita. Al fin y al cabo, me dije, tal vez para justificar la sorpresa, bien podría ser que se hubiera equivocado. No hay que precipitarse, y añadí: «¿Está seguro?»

«Completamente seguro.»

Hubo un momento de silencio. El sargento Hidalgo seguía sin moverse pero había dejado de sonreír y parecía esperar a que digiriera la noticia.

«Y si lo sabe desde entonces, ¿por qué no me lo ha comunicado antes? Hoy es 30 de diciembre.»

«Estaba usted ausente.»

«¿Cómo lo sabe?», y le miré con desconfianza.

El sargento pareció perder pie por primera vez.

«Bueno», balbuceó, «ésta es la noticia que me llegó del comisario de policía de Gerona.»

«Lo podría usted haber comprobado y, en cualquier caso, nada les habría costado enviarme una carta, un fax o un telegrama. Quien tan bien sabía que yo estaba ausente sabría también que en mi casa saben siempre dónde estoy.»

De nuevo el sargento recobró la iniciativa y la seguridad.

«Comprenderá que en estas circunstancias se hacía muy difícil hablar con su guardesa.»

«¿Por qué? No tenían más que pedirle mi dirección. O mi teléfono.»

«No se nos ocurrió.»

Callamos los dos durante un momento. Yo, de sorpresa

e indignación, él, supuse, por dejar que pasase el tiempo mientras buscaba un pretexto que lo exculpara. Dijo finalmente:

«No sé qué decirle, el caso se llevó desde Gerona. Le aconsejo que vaya allí y recupere la joya, como ya le he dicho, el caso se lleva desde la comisaría de policía de Gerona», recalcó. «Pero sobre todo no le diga nada a su guarda, porque queremos que sea ella la que confiese. De momento, es lo que hay que procurar, porque de lo contrario...»

«De lo contrario, ¿qué?», quise saber y añadí: «¿Por qué tiene que confesar?»

«Porque el trámite se simplifica, si no existe más que la denuncia de usted, hay que llevar a cabo una serie de investigaciones para conocer si de verdad ella la robó, o...», dudó un instante, «si fue usted la que le pidió que la vendiera para denunciar un robo y cobrar el seguro.»

Aunque mi sorpresa me había dejado sin habla por esta nueva complicación, o mejor, esta posible interpretación de los hechos, el sargento no parecía dispuesto a darme más explicaciones. Hizo unas anotaciones en un papel, se levantó, alargó la mano para dármelo y dijo a modo de despedida:

«Éstos son mis teléfonos. Para cualquier otra cosa que ocurra, ya sabe dónde me tiene.»

Durante los cuarenta kilómetros de viaje hasta Gerona, tanto Adelita como yo estuvimos casi siempre en silencio. De pronto se le había puesto la cara reconcentrada, los labios tenían un rictus, un mohín enfurecido pero contenido, las mejillas le ardían, la cabeza se le había hundido en el pecho dejándola sin apenas cuello y tenía la vista fija, mirando hoscamente un punto del suelo del coche, como si hubiera adivinado lo que me había dicho el sargento.

«Adelita», le dije en un momento dado, «¿no tiene nada que decirme?»

«Nada», respondió como un niño que ha decidido no volver a comer en su vida.

Hacía frío, los árboles desnudos alargaban el horizonte desolado del paisaje y el cielo capotado pesaba sobre él como una losa. La carretera estaba vacía y el recorrido parecía interminable.

Seguíamos las dos en silencio cuando aparcamos en La Devesa. Insistí:

«Si hay algo que usted sabe y me quiere decir, hágalo, Adelita. Esto nos ayudará a usted y a mí. Todo será más fácil.»

Pero ella siguió cada vez más reconcentrada en sí misma, como si el hecho de estar ella en el automóvil fuera un insulto que prefería soportar en silencio.

Entramos las dos en la comisaría, yo me adelanté hacia el mostrador y ella se sentó en un banco de madera adosado a la pared. El edificio era nuevo y estaba en un barrio periférico, la obra parecía reciente y las paredes encaladas añadían frío al suelo de terrazo y a los pasillos azotados por una helada corriente de aire.

«La estaba esperando», dijo el policía que nos recibió, y sin echar siquiera una ojeada a Adelita, me abrió el paso hasta un despacho tan nuevo y tan vacío que más parecía un decorado sin acabar que una oficina de la comisaría.

Un policía, que supuse debía de ser el comisario del que me había hablado el sargento Hidalgo, se levantó y no pude dejar de pensar qué podía estar haciendo mientras me esperaba, porque la mesa estaba completamente vacía y por no haber no había ni siquiera teléfonos ni un ordenador, ni un fichero, nada. Era alto y no estaba gordo pero sí tenía un cuerpo orondo, oprimido por un uniforme demasiado ajustado. Sin embargo, lo más sobresaliente era su rostro de ojos verdes muy claros y una enorme mancha de sangre que le cubría la mejilla hasta detenerse y contorsionar el labio. Luché por dar a mi mirada un aire de normalidad y no aparté mis ojos de los suyos, tan verdes y tan grandes, tan persuasivos que me inspiraron una gran confianza.

«Ya le ha contado lo que ocurre el sargento de la Guardia Civil, ¿no es así?»

«Así es», respondí yo, que de pronto me sentí pequeña, menuda, frente a aquel policía corpulento y de voz sonora. Y dije con seguridad: «¿Así que Adelita es la que ha robado la joya?

«Sí, señora.»

«Y ¿dónde está ahora?»

El policía me miró, asombrado:

«Ha venido con usted, ¿no?»

«Me refiero a la sortija.»

El policía se levantó, cogió con una mano un abrecartas plateado, que navegaba solitario sobre la mesa, y dándose golpecitos en la palma de la otra comenzó a pasearse por la habitación. Yo lo seguía con la vista y torcía la cabeza cuando no alcanzaba a verlo porque caminaba a mi espalda. Tras la ventana de grandes cristales se extendía hasta la lejanía un páramo, un terreno preparado para construir, pensé, buscando una grúa o una excavadora, que mientras tanto se había habilitado para echar las basuras. Más allá, una línea de altos chopos desnudos marcaba el cauce escondido del río y, tras ella, una neblina espesa se pegaba al agua, invisible desde esa ventana. Estará espesa el agua, pensé, y turbia, después de tantas lluvias.

«El caso es», comenzó el policía, acelerando las palmaditas, «que el joyero que compró la sortija cumplió con su deber y le pidió el carnet de identidad a la mujer, a su guarda. Hasta aquí todo está bien. Y él, para cubrirse y como es su obligación, vino a comisaría a dar parte de la compra de la joya. De hecho, él no podía denunciarla, porque no tenía pruebas de que se tratara de un robo, pero el aspecto humilde de la mujer, nos dijo, lo hizo ser precavido. Y como le digo, lo comunicó a la policía, en este caso a mi subalterno.»

El policía de pronto tenía calor y se desabrochó el primer botón de la camisa dando golpes de cabeza a uno y otro lado.

«¡Qué calor!», dijo.

No lo desmentí, porque en la habitación la calefacción era casi insoportable, pero yo me arrebujé en mi abrigo y me apoyé en el respaldo, dispuesta a oír el final de la historia.

«Eso es todo», dijo él.

«¿Cómo que todo? Y, ¿dónde está la sortija?»

«Verá, de hecho, el joyero no compró la sortija, sólo compró la piedra, el brillante», y se volvió casi de espaldas hacia la luz cenicienta de la tarde.

«¿Ah, sí?, y la montura, ¿dónde está?»

«¿La montura?», preguntó sin moverse.

«La montura, el engarce, como se llame, lo que no compró el joyero.»

Miraba el río lejano por la ventana y de pronto se volvió, presuroso.

«¿No se lo dijo el sargento? Pues él bien lo sabe.»

«¿Saber qué?», pregunté con cierto tono de impertinencia porque me daba cuenta de que el comisario daba vueltas para mantenerme en la confusión.

Él acusó la provocación.

«Señora, aquí estamos para solucionar los problemas, no para crearlos. Créame, no encontrará a nadie más interesado que yo en resolver su problema. Y puedo asegurarle que se hará todo lo que se pueda, pero desgraciadamente no siempre las cosas salen como quisiéramos.»

«Vamos a ver», dije tomando una actitud más conciliadora, «¿me quiere o no me quiere decir dónde está mi sortija, mi brillante, llámelo como quiera?»

De nuevo el policía se sentó en su butacón tras la mesa. El respaldo tenía dos columnas rematadas con dos cabezas de león que le quedaban a la altura de las orejas, y al darme cuenta, a punto estuve de echarme a reír, pero me contuve y seguí:

«Si ella vendió el brillante, si el joyero lo comunicó a la policía, no hay más que ir a la joyería y recuperarlo. ¿De qué joyería se trata?»

«No crea, querida señora, que todo es tan fácil. Ha de saber que no se puede decir el nombre del joyero y que existe una ley que permite a los joyeros vender las joyas una vez que han comunicado sus dudas a la policía siempre que haya transcurrido un mes.» Detuvo los golpecitos y se me quedó mirando. Con ironía, con guasa. Y yo salté como si me hubiera ganado la partida.

«¿Me está usted queriendo decir que, porque la policía ha cometido el error de no informarme a tiempo, el joyero ha vendido la joya, se ha embolsado el dinero y yo ya no tengo nada que hacer? ¿Es eso lo que me quiere decir?»

«No hay nada que hacer, no hay nada que hacer», dijo el policía reanudando los golpecitos, «es una frase demasiado contundente. Siempre se puede hacer algo en la vida.» Se quedó callado y de pronto preguntó:«¿Ha puesto usted una denuncia?»

«Sí, en el cuartel de la Guardia Civil.»

El policía parecía preocupado.

«No debería, habría sido mejor hacer las cosas por sus pasos.»

«¿No tendría que haber denunciado el robo? ¿Por qué?» No entendía nada.

«Es que, mire, señora, las cosas se pueden hacer de muchas maneras, bien, mal, demasiado despacio o demasiado de prisa, y nosotros que estamos aquí sabemos que no siempre el camino normal es el más expeditivo, pero en fin, lo hecho, hecho está, no importa. Creo que podremos salvar la situación. Haré lo que pueda», añadió como si de un extremo favor se tratara. Y sin dejarme hablar más, aunque por otra parte no habría sabido muy bien qué preguntar, dijo: «Vamos a ver, actuaremos de la mejor forma que se pueda actuar. Usted por ejemplo haga como si nada ocurriera, como si yo no le hubiera hablado de la joya ni del joyero y nos hubiéramos limitado a comentar el tiempo, ¿me comprende?»

«¿El tiempo? Entonces, ¿a qué hemos venido?», pregunté, un poco sorprendida.

«Es un decir, lo que importa es que ella crea que usted ha venido sólo a denunciar el robo, como si no fuera posible denunciarlo más que aquí, algo así, ¿me comprende ahora?»

Asentí.

«Se va a su casa tranquilamente, y no se preocupe, que yo la llamaré en cuanto haya hablado con el joyero. Esto es lo principal, y si ella confiesa, me lo hace saber.»

Tenía de pronto tal aire protector que me dejé guiar a la puerta, convencida de que el asunto estaba en las mejores manos posibles porque este policía se valdría de sus hilos ocultos y me devolvería la sortija y la paz. Aunque, ¿qué haría con Adelita?

Seguía sentada en el banco, apenas había cambiado ni de posición ni de expresión y la barbilla hundida en el pecho acentuaba más aún la papada y disminuía la exigua longitud de ese cuello potente del que emergía, como de un tiesto, su cabecita cubierta de rizos pequeños de permanente antigua. Las piernas de rodillas anchas adelgazaban hasta quedar reducidas al grosor de unos tobillos y unos piececillos diminutos que se balanceaban sin apenas tocar el suelo. Su cuerpo así encogido tenía un aspecto mucho más frágil, casi desguarnecido. Con un saltito apenas perceptible, se puso en pie y se acercó silenciosa, silenciosa pero digna e incluso altiva. El policía no la miró, ni ella a él. Me dio la mano para despedirse e hizo un gesto con la cabeza arqueando al mismo tiempo las cejas como si se refiriera a un secreto compartido entre ambos, mientras repetía:

«Lo dicho, señora, estoy a sus órdenes.» Dio media vuelta y se fue de nuevo hacia su despacho.

«¿Qué le ha dicho?» Al tomar la iniciativa, Adelita me había cogido desprevenida.

«Nada», respondí, «dice que aquí ha aparecido una joya que bien podría ser la mía.»

«Ojalá la encontremos. Yo estoy enferma de los nervios.»

Entonces me detuve y la miré. La miré con la intención de que viera que la miraba. Ella bajó los ojos, distraída, y nada añadimos ninguna de las dos.

El viaje de vuelta se hizo también en silencio. La cara de Adelita se había desprendido de los dos grandes parches rojos que le habían congestionado las mejillas. Las manecitas regordetas descansaban sobre las rodillas y yo las miraba y pensaba que había hecho bien en vender la sortija porque no le habría cabido ni siquiera en el dedo meñique.

Cuando después de haber retirado los platos del almuerzo y haber recogido la mesa, siempre en silencio, Adelita se fue a su casa y yo me tumbé en el sofá a ver la televisión, pensé, algo ha de pasar, algo pasará, no puede quedar todo así, sin aclarar. Porque no sabía a qué venía esa estrategia de la que me había hablado el sargento, ni me habían dicho hasta cuándo había que esperar a que Adelita confesara, ni tenía idea de lo que se suponía que había de hacer yo. Por una parte, no podía decirle lo que sabía porque había que procurar que fuera ella la que confesara por sí misma. Por otra, no decírselo me parecía improcedente, porque no hacía más que mantener esta situación absurda en la que ella, yo estaba segura, sabía que yo sabía. Porque tenía que saberlo, tenía que haberlo adivinado. La explicación que yo le había dado de que una joya que podría ser la mía había aparecido en Gerona no era creíble. ¿Por qué no hablaba, entonces? ¿A qué esperaba? De todos modos, la policía tenía la prueba de que había vendido una joya que no le pertenecía. Dijera el seguro lo que dijera, pagara o no pagara, un día u otro tendrían que detenerla, tanto si confesaba como si no. Lo malo es que yo tenía que irme dentro de cuatro días como muy tarde, porque comenzaba el semestre, y si bien me las podía arreglar para retrasarme un par de días, de ningún modo podía quedarme y esperar a que la situación se aclarara. Y así no podía dejar la casa.

Ni siquiera podía llamar a un abogado. Al día siguiente era víspera de Año Nuevo y los despachos estarían cerrados. No parecía haber otra opción que esperar. Por la noche me habían invitado a cenar unos amigos. Tal vez me haría bien distraerme, pero no me apetecía ahora vestirme y salir. Cerré los ojos para dejarme arrullar por las voces del televisor, convencida, sin apenas proponérmelo, de que la huida hacia el sueño me traería solaz y, quién sabe, tal vez al despertar fuera capaz de tomar una decisión. O en ese breve lapso de tiempo algo habría ocurrido para que los acontecimientos la tomaran en mi lugar.

Me sobresaltó el teléfono y casi a continuación la voz de Adelita, cortante y acusadora, que había aparecido y asomaba la cabeza por la puerta:

«La llaman del cuartel de la Guardia Civil», y salió entornando la puerta con la cara alta y el gesto digno.

La habitación estaba casi en la penumbra, sin más luz que la de la pantalla del televisor, que seguía impertérrita lanzando destellos y sombras sobre la pared contraria.

Adelita podía haberse quedado tras la puerta para escuchar la conversación. O escucharla desde su propio supletorio, pero tendría que correr hasta su casa y lo más probable es que yo la oyera descolgar. Me di prisa en despabilarme, me deshice de la manta que me cubría los pies, prendí la lamparilla y corrí al teléfono.

«Diga.»

«Soy el sargento Hidalgo. Buenas tardes, señora.»

«Buenas tardes, sargento.»

«Quería saber qué ha ocurrido en Gerona.»

«Nada, bien. Nada más de lo que ya sabía.»

«¿Ha recuperado la joya?»

«Pues... no, dijo el policía que lo más probable es que el joyero la hubiera vendido porque había esperado el tiempo reglamentario y nadie la había reclamado.»

Del otro lado del hilo no había más que silencio. «Tal vez se ha cortado», pensé.

«¿Oiga? ¿Sargento?»

«Sí, la oigo, sí, sí. Eso... ¿Le ha asegurado que el joyero la había vendido?»

«No ha asegurado nada. Ha insinuado que algo se podía hacer aún, pero no le ha parecido bien que hubiera puesto la denuncia.»

«¿Cómo dice?», gritó el sargento y yo aparté el auricular de la oreja.

«¡Au!», bramé. «Sargento Hidalgo, ¿qué le ocurre?»

«¿Le ha dicho que no debería haber puesto la denuncia?», repitió con la voz más contenida, aunque incrédula y casi violenta.

«Sí, eso ha dicho. Creo que eso ha dicho.»

«Bien, señora, vamos a dejarlo por hoy. Mire, estaremos aquí toda la tarde y la noche entera. Si algo ocurriera, no deje de llamarme. Ya le di mi teléfono directo y el móvil. ¿Quiere que se los repita?»

«No, gracias, sargento, los tengo ya», dije, un poco confusa, sin comprender qué podía ocurrir, a qué se refería el sargento. Y colgué.

La casa estaba en silencio, el atardecer se había detenido y un asomo de luz estática se mantenía en el horizonte. Ésa sería la penúltima noche del año, pero ninguna señal había en el cielo que anticipara el cambio de cifras que traería consigo el año próximo. De pronto me encontré con que no sabía qué hacer y me senté de nuevo en el sofá pero apagué la televisión.

No habrían pasado más de diez minutos cuando apareció Adelita. Venía llorando y traía en la mano un cofrecito de madera con adornos de metal repujado.

«Tenga, mire», sollozó. «Aquí están todas las joyas que yo tengo. Mire, mire y verá cómo no me he llevado nada», añadió al ver que yo no apartaba los ojos de ella. «Mire, por dentro. Verá...» Y no pudo continuar porque los sollozos se hicieron mucho más estridentes.

«Adelita, ¿qué quiere que mire?»

Detuvo un instante el llanto y respondió:

«Parece que yo soy la ladrona, ¿no?»

Y yo le respondí con un cansancio infinito:

«De momento nadie la ha acusado, pero aunque así fuera, el anillo no tendría por qué estar forzosamente aquí, ¿no le parece?»

Había en mi voz —Adelita parecía entenderlo incluso entre lágrimas— ironía, casi burla. Volví a apoyarme en el sofá y cerré los ojos.

Fue en aquel momento, o quizá había transcurrido un

cuarto de hora, no sabría decirlo, cuando los sollozos se convirtieron en gritos. Me levanté, asustada, para ver qué ocurría ahora y me encontré con Adelita tumbada en el suelo en el pasillo, detrás del sofá. Se había lanzado a un arranque de histeria, o de salvaje nerviosismo, se desgañitaba dando alaridos, moviendo brazos y piernas en un temblor incontenible. Los gritos dieron lugar a los alaridos y el inicial temblor se convirtió en una convulsión que la hacía dar bandazos y chocar contra el sofá por un lado y la pared por el otro. Así rodando en el suelo, el cuerpo de aquella mujer, con las faldas que se le habían arremangado hasta los muslos y la cabecita hundida y escondida entre los hombros, accionando los brazos y las piernas y dejando que la saliva se le desparramara por la cara, se había convertido en un amasijo de bultos indescifrables que buscaba en vano su lugar y su forma en aquella penumbra. La escena era completa, pero no logró convencerme. Así que doblé los brazos con paciencia y esperé. Ella seguía enloquecida, haciendo grandes esfuerzos para que fuera verosímil lo que en su opinión debía de ser un ataque de epilepsia provocado, sin duda, por el acoso a que yo la sometía. Aparecieron señales de agotamiento en su rostro convulsionado pero no sólo no desfallecía, sino que añadía jadeos cada vez más sonoros a sus gritos y lamentos.

«Adelita», grité de pronto para hacerme oír. «Puede usted continuar todo el tiempo que quiera, poco tengo que hacer más que ver cómo da usted fin a este espectáculo. Pero recuerde que, por bien que actúe, no me convence. Así que, puede usted continuar. Continúe, continúe.» Y acercándome a ella en actitud paciente me dispuse, como había dicho, a contemplarla.

Adelita mantuvo la intensidad de aquel espasmo durante unos minutos más, pateando y echando tanta espuma por la boca que me tenía maravillada, pero poco a poco fue calmándose y, de pronto, como si ya hubiera terminado, se levantó y, sorbiéndose las lágrimas y las babas, respiró para retomar aliento, cogió el cofrecito que había dejado sobre una mesa y se fue.

Le habrá salido la vena de la actriz que debió de ser en sus años juveniles, pensé. O este ataque es la manifestación de una grave enfermedad que la tiene al borde de la muerte desde la niñez. Y, aunque no estaba de humor para bromas, sonreí.

A los pocos minutos apareció de nuevo y anunció que iba al pueblo porque le faltaba harina y se había quedado sin pan. Lo dijo con normalidad, aunque con un aire un poco ofendido, como si no hubiera ocurrido la escena de hacía poco más de media hora ni ella hubiera sido su protagonista.

Cuando oí que se cerraba la puerta de la cocina, me levanté, y antes de salir del salón apagué la luz. Era de noche ya, aunque el reloj apenas marcaba las seis y Adelita se había ido sin encender las luces, tal vez aposta. Ni las del jardín. Todo parecía estar sumido en las tinieblas y, sin saber por qué, comencé a sentir miedo al buscar el interruptor en la pared de la escalera. Subí a mi cuarto, me senté en un sillón, encendí la lámpara de pie e intenté en vano retomar el libro que había estado leyendo. La casa estaba silenciosa y envuelta en oscuridad, excepto el halo de luz de la lámpara. Fuera, el silencio de un atardecer de invierno podía ocultar mil demonios. De repente, recordé el hombre alto vestido de negro y con sombrero, y su imagen se me apareció con tal nitidez que un rayo de inquietud me atravesó el cuerpo. Me cubrí los hombros con una manta de lana porque había tenido un estremecimiento, de frío sería, me dije para tranquilizarme, y comprendí que no habría de ser capaz de fijar la atención en nada ni lograría distraerme de esa pesadilla en que se había convertido la espera, la inmovilidad a que se me había condenado.

Sonó el teléfono.

«¡Diga!, ¡diga!» Al alargar la mano tiré un jarrón de flores. No lo detuve, atenta sólo a la voz del auricular, rodó sobre la mesa y cayó al suelo con estrépito, y el agua y las flores se desparramaron.

«Diga», insistí sin hacer caso del desastre.

«Está aquí», susurró una voz al otro lado del hilo. «Señora, está aquí, la tengo en mi despacho, yo he salido un momento para llamarla.»

«Ah, hola, sargento, disculpe, no lo había reconocido. ¿Quién está ahí?»

«Su guarda. Adelita.»

«¿La ha llamado usted?»

«No, acaba de llegar. Dice que ha venido a buscar el carnet de identidad que se le había olvidado esta mañana.»

«¿Esta mañana?»

«Sí, eso dice, al parecer esta mañana el guardia de la puerta le ha pedido el carnet, pero ya sabe», añadió con voz de entendido, «el criminal siempre vuelve al lugar del crimen.»

«No lo entiendo, sargento. No entiendo nada. Explíquese.»

«Nada, que ha venido y la tengo en mi despacho.»

«¿Ha confesado?» A ver si acabamos con todo esto de una vez, pensé, aliviada.

«Voy a ver. Por cierto, ¿la han llamado de la comisaría de Gerona?»

«No.»

«Es que ahora me he enterado de que Gerona ha pasado el asunto a la jurisdicción de Playa de Aro.»

«¿Ah, sí? ¿Por qué?»

«Ah, no sé. Eso me han dicho. Pero usted, señora, no crea que está desasistida. Nosotros haremos el trabajo que han descuidado allá. Pero no estaría de más que llamara usted a Gerona, a ver qué le dicen.»

63

«Eso haré, gracias, sargento.»

«Oiga, si tiene que salir hágamelo saber y dígame dónde puedo localizarla. Tenemos que estar en contacto.»

«Sí, sargento. No se preocupe, muchas gracias. Buenas tardes, o buenas noches», añadí, mirando por la ventana, negra, negra como sólo pueden ser las noches negras de invierno en el campo.

Llamé a la comisaría de Gerona y mientras dejaba que sonara la señal supe que de nada serviría. Sin saber por qué le había perdido la confianza al policía que me había atendido y que tan protector me había parecido por la mañana, y de un modo oscuro comencé a barruntar que sus intereses eran distintos de los míos. Pero ¿cuáles eran los suyos? Efectivamente el comisario había salido, y si no era por una urgencia, no iba ya a volver hasta el día siguiente, o al otro, añadió con sorna el policía del teléfono. «No, no hay nadie que lo sustituya, bueno yo, pero yo no sé nada.»

Volví al reducto de luz y entonces me di cuenta de que el suelo estaba lleno de agua, la alfombra empapada, el jarrón hecho pedazos había caído más allá de la corona de luz y un trozo de porcelana blanca se balanceaba aún en el límite de las sombras. Y entonces, al darme cuenta de que tenía lágrimas en los ojos, me senté en el sillón, busqué una caja de pañuelos del estante y lloré mansamente sin saber ni querer investigar si lloraba por ese jarro caído y roto, desparramadas por el suelo las primeras caléndulas que se habían anticipado a una primavera lejana aún, o por la incertidumbre en que me había sumido el robo de la joya y su posterior desarrollo.

A la media hora oí un coche que se detenía en la entrada. Bajé la escalera a toda prisa y salí al porche de la parte delantera. Hacía mucho frío y en la espesa oscuridad distinguí a dos guardias civiles que se destacaban en el halo de luz de los faros, encendidos aún. Una sombra menuda y corpulenta se escurría entre ellos, pasaba como una exhalación junto a mí sin querer verme y se metía en la casa.

«¿Qué ocurre?», pregunté al tiempo que encendía la luz del porche.

«Buenas noches, señora. Hemos venido para acompañar a su guarda.»

Era uno de los dos guardias civiles que seguían el trotecillo de Adelita.

«¿Está detenida?»

«No, hemos venido porque dice que quiere mostrarnos una sortija.»

Entramos los tres en la casa y pasamos a la cocina tras ella, que, ignorándome de nuevo, les hizo una señal para que esperaran y salió por la puerta trasera.

«Siéntense, por favor», les dije.»¿Quieren tomar algo?», como si quisiera restablecer ante ellos la jerarquía que Adelita pretendía usurparme.

«Gracias, señora, estamos de servicio y tenemos que volver en seguida al cuartel.»

«¿Con ella?»

«Sí, con ella. La espera el sargento.»

Se abrió la puerta y apareció Adelita. Se aproximó a la pareja y extendió la mano mostrándoles un objeto.

«Miren, miren, ésta es la sortija que me regaló mi madre, ésta es. Mírenla bien. Yo misma le he quitado la piedra para venderla. Yo misma he tenido que hacerlo, de mi madre, la sortija..., yo...», y estalló en sollozos, compungida ante la prueba de la tristeza de su pobre destino.

«¿Qué nos quiere decir ahora con esta sortija?», pregunté, desconcertada.

«Me acusan de haberle robado la suya, señora.» Ahora se dirigía a mí y me miraba de frente. «Yo soy incapaz de robar, ya lo sabe usted. Soy una buena persona.» Y sollozaba desconsolada, conmovida por sus propias palabras. «Es cierto que vendí una joya, pero es el brillante de mi madre, aquí está la prueba. Todos me acusan, pobre de mí. ¡Pobre de mí! Lo vendí en Gerona, no tuve más remedio.»

Cogí la sortija que me tendía entre sollozos Adelita. Y antes de mirarla aún tuve tiempo de decirle:

«¿Por qué no me lo decía? ¿No le pregunté si tenía algo que decirme?»

«Tenía miedo, señora, tenía miedo, pobre de mí», repitió entre convulsiones de la voz y del gesto. «Tenía miedo, soy una pobre y a los pobres siempre nos acusan de todo.» La cara se le había puesto roja y brillante, pero aunque seguía sollozando e hipando, no tenía una sola lágrima en los ojos, triturados por el pañuelo que tenía en la mano. ¡Qué buena actriz se ha perdido el mundo! Un pensamiento que cruzó mi mente como un relámpago.

«No diga tonterías, Adelita, ni pobre ni nada. Ya le he dicho que de momento, que yo sepa, nadie la acusa.» Luego miré la sortija de estaño que algún día debió de tener una piedra engarzada y clavada en un pivote que sobresalía de la montura vacía.

«Aquí no ha habido jamás un brillante», le dije. «Los brillantes no se ensartan en un clavo a las sortijas, y menos a las sortijas de estaño.»

«Pues mi madre tenía un brillante precioso, muy grande, que era su única fortuna. Mi madre», y dejó de llorar para mirarme fijamente, «mi madre era hija natural de un señor muy rico que no había querido reconocerla pero cuando fue mayor, como compensación de tanto abandono...»

«Adelita, por favor, no me cuente historias», procuré no sulfurarme. «No me cuente historias. Un brillante, por muy rico que fuera ese nuevo padre de su madre, no se ensarta en un clavo ni se monta en una sortija de estaño. Ya se lo he dicho.»

Los guardias civiles se impacientaron y uno de ellos, como si terciara en una discusión entre mujeres, intervino:

«Bueno, bueno, vamos al cuartel y ya dirá el sargento qué hay que hacer con este anillo. Tendrá que dárselo a un joyero y que sea él como experto quien decida.»

Me ofendí:

«Diga lo que diga el experto, le juro por mis muertos», aventuré una expresión más inapelable, «por mis muertos lo juro, que aquí no ha habido jamás un brillante.»

«¿Ve cómo duda de mí, señora?», y reanudó el llanto Adelita, sonándose con otro pañuelo de papel que se sacó del bolsillo.

«¿Qué está pasando aquí?», bramó una voz tras la puerta. «A ver, ¿qué pasa aquí?»

Lo que faltaba, pensé, y abrí la puerta trasera. Una vaharada de cazalla regurgitada me vino a la cara:

«¿Quiere algo? ¿Se le ha perdido algo?», bramé a la figura del marido que, así a media luz, sin afeitar, desabrochada la camisa de lana, y con la camiseta debajo que asomaba por el escote, con el brillo de las gafas ceniciento tal vez de pura suciedad, tenía el tenebroso aspecto de un ciego maléfico salido de un cuento de Poe.

«Vete, vete a casa», lo empujaba Adelita, que había pasado por debajo del brazo con el que yo mantenía la puerta abierta. «Vete a casa, ya te lo contaré.»

«Ésta es mi mujer», farfulló el hombre, «y yo tengo derecho a saber lo que ocurre. ¿Qué le están haciendo?»

Cerré la puerta y fuera quedaron Adelita y su marido, chillándose y empujándose el uno al otro.

«Oiga, que yo tengo que llevarla de vuelta al cuartel», gritó a su vez uno de los guardias. Pasó como una flecha ante mí, abrió la puerta, salió corriendo tras ellos, que caminaban hacia su casa, y volvió al instante con Adelita sumida de nuevo en un mar de lágrimas, reales esta vez.

El ruido del motor al alejarse se había llevado la luz del camino, y la noche de invierno recuperó la oscuridad y el silencio. Otra vez me había quedado sola y ahora más atemorizada aún. En la pequeña casa de los guardas, junto a la mía, el marido borracho y humillado se convertía en una amenaza. Cerré la puerta delantera, la de la cocina, y una tras otra, todas las ventanas de la casa.

No fui a la cena, ni iría a la del día siguiente, la de fin de año. No tenía en la mente más que mi propio problema, que por otra parte ni quería ni podría haber compartido con los invitados, más abocados a buscar la diversión y prepararse para el fin de año que a entretenerse en los acertijos que planteaba la situación y mi propia actitud ante ella. Además, estaba tan excitada por los acontecimientos, tan angustiada por su irresolución, que apenas quedaba espacio en mi pensamiento para poder interesarme por otras cosas, fueran comidas exquisitas, conversaciones inteligentes, campanadas a medianoche o brindis para celebrar la entrada del nuevo año de 1998. Llamé aduciendo una excusa banal, comprobé de nuevo que estaban cerradas la puerta trasera y la delantera y me dispuse a esperar.

Pasó la hora de la cena, dieron las once en el reloj del zaguán y ninguna señal había de Adelita ni de la Guardia Civil, ni de la policía. Hasta las doce y media no sonó el teléfono.

«¡Ya está!», dijo a modo de saludo el sargento Hidalgo en cuanto descolgué el auricular. «Ya ha confesado. La tengo en mi despacho hecha un mar de lágrimas.»

Por más que desde el principio sabía lo que indefectiblemente tenía que ocurrir, el asombro me dejó sin palabras. Él, con una sombra de vanagloria en la voz por el resultado y por la reacción que había provocado en mí, no esperó respuesta, y añadió:

«Dice que le gustaría hablar con usted. ¿Podría venir, señora?»

«Sí, sí, ahora voy. Gracias, sargento.» Y colgué.

Una gran tristeza se había adueñado de mí, como si la confesión de Adelita hubiera desmoronado un cúmulo de posibilidades que habían de hacer la situación menos hiriente, como si de un manotazo se hubieran machacado todas mis ocultas esperanzas que, ahora lo veía, no había perdido en ningún momento, como si se hubiera entablado una lucha feroz entre los acusadores y la acusada, y yo hubiera tomado partido por ella. Y de pronto, al recordar el problema doméstico que se me planteaba, me di cuenta de que no era ésta mi verdadera preocupación, ni la confianza que Adelita había roto aunque de hecho nunca había contado con ella cabalmente, recordé, desde aquel primer día en el bar al darme cuenta de que esquivaba mi mirada. Por eso no me sentía herida ni decepcionada, sino sólo abrumada, y tal vez por eso también estaba dispuesta a ser benevolente y misericordiosa. Pero entonces ¿por qué me había puesto triste?

La escena en el despacho del sargento fue conmovedora y habría sacado de ella cierto consuelo de no haber sido porque, en el momento de entrar en el cuartelillo de la Guardia Civil, una sombra leve como un pensamiento fugaz había atravesado el portal y desaparecido por la calleja lateral dejando tras de sí, como un cometa agorero, una estela de inquietud: el hombre del sombrero negro. Pero ni se me ocurrió preguntar a Adelita por él, ni habría podido de haberlo decidido, porque en cuanto me vio, la mujer cayó de hinojos, me tomó ambas manos con las suyas y me las llenó de lágrimas y de babas:

«Señora, señora, perdón», bramó, «perdón. No tengo vergüenza, yo misma lo he negado varias veces. No tengo perdón. Si quiere me iré de la casa en seguida. Perdón, señora.»

La levanté como pude e intenté calmarla, pero fue imposible. Había puesto en marcha un dispositivo dramático para redondear una escena que por nada del mundo iba a desperdiciar. Fue inútil que el sargento quisiera llamarla al orden, por el contrario, a cada voz que le daba, ella añadía un nuevo gesto sacado quién sabe de qué representación o de qué serial y era imposible seguirla. Se mesaba de pronto los cabellos como si quisiera ella misma iniciar su propio castigo, o lloraba mirándome arrobada, me besaba las manos y los pies, o se volvía hacia el sargento, detenía su llanto por un momento y, abriendo los brazos, le decía sin dejar de verter lagrimas: «¿Qué será de mí ahora? Tengo tres hijos, tengo marido y hermanos. Dígame, ¿qué será de mí? ¿Dónde han quedado mi honor, mi vergüenza?»

El sargento Hidalgo y yo estábamos confundidos. Como si la hubieran acusado de un delito que no había cometido, nos veíamos casi en el deber de consolarla y de calmarla. Lo logramos al cabo de un buen rato y faltó poco para que, antes de irse, no se abrazara a mí en busca de un consuelo que le durara toda la noche. Porque a partir de ese momento Adelita quedaba en manos de la justicia y tendría que dormir en el cuartelillo. Al día siguiente a las doce de la mañana, el coche celular la llevaría al juzgado para que el juez le tomara declaración.

Todavía, antes de que me fuera, tuvo ánimos para pedirme como un favor especial que no dijera nada a su marido cuando llegara a casa porque el disgusto que se llevaría sería muy grande y le parecía, añadió, compungida, que le debía ella misma una explicación antes de que se enterara por terceros. «Gracias, señora, gracias», musitó cuando le dije que ya inventaría una excusa para su marido. «Gracias, es usted un ángel, es usted la persona más buena que conozco.» Y con un aire de humildad recién estrenado, secándose aún las lágrimas de los ojos y las huellas de caracol que habían dejado en las mejillas, siguió al sargento que la acompañó al interior del edificio para mostrarle dónde había de dormir aquella noche.

«No se preocupe por nada, señora Aurelia», me había dicho el sargento antes de llevársela. «Estará bien atendida.» Lo dijo como si fuera de verdad mi hermana o una hija mía que se veía obligada a pasar la noche fuera de casa por su propio bien o tal vez por el bien de la comunidad. Luego puso la mano sobre el hombro de Adelita y la condujo hacia la puerta. Un momento antes de salir los dos, todavía se volvió y me dedicó una mirada y un gesto tranquilizadores.

Cuando se hubieron perdido al final del oscuro pasillo, yo también me fui.

3

La noche era tenebrosa. Como mi espíritu, me dije, acongojada, cuando dejé la carretera y me adentré por el camino vecinal hacia la casa. Apenas había luces en las masías de la otra margen del valle y el cielo encapotado parecía más bajo, más cercano, como si cayera a plomo sobre el paisaje en la penumbra, adormecido y helado. Al acercarme a la casa recordé que al irme, a pesar de haber oscurecido, no había encendido las luces. Era Adelita la que lo hacía todos los días, a última hora de la tarde, y ahora la casa emergía de la sombra como una mole más negra aún, espesa y borrosa como un mal sueño. Al llegar a la solana las luces largas del coche iluminaron la fachada sin lograr desprenderle una chispa de vida. Tampoco había luz en la casa de los guardas ni siquiera en las rendijas de las ventanas. Mi casa, pensé, yace en una sombra más oscura que la noche misma, mi casa está muerta. ¿Pero es mía esta casa? Qué extraño no reconocerla como propia sino como un simple decorado en el que me muevo desde hace un tiempo, tal vez familiar pero ajeno a mí, un decorado en el que acaban de ocurrir hechos que tampoco reconozco, que no tienen que ver conmigo. Y la rodeé, dejándola otra vez negra a mis espaldas hasta detener el coche bajo el cañizo del aparcamiento. Apagué las luces y salí buscando en el bolso la llave de la puerta trasera. ¡Las llaves, nunca encontraba las llaves!

¿Las habré dejado en la guantera? Allí, en el ámbito recogido de la parte trasera, rodeada de altos cipreses y sin vistas al valle, la tierra entera parecía haberse cubierto de tiniebla y no quedaba en el aire ni el atisbo de luz ni el halo vago y lejano que llegaba de la carretera cuando subía por el camino. Había en el aire gélido una espesura de opacidad que me impedía ver la distancia que me separaba de la casa. Volví sobre mis pasos con la intención de encender las luces del coche para que me iluminaran, pensando que luego, una vez hubiera encendido las del jardín, ya volvería a apagarlas. Con la mano en el bolso logré al fin dar con el llavero, pero de pronto, cuando había dado sólo unos pasos en completa oscuridad y estaba buscando a tientas la manecilla de la puerta, la luz de una linterna me cegó y me dejó inmóvil. Con el pensamiento detenido me apoyé en la carrocería, consciente sólo de mi espanto y de los latidos de mi corazón, que horadaban la noche. Poco a poco la luz temblorosa se desplazó a mi derecha y fue entonces cuando lo vi: la cara abotargada por el juego de luces y sombras de la linterna que temblaba en su mano y se reflejaba en el cristal de la ventanilla, negras las mejillas sin afeitar, la camisa abierta, el pelo tan despeinado como si la plácida noche fuera de tormenta y apestando a agrio, esa mezcla de sudor antiguo y vino regurgitado. Me arrimé más aún al coche y abracé el bolso contra el pecho como si con eso pudiera defenderme, porque vi brillar en la otra mano del hombre la hoja de una navaja. Una voz ronca, más ronca de lo que la conocía o recordaba, reventó el silencio:

«¿Dónde está mi mujer? ¿Dónde se la han llevado?»

La voz me sobrecogió. Era una voz gangosa que se arrastraba tras el haz de luz. Me armé de valor, abrí la puerta del coche de todos modos, sin hacer caso a sus preguntas y prendí las luces. El fulgor de la linterna había quedado en nada y, con él, el hombre mismo desprovisto de violencia.

«Su mujer está en el pueblo con unos amigos», dije, inventando el pretexto que me había implorado su mujer aunque en el mismo momento me di cuenta de que no se sostenía. Yo estaba aún dentro del coche. Tal vez sería mejor huir, cerrar la puerta, dar marcha atrás y lanzarme a la carretera, pero estaba tan cansada y eran tantas las ganas de estar en la cama que me armé de valor. Apagué las luces y salí por la otra puerta.

«¿Qué amigos?», rugió el hombre.

«No sé», dije y avancé un poco a tientas hacia la casa.

Pero el hombre se interpuso en mi camino y me detuvo.

«¿Qué amigos?», repitió. «Eso no es cierto. ¿Dónde está mi mujer?»

Había en su tono una voluntad dramática evidente y exagerada. Se puso a sollozar y cuando levantó la mano que sostenía la navaja con el ademán de secarse las lágrimas, lo rodeé y corrí hacia la casa. En cuanto se dio cuenta rugió más aún y me siguió. Por el camino saqué la llave del bolsillo y al llegar a la puerta, iluminada por el reguero de luz de la linterna que venía tras de mí, tanteé, encontré el cerrojo, metí la llave, di la vuelta y entré. Una vez dentro encendí las luces del jardín y miré por el cristal de la ventana. La linterna sin la oscuridad que la envolvía había vuelto a perder agresividad y el hombre frente a la puerta tenía un aire distante y perdido, como si hubiera olvidado lo que lo había llevado hasta allí. Miró la puerta otra vez y con la linterna encendida aún, dando bandazos en la mano caída, dio la vuelta y se fue caminando hacia su casa.

Temblando me preparé una tisana, luego recorrí todas las puertas y ventanas del piso bajo para asegurarme que estaban bien cerradas. Subí a mi habitación dispuesta a meterme en la cama, dormir y olvidarme por unas horas de Adelita, de su robo y de su marido. Al día siguiente, como me había dicho el guardia civil, tendría que ir al juzgado de Toldrá porque Adelita sería presentada al juez. ¿Presentada, había dicho? ¿La iban a juzgar entonces?

No. La juzgarán a su debido tiempo, me había respondido el sargento. De momento la interrogarán nada más y a partir de sus declaraciones y de mi denuncia establecerán el cargo que le imputan. ¿Es así como lo había dicho? No tenía mucha idea de cómo funcionaban los juicios. ¿Qué pasaría con ella? ¿Volvería o no volvería? Y ¿qué tenía que hacer yo? ¿Tenía que despedir a la mujer y quedarme sin guarda precisamente ahora que faltaba menos de una semana para que me fuera durante tres meses? ¿Dónde encontraría otra guarda en esos tres días? ¿Cómo iba a dejar sola una casa que está en medio del campo?

Una vez en la cama me puse a leer *El peregrino secreto*, de John Le Carré que debía de estar allí, sobre la mesa, desde hacía meses, segura de que embebida en su historia dejaría de pensar en la mía. Era demasiado tarde para llamar a Gerardo. El silencio parecía haber tomado cuerpo y retumbaba como el susurro de las caracolas. Sonó en el exterior un grito prolongado y me quede inmóvil, sofocada por el espanto. Cuando ya el silencio se había reinstaurado en la casa y yo había destensado los músculos de la espalda que descansaba de nuevo sobre la almohada, un nuevo grito igualmente largo lo rompió. Un búho, una lechuza, ¿qué otra cosa podía chillar de este modo?

Intenté centrarme en la lectura pero no lograba enterarme de lo que leía, así que apagué la luz, dispuesta a dormir. Las escenas del día se repetían en mi mente con tal fuerza que me inquietaba todavía más. La tiniebla de mi habitación se poblaba de imágenes, y el silencio, de ruidos. Más de una vez encendí la luz y volví al piso bajo para asegurar las ventanas. ¿Y si el hombre subía por las terrazas, rompía los cristales y entraba? Recorrí las habitaciones para comprobar inútilmente que no me había olvidado de cerrar ningún postigo. La casa en la oscuridad parecía haber crecido. Daba igual que yo encendiera las luces a medida que pasaba de una habitación a otra: cuando deshacía los pasos y las apagaba, un universo de oscuridad me perseguía, y los gritos de las rapaces nocturnas se ampliaban, las puertas rugían, mis pies rompían el suelo y los ecos de tantos ruidos y sonidos distintos se juntaban en un concierto sin melodía, desafinado e imparable.

En uno de estos viajes entré en la habitación donde mi padre había pasado los últimos años. En el delirio de aquella noche insomne lo vi aún sentado en la silla de ruedas, con las escuálidas rodillas esqueléticas y puntiagudas, marcando los huesos, aguijones bajo la manta, las manos tensas sobre los muslos, el rostro avejentado, raído, arrugado, con bolsas de piel al final de la comisura de los labios que habían dejado el feroz adelgazamiento a que la enfermedad lo había sometido; el escaso cabello canoso, borroso, electrizado casi, haciendo visible la piel manchada, brillante y traslúcida que le cubría el cráneo. Y esos ojos hirientes y malhumorados, testigos de unos jirones de inteligencia nunca del todo desaparecidos tanto más vivos que el cuerpo vencido, crispados y tan tercos que parecían tener por sí mismos la fuerza sobrehumana de levantar, si así lo decidía, los miembros paralizados y, puesto en pie, recuperar la figura amenazante que había exhibido con audacia durante toda su vida. De ahí el miedo que nunca me había abandonado del todo al pensar en él, de ahí ese temblor al entrar en el cuarto que sentía nacer en la profundidad de mi propio corazón, en el más recóndito pliegue de mi conciencia, en ese oculto y cavernoso lugar donde viven y se mecen en la cósmica oscuridad del ser los terrores infantiles, donde crecen y palpitan y se esconden invencibles, como si dormidos a veces desde la muerte de quien los originó, se desperezaran de vez en cuando para recordarnos que su imperio no había muerto con él.

Volví a la cama todavía caliente, segura de que la memoria de mi padre había sustituido la pesadilla del robo. Y con la esperanza de alejar aquellas dudas y angustias, me rendí a su recuerdo que giraba en mi mente y fuera de ella como un torbellino de igual intensidad.

¿Lo había amado realmente, lo había amado tanto como decía a todos que lo había amado? Nunca me había mostrado cariño, ni cuando era niña, pero sobre todo le guardaba todavía rencor por haberse atribuido durante años sacrificios por mi carrera profesional que no le correspondían, como esa letanía constante que había repetido hasta la saciedad según la cual era él el que me había enviado a estudiar a Estados Unidos cuando en realidad fui yo la que conseguí una beca posdoctoral para el Instituto Salk en La Jolla, California, y lo que de verdad me dolía, lo que aún hoy no le perdonaba es que nunca, ni una sola vez, había reconocido, ni frente a mí ni ante los demás, el mérito de haber obtenido esa beca. Y desde que tuvo aquel ataque de ira que lo dejó paralítico y sin habla podría interpretarse, no sin cierta razón, como una imposición de mi victoria la forma que yo tenía de cuidarlo con tanto esmero y con tan poco cariño. De hecho había sido una victoria mía pero que sólo yo conocía, tan escondida en mi voluntad de comportarme lo mejor posible con él que apenas la disfrutaba. Muchas veces me había sorprendido pensando cómo habría reaccionado siendo niña de haber sabido que aquella torre de autoridad y de trueno yacería un día desmoronada sobre una silla de ruedas a mi merced. Cuando era niña y mi madre, como si se hubiera rendido al tratado de justicia que predicaba el padre, convertida en una flor anodina para siempre, había desaparecido fundida su blancura en la blancura de las sábanas, ida, deshecha casi, dejando en el último momento la marca violeta de sus profundas ojeras, y de unas palabras que se habían licuado en el tiempo y que pronto se licuarían en el olvido. De tal modo que cuando la evocaba no veía más que esos ojos inmensos, hundidos, morados de dolor y de muerte y no me sentía con ánimo de asociarlos a la mujer siempre vestida de blanco, siempre callada y sonriente que había tenido por madre. Tal vez por esa reacción de mi alma, no había seguido su ejemplo y desde que aquellos ojos violetas pasaron a vivir únicamente en mi entendimiento, había iniciado una lucha soterrada y cruenta contra mi padre, a cuya voluntad me había sometido sólo a la fuerza, que me otorgaba la tenacidad necesaria para resistir, consciente de que no tenía más arma que la de no caer en el desánimo. Y en lucha se convirtieron cada uno de los momentos en que estaba con él, dictara o no dictara una orden. Callaba, sí, pero no me dejaba vencer, porque mi resistencia consistía precisamente en no aceptar nunca lo que la orden decretara, aun si algunas veces hubiera coincidido con mis deseos.

Pero aquella noche apenas podía evocar el odio que me provocaron sus arrebatos, su ira, su afán justiciero que se había cebado en mí desde que yo tenía uso de razón. Ni podía recordar cuánto resentimiento me había inculcado frente a todos los hombres por el mero hecho de serlo él, y hasta qué punto había fomentado el odio irracional en respuesta a los olvidos de mis primeros amores. ¡Oh!, ¡cómo se deleitaba en ofrecerme constantes dosis de amargura frente a ellos, frente a mis propias limitaciones, frente al mundo en su totalidad! No, no había sido una vida de amor la nuestra, era cierto, pero aun así, ¿cómo había podido ser yo tan indiferente a aquella piltrafa humana, que vivía sin poder defenderse de mi indiferencia, y que no tenía más que el brillo de los ojos para suplicar tal vez un poco de compasión? No sabemos que amamos hasta que desaparece el ser amado. O mejor dicho, no sentimos la verdadera profundidad del amor hasta que se ha ido, por breve y escaso que haya sido ese amor. Y la conciencia se nos carga entonces de dolor por más que intentamos justificar la actitud que tuvimos con él en vida como una consecuencia normal de su comportamiento, de su prepotencia, de su frialdad, de su despotismo.

No hay consuelo para el reconocimiento de que nunca correspondimos a sus últimas y desesperadas llamadas. ¡Qué fácil nos habría sido una caricia, una delicadeza, una sonrisa que no estuviera teñida de esa bondad insultante de quien cuida al enfermo por responsabilidad pero que no se separa un ápice del papel que ha querido desempeñar! ¡Qué poco me habría costado acariciarle la calva!, pensaba en mi tortura. ¡Qué fácil hacerle un poco menos brutal el aislamiento, la enfermedad, la soledad! Y cuánto mejor me sentiría ahora, resumí con dolor en el pecho, lejos del remordimiento. Pero dando vueltas en la cama, horrorizada por el tiempo que transcurría sin que apareciera ni un bostezo ni la más leve señal de que el sueño me rendiría, reaccioné con furia: pero también es cierto que nunca me dio ni cariño, ni simpatía, ni otra cosa que no fuera severidad, truculencia, brutalidad. Nunca hubo un hombre más hosco, año tras año sin mover un músculo del rostro para sonreír, nunca un destello de complicidad ni de comprensión en la mirada.

No sé las horas que estuve sumergida en aquella amarga vigilia. Daba vueltas y más vueltas, y apenas podía mantener los ojos cerrados. No lograré dormir, me lamentaba, pero tal vez el cansancio iba invadiendo todo mi cuerpo porque cuando descubrí un hilo de luz del amanecer en las rendijas de la ventana, caí en un sueño lejano y profundo.

Tenía que estar en el juzgado a las doce, pero cuando llegué la funcionaria de la entrada me dijo que tendría que esperar porque el juez se había retrasado aquella mañana. Salí a comprar un periódico y me senté en el vestíbulo. Debía de llevar una media hora esperando cuando, por el cristal de la puerta de la calle, vi a un hombre que miraba hacia el interior. Era un hombre alto cuya figura me resultaba familiar. Pasó dos veces ante la puerta, como si paseara muy despacio, y cada vez escudriñaba el interior con disimulo y seguía su camino. Al cabo de un rato lo descubrí apoyado en la pared de enfrente, lo miré con detenimiento, escudada en el cristal que nos separaba, pero no lograba reconocerlo por más que intentaba recordar. De pronto, como si me diera una pista de su identidad, se puso la mano en el bolsillo, tiró de un objeto oscuro, lo desdobló y se lo puso en cabeza. Era el hombre del sombrero negro.

Miraba a su alrededor con prevención. Sacó un paquete de cigarrillos y encendió uno, y con el gesto adquirió un aire de mayor normalidad como si, entretenido en aspirar el humo, se hubiera tranquilizado. Me levanté y me acerqué al cristal. Mi figura debió de ser para él entonces más visible. Me vio y en el mismo instante en que me descubrió lanzó lejos el cigarrillo y clavó sus ojos en mí, sin pestañear, con descaro incluso, con esa mirada que nos intimida porque parece decirnos que sabe mucho más de nosotros de lo que imaginamos. Yo la sostuve, tal vez protegida por el cristal que nos separaba. La sostuve y descubrí en su rostro lejano una sombra de ironía en el gesto de la boca. Entonces, azorada, la desvié un instante y cuando volví a mirar él se había dado la vuelta y desaparecía del segmento que alcanzaba mi vista. Volví al banco, pero no me senté, sino que me quedé de pie. Un espejo en la pared me devolvió la imagen de mi rostro. Era el mío, pero ahora me parecía el rostro de una desconocida. Llevaba el pelo hacia atrás y algunas mechas se habían escapado del elástico que lo recogía, y me caían sobre la frente y a los lados en las sienes, las canas que no me había teñido hacía semanas destacaban con violencia sobre el castaño oscuro que utilizaba desde que había descubierto el primer cabello blanco, hacía ya tantos años que ahora no podría saber a ciencia cierta de qué color lo tenía. Ojos grandes, sí, pero rodeados de arrugas finas que a la luz que entraba por la puerta y que multiplicaba la cristalera eran mucho más profundas y numerosas de lo que yo creía. La piel era todavía tersa y el color vivo, moreno, lo mismo en invierno que en verano, aunque no tomara el sol. ¿Y la expresión? ¿Qué expresión tenía yo? ¿Esa expresión tan sosa que me devolvía ahora mismo el espejo? Nunca había sido fea, pensé. Gerardo incluso me consideraba bella, muy bella, decía mirándome, arrobado, pero ahora yo me encontraba horrible. Con la mano me arreglé el pelo en un intento de remediar lo inevitable, las mechas volvían a caer sobre la frente y yo recuperaba ese aire un poco descuidado de siempre que tanto había odiado Samuel, mi marido. ¿No podrías ir a la peluquería como todo el mundo, al menos una vez por semana y no andar constantemente recogiéndote el pelo?

Me senté en el banco, con la imagen de mi rostro persiguiéndome. Yo no me sentía una persona mayor. ¿Tenía el aspecto de una señora mayor? ¿Tan mayor como esas señoras que van de dos en dos al café o al cine, peinadas de la misma manera, teñidas de rubio ceniza para disimular, como yo, sus canas? Yo era alta y seguía estando delgada, tenía buena salud y andaba ligera, tal vez eso me hacía parecer más joven. ¿Cuántos años me echaría la gente? ¡Qué difícil es adivinar cómo te ven los demás! ¿Cuántos le echaría yo a Adelita si no la conociera, si ella no me hubiera dicho que tenía treinta y dos? Y como si su rostro surgiera de los telones superpuestos que formaban mi entorno en aquel momento, el hombre del sombrero sonreía tan real como lo acababa de ver tras los cristales, ¿cuántos años tendría?, ¿cuántos pensaría él que tengo yo?

Adelita todavía tardó más de un cuarto de hora en aparecer. Llegó en un furgóndel que descendió con dos guardias civiles, uno a cada lado. Pero como el coche había aparcado enfrente de la puerta del juzgado, no tuvo que andar por la calle, sino únicamente atravesar la estrecha acera y entrar. Venía llorando quedamente, vencida y humillada. Al verme se abalanzó sobre mí, sollozando desconsolada. Me miraba con sus ojos anegados y pedía perdón amarrándome las manos y besándolas.

«Perdóneme, señora, perdóneme, aunque no tenga perdón. Sé que no tengo perdón, pero perdóneme.»

Yo no sabía qué hacer, ni qué decir. Me sentía incómoda aunque en el vestíbulo no había más que la funcionaria que controlaba la puerta y los dos guardias civiles que habían venido con ella. No me gustaba la escena, pero menos aún me gustaba que me tocara y me sobara las manos en un intento de hacerse perdonar. Aun así, sentí por ella una pena intensa. Por suerte, los guardias que la custodiaban la arrastraron al interior del edificio.

Me quedé de nuevo sentada en el banco de la entrada. Esperando.

«¿Qué espero? ¿Por qué he venido?» De pronto me di cuenta de que lo que tendría que haber hecho era decirle a Adelita, ayer o hace un instante, que estaba despedida y luego irme. Claro, ¿quién iba a tener en casa a una persona que robaba? Y en mi caso peor aún, porque ella quedaba dueña y señora de todo lo que contenía la vivienda y la finca durante semanas, incluso meses. No es que hubiera cosas de valor, pero todo me parecería inseguro en sus manos ahora y más aún me lo parecería cuando desde Madrid pensara en ella y en el funcionamiento de la casa. ¡Oh! ¡Qué lío!, buscar guarda, volver a la policía para intentar recuperar la joya, y todo esto en menos de una semana, que es lo que me quedaba antes de reincorporarme al trabajo. De ningún modo podía retrasarme. ¿Qué podía hacer?

Por la cristalera de la calle entraba el sol, que alargaba la sombra de los batientes sobre el suelo de baldosas. Un sol de invierno claro y luminoso que daba cuenta del frío gélido de la mañana. Me levanté y me acerqué a la puerta. Y allí estaba otra vez el hombre del sombrero negro. Apoyado en la pared como lo había visto antes, pero más alejado del juzgado. Acerqué la cara al cristal para poder verlo mejor. Él, como si hubiera sabido que alguien lo espiaba, levantó la vista, me vio y sostuvo la mirada, sin dejar de manipular un papel o un cartón que doblaba y doblaba sobre sí mismo. Había cierto descaro en aquella cabeza un poco ladeada. ¿Sonreía o era una débil mueca para defenderse del sol que, al levantar la vista, le hería los ojos que no alcanzaba a cubrir el ala del sombrero? La mirada seguía fija en la mía y la expresión de la cara, fuera o no fuera una sonrisa, inmóvil. Azorada, me retiré de la puerta y volví al banco. Quería pensar en lo que tenía que hacer pero era incapaz de concentrarme. Ni en mis problemas, ni en mis decisiones, ni en lo correcto de mi proceder. Al poco rato me levanté otra vez y con cautela fui acercándome a la puerta, y antes de llegar a la cristalera alargué la cabeza y miré. La retiré en seguida porque el hombre permanecía allí con la mirada fija hacia donde yo estaba, como antes, como si hubiera tenido desde el principio la seguridad de que yo volvería a mirar.

No había tenido tiempo de sentarme cuando de la puerta del fondo salieron Adelita y los dos guardias. Los seguían una funcionaria que yo había visto entrar en la sala sosteniendo una gruesa carpeta y un tipo joven, con bigote muy negro y una cartera en la mano. Ella, más serena pero con la cara abotargada, y un pañuelo hecho una bola en la mano derecha, vino hacia mí con actitud respetuosa, casi humilde. La siguieron los demás, como un coro, y la funcionaria se dirigió a mí como si me conociera, o como si Adelita ya le hubiera dicho quién era yo, y me presentó al abogado de oficio, el señor Ruipérez. ¿Qué hago yo aquí?, me pregunté otra vez. ¿Qué se me ha perdido en la historia de esta mujer? Ni que yo fuera su madre. Si fuera sensata, huiría y no la vería nunca más. Me estoy cargando de responsabilidad en un caso en el que, además, soy la perjudicada. Sí, si fuera sensata, me iría. Pero no lo hice, sino que escuché atentamente lo que me decía la funcionaria del juzgado. Que ya se le comunicaría el día del juicio, que podía irse a casa pero no podía salir del país, que... Mientras me hablaba no separaba la vista de mis ojos, esperando mi reacción. Pero yo no dije nada. Y cuando acabó, y tanto ella como el abogado me dieron la mano al irse, tuve la sensación de que la dejaban no sólo bajo mi amparo, sino además bajo mi responsabilidad. Fue en aquel momento cuando se abrió la puerta cristalera y entró el marido. Se había afeitado y llevaba ropa limpia. Tenía otro aspecto. Se quedó inmóvil en el quicio de la puerta, mirándome primero a mí, después a su mujer, a todas luces sin saber qué decir ni qué hacer. Me saludó vagamente con un gesto pero no tenía ojos más que para Adelita. Ella se le acercó, le susurró algo que no comprendí y le tomó la mano. Él la miró con tanta ternura y tal inquietud que sentí pena por él cuando, desprendiéndose de su mano, su mujer lo dejó y volvió hacia donde yo estaba.

«¿Puedo ir con usted a casa?», me preguntó.

«Sí, claro», respondí. «Pero, ¿y su marido?»

Me miró a los ojos con esa mirada transparente y límpida tan convincente y dijo:

«Él tiene que quedarse aquí para arreglar unos papeles del paro.» Había recuperado el aplomo y nadie habría dicho que nos encontrábamos en un juzgado donde se la había acusado de robo.

«Pero si es más de la una y está todo cerrado», le dije.

No se arredró y sin bajar la vista contestó:

«Los ha dejado en casa de un compañero que ha trabajado con él en la última obra. Pero mañana, bueno, pasado mañana tiene que tenerlos, los van a presentar los dos juntos. Es él quien rellena los impresos, ya sabe, hay gente que apenas sabe leer y escribir.»

Así que salimos a la calle y vimos al marido que se iba en otra dirección. El hombre del sombrero negro había desaparecido, pero cuando tras caminar unos cuantos metros nos metimos en el coche, lo vi por el cristal retrovisor frente a la tienda de periódicos. Y cuando me disponía a arrancar, Adelita me detuvo con la mano:

«Perdone, señora, perdone, ¿le importa que vaya un momento a la panadería? No hay pan ni en su casa ni en la mía.»

A punto estuve de gritarle: ¡Déjese de pan!, ¡vamos!, pero no lo hice, mucho más interesada en el hombre del sombrero negro que tenía a mis espaldas y que según había visto por el espejo acababa de entrar en una tienda. Adelita bajó del coche y seguí sus pasitos menudos y rápidos en dirección a la panadería.

Pasaron varios minutos y, cuando ya había decidido ir a buscarla, la vi salir pero no de la panadería, sino de la tienda de periódicos en la acera de enfrente. Iba cargada con el pan envuelto en papel de seda y, presurosa, llegó hasta el coche, abrió la puerta y entró.

«Disculpe, señora, me han hecho esperar mucho, la panadería estaba muy llena porque hoy es Nochevieja y mañana no abren. El que no lo compre hoy se ha quedado sin pan. Es lo que pasa.»

«Pero yo la he visto entrar en la tienda de enfrente, Adelita. ¿Dónde iba usted?»

«He visto a mi marido comprando tabaco y he entrado un momento. ¿No le importa, ¿verdad? Está tan hundido con todo esto.» Había dicho «todo esto» como si se tratara de un cataclismo que nos hubiera enviado la naturaleza, algo ajeno a nosotras y, por supuesto, a ella. Y a mí, debo reconocerlo, también me lo pareció. Sí, no cabía la menor duda, no era más que un simple asunto de mala suerte.

Entretanto puse el coche en marcha. Ella parecía tranquila, tal vez por este diálogo que había alejado de nosotras el robo de cuyas consecuencias no tendríamos más remedio que hablar en un momento u otro. Yo conducía despacio, las dos en silencio. Ante mí, la carretera era un camino inacabable bajo el tibio sol invernal, cuanto más despacio fuera, pensé, más tardaría en llegar, más lejos quedaría la conversación, la decisión. Pero aun sin querer pensar en ello, me di cuenta de pronto de que había dejado que las cosas fueran demasiado lejos. Tendría que haberle dicho que no volviera cuando ayer estuve en el cuartel de la Guardia Civil, y no convertirme en su cómplice engañando al marido. Al contrario, tendría que haberme enfrentado a él, un pobre desgraciado, al fin y al cabo, que tal vez ni siquiera estaba borracho y que bien pudiera ser que tuviera el cuchillo en la mano porque había salido de la casa con él al oír el coche mientras acababa de comer la naranja o el queso. Así comían los pastores de tierra adentro, cortaban un pedazo con la navaja y con ella lo acompañaban a la boca. Eso es lo que era, en mi angustia y con la oscuridad de la linterna había tomado su navaja por un arma, y sus preguntas por una amenaza. Pero ¿por qué había salido con la linterna? ¿Por qué no había encendido la luz? Me estaba entreteniendo en lo que había ocurrido ayer para no pensar en la realidad de hoy. Volví a ella. Sí, tendría que haberme quedado en casa esta mañana y ahora no estaría en el coche con Adelita a mi lado, compungida y serena, pero segura de que está ganando la partida. Pero ¿qué partida? ¿Es que ella piensa que podrá quedarse? Los pensamientos zigzagueaban por mi mente sin descanso, suplantándose unos a otros como seres ocultos dispuestos a discutir y a desmentirse.

Fue en un semáforo que acababan de instalar, dos o tres kilómetros antes de que tomáramos el camino para ir a casa, cuando habló. Al principio, entretenida en tejer y destejer lo que podría haber hecho o lo que tendría que haber hecho, no me di cuenta de qué me hablaba. Sólo cuando me tomó con sus manitas el brazo que cogía el volante fui consciente de su agobio:

«Señora, por favor, escúcheme, por favor. Se lo ruego.»

Hasta tal punto estaba ausente y sus palabras me habían cogido por sorpresa que, un poco alterada, arrimé el coche al arcén de la carretera, apagué el contacto, dispuesta a decir lo que tenía que decir que, a fin de cuentas, pensé, todavía no sabía lo que era, pero con la vaga convicción de que con la conversación se haría de una vez la luz en mi mente y decidiría lo mejor.

«Señora, se lo ruego, tenga compasión de mí», y estalló en sollozos.

Se cubría la cara con sus manitas de uñas cuadradas y chatas que, aunque de dedos cortos, le tapaban completamente el rostro. Los ricitos de su cabeza, como una corona, eran opacos, vidriosos, casi grasientos me parecieron entonces, y recuerdo que pensé que no debía de haber podido lavarse el pelo como hacía casi cada día cuando estaba en casa, porque en el cuartelillo no habría tenido un cuarto de baño ni una ducha. Le alargué un pañuelo de papel, y como sus lamentos no le dejaban oír mis palabras, le toqué una de las manos como si llamara a la puerta y ella, como si la abriera, las separó y dejó a la vista la cara mojada y rojiza y unos ojos que me miraban entre sorprendidos y temerosos.

«Tenga, Adelita, tenga el pañuelo y cálmese. La escucho, de verdad. Dígame lo que tenga que decir y acabemos pronto.»

«Claro», dijo con tristeza. «Claro, acabemos pronto. Para usted todo es muy fácil, usted siempre ha tenido suerte, suerte hasta por haber nacido. Yo lo he tenido todo en contra, todo, también desde que nací, soy baja, soy fea, no tengo educación, no tengo dinero», y se reanudaron los sollozos ante el panorama que mostraba de sí misma, hasta el punto de que se ahogaba con ellos y apenas podía continuar.

Era una faceta nueva en ella, siempre tan orgullosa de su persona.

«Adelita, cálmese, de verdad.» No sabía qué decirle. «Es bajita, es cierto, pero no es fea, no diga eso, cálmese, lo peor ya ha pasado.»

«... y ahora soy yo la que tengo que hablar, y usted no tiene más que escucharme. Pero para mí...» Volvió a cubrirse la cara y después de unos cuantos gemidos continuó: «Yo soy una desgraciada, señora, soy una desgraciada. Yo no quería hacerlo, pero no tenía más remedio, mi marido hace más de tres años que no trabaja.»

«¿Pero no tenía un trabajo fijo?», pregunté, aliviada por hablar de cuestiones más concretas.

«Lo perdió», y de nuevo me miraba sin pestañear, «lo perdió hace tiempo, era un trabajo con un contrato de un año que no se lo renovaron, luego encontró otro de tres meses y ahora ya está otra vez en el paro. Usted no sabe lo que es tener un hombre en el paro y tres hijos», el llanto otra vez arreciando y el pañuelo hecho una bola restregándose los ojos. «Un hombre enfermo, además.»

«Pero si necesitaba dinero, ¿por qué no me lo pidió?»

«No quería molestarla», y dejó de llorar para fijar en los míos sus ojos amarillos, casi dorados con el prisma de las lágrimas. «No quería molestarla, usted es para mí», no dejaba de mirarme, «¿cómo le diría?, usted es el ángel de mi...»

«Bueno, bueno, Adelita. No es de esto de lo que tenemos que hablar.»

«Se lo digo de verdad», insistió, «usted es para mí la oportunidad de ser algo en la vida.»

No pude contenerme:

«¿Yo? ¿Por qué yo?»

«Porque usted me ha tratado...»

De nuevo la interrumpí:

«De acuerdo, de acuerdo, comprendo que esté agradecida, yo también lo estaba, pero ¿es así cómo me paga su agradecimiento? ¿Robándome?»

Volvió a llorar:

«Por favor, señora, no diga eso.»

«¿Cómo que no diga eso?» Y sin hacer caso de su llanto que se había desbordado otra vez, ni de las lágrimas que le corrían bajo las manos, ni de las veces que se sonó con estruendo y se secó, ni de sus ruidos guturales y nasales, continué: «Me roba una sortija, la vende, me niega que lo haya hecho, me hace ir a la policía de Gerona, me hace hablar cien veces con el comisario o el comandante o el sargento, ¡yo qué sé! Y ahora me dice que no le diga que me ha robado. ¿Qué ha hecho, pues, sino robarme?»

Me había enfurecido, me parecía injusto que no reconociera su culpa, esto es lo que me decía para justificar mi alteración, pero sabía que lo que más me enojaba era haber caído en una trampa, haber hablado, tenerle y demostrarle pena, casi complicidad, y encontrarme ahora en una situación que podía volverse en mi contra o de la que por lo menos no sabría cómo salir. Porque ella pensaría, «ni siquiera me deja hablar, todo ha de ser como dice ella, no le importan los motivos por los que lo he hecho, no me deja ni explicarlos.» Y al mismo tiempo otra voz me rebatía, «pero ¿qué más te dan a ti sus motivos?, ¿por qué tienes tú que saberlos?, ¿es que quieres saberlos? ¿Qué te importa esta mujer por buena relación que hayáis tenido durante todos estos años? Te has portado bien con ella, ¿no? No tiene queja, ella misma lo ha dicho.» Pero, al mismo tiempo, me daba cuenta de forma tan clara y precisa, como si el pensamiento hubiera tomado el cuerpo de una aparición, que nunca le había demostrado más que agradecimiento, incluso admiración por su eficacia, nunca otra cosa, nunca afecto. De hecho, ¿le tenía afecto?, ¿se lo había tenido alguna vez?

Esta reflexión me dejó pasmada. Y mientras ella lloraba amargamente mi incomprensión, arranqué de nuevo el coche con prisa ahora por llegar a casa y acabar con una escena que me había alterado y me había dejado una extraña y dolorosa sensación de inseguridad e intranquilidad. Necesito distanciarme del problema, quiero alejarme de todo esto, decidí. Pero no había pasado un kilómetro cuando ella, todavía gimiendo y suspirando y secándose las lágrimas con esa fuerza inusitada que siempre le dejaba los párpados enrojecidos, dijo, gritó casi, como para estar segura de que ni el ruido del motor ni mi propia ausencia podrían evitar que la oyera:

«Detenga otra vez el coche, por favor, aún no he empezado a hablar.»

Con un frenazo que por poco nos estampa contra el cristal, lo detuve de nuevo en el arcén sin preocuparme por la hilera de coches que me seguía. Debe de ser la una y media, pensé, todos se van a comer. Y me parecía que aquel paisaje cubierto de escarcha de las ocho de la mañana cuando me asomé a la ventana, poco antes de salir para el juzgado, pertenecía a un mundo lejano que ya no volvería.

Entonces estaba aún a tiempo, pensé, ahora en cambio...
¿A tiempo de qué? ¡Dios Santo!, que acabe pronto esta historia. La voz me salió mucho más irritada de lo que en realidad estaba:

«Está bien, dígame lo que tenga que decirme y acabemos de una vez.» Y al mismo tiempo pensaba, ya has vuelto a equivocarte, qué más te da lo que tenga que decirte. Dile que se vaya, acaba con todo esto, con ella, con sus llantos, con sus robos, acaba con todo de una vez. Pero ya la estaba escuchando, y no habían pasado cinco minutos aún cuando mirándola como si nunca la hubiera visto, fascinada por lo que me estaba contando, descubrí ese destello difícil de calificar que tanto me había llamado la atención cuando la había conocido, cuatro años antes. Parecía otra persona. Hablaba ahora con calma, y su rostro se había cubierto con un tinte de dulzura que casi nunca le había visto. Dulzura, humildad, y comprensión consigo misma, con sus fallos, decía, y con el mundo entero, ese lugar lleno de gentes que sufren, que viven como pueden luchando por subsistir, por llevar una vida mejor que la que les ha tocado en suerte al nacer y más digna también, un lugar desconocido por los ricos, los famosos, los que salen en los periódicos...

«También los pobres salen en los periódicos», la interrumpí.

No hizo caso de mis palabras.

«... de los que mandan y de los que cuentan, de los que además de ricos son guapos, inteligentes, de los que no tienen problemas para encontrar trabajo, de los que compran en sus tiendas objetos más caros y mucho más bellos que los que nosotros encontramos en las nuestras. Un lugar que está por debajo del mundo de esos famosos, esos ricos, y de todos los que los rodean, un lugar que no se ve pero que ellos aprovechan aunque renieguen de él. Ellos hacen las leyes, detienen a los que no las cumplen y los juzgan, pero no saben lo que hacen ni por qué lo hacen, no entienden nada porque, de hecho, no saben nada. Nuestro mundo es un mundo distinto que se rige por normas muy alejadas de la realidad de ustedes. Yo pertenezco a este mundo y usted ha nacido en el de más arriba, en el que se ve, lo sé porque he vivido en su casa desde hace casi cinco años y veo la diferencia que hay con la mía, entre la vida de usted y la de los míos y, por más que yo le contara, usted nunca sabría lo que nos ocurre ni por qué actuamos como actuamos, ni por qué nos queremos y nos odiamos, ni qué nos lleva a transgredir las leyes que ustedes hacen, porque usted lo mira con sus ojos, que no tienen la capacidad de ver más allá de lo que se lee en los periódicos, de lo que deciden los políticos, los economistas, los empresarios, los que mandan. ¿Ha pensado alguna vez de qué vivimos los que no podemos vivir del dinero? También nosotros tenemos derecho a cantar nuestra canción. ¿Se acuerda de lo que decía siempre su padre?»

¡Qué bien se expresa!, pensé. ¿De dónde habrá sacado esta teoría? ¿No pertenecerá a un partido político, a un sindicato o algo así? ¿O a una secta?

Continuaba:

«Yo no se lo voy a explicar porque usted, que es profesora, tendría que saberlo, y si no lo sabe no serviría de mucho lo que yo le dijera. Pero sí quiero que me oiga ahora, déjeme hablar, déjeme que le cuente.» Volvía a llorar, había desaparecido aquella pátina de candor que había descubierto un momento antes, y con ella la lógica del discurso se había desvanecido. Volvía a ser la Adelita tan amiga de hablar de sí misma, tan abocada a representar toda clase de escenas.

Desconcertada aún por esos cambios, le dije:

«Hable, pues. La escucho.»

Y habló. Pero lo que tenía que decirme no respondía a las expectativas que había creado ni estaba a la altura de la teoría de los dos mundos que a mí, tengo que confesarlo, me dio que pensar, aunque me parecía exagerado que no nos enteráramos de lo que ocurría en el de ellos. Pero me sorprendió cuando, tras enumerar de nuevo las dificultades con que se encontraba en su propia casa, con esos chicos que apenas trabajaban, con un marido en el paro y con sus deseos de llevar una vida mejor, se quitó la chaqueta, se levantó el jersey y me mostró unos grandes moratones al lado izquierdo de su inmenso tórax que me dejaron pasmada.

«¿Cómo se lo ha hecho, Adelita? ¿Qué le ha pasado?»

Y tras la lente de sus lágrimas que fluían ahora suavemente de los ojos irritados, fijos en los míos, dijo:

«Es mi marido, señora, es mi marido, que me ha pegado.»

«Pero ¿cuándo?»

«Fue hace un par de días. No porque sea mala persona, sino porque llegó borracho, y cuando bebe no sabe cómo se pone.»

«Pero sus hijos son ya mayores, ¿no la defendieron?»

«Mis hijos no estaban, señora y yo aguanté sola todos los golpes.»

Lo que faltaba.

Habíamos llegado al camino que parte de la carretera y asciende por el valle hasta llegar a la casa. Aquel paisaje de invierno me pareció entonces suave y sedante, con sus encinas y los campos recién abonados, con los chopos altivos sin hojas que se arremolinaban en el torrente, con la columna de humo del montón de abrojos que ardían con lentitud frente a la primera masía, con los almendros junto al camino y la tierra oscura por las lluvias del invierno y con las escasas nubes suspendidas en el cielo como un decorado. Al paisaje le da igual lo que ocurra, el paisaje sigue en pie hasta que lo destruye la mano del hombre, pero, si escapa a ella, permanece impávido frente a nuestras angustias y dolores, él y su inmutable devenir. Incluso la muerte le es indiferente. Podría morir yo ahora mismo y el paisaje no se inmutaría, ni un leve temblor en las hojas de los árboles, ni una nota falsa en el trino de los vencejos, ni un sobresalto en el dulce movimiento de las nubes.

Al salir del coche, Adelita me siguió con su pan envuelto en papel de seda tostado y entró conmigo en la casa. Yo me senté en el salón, inquieta, pensando en cómo se iba a desarrollar la siguiente escena, porque de hecho todavía no habíamos hablado de la cuestión más que dando rodeos, es decir, no habíamos mencionado el despido. Yo tenía que despedirla, era evidente. No iba a tener en mi casa a una persona que había abierto la caja y se había llevado una sortija. Y tenía que decírselo. Pero al mismo tiempo tendría que ir al pueblo y comenzar a buscar una nueva guarda que se quedara en la casa. No podía cerrarla sin más y dejarla sola de noche. En los últimos tiempos se habían producido infinidad de robos en las casas de los alrededores, sobre todo en las que, como la mía, estaban apartadas y lejos de los pueblos. Además, tendría que ir a Gerona para que la policía me diera la dirección del joyero y ver si recuperaba la joya, o ir a un abogado que lo hiciera en mi nombre. Y al cabo de dos días tendría que comenzar a pensar en irme.

Aquella noche era la última del año. Mañana sería el primer día de otro que llamamos nuevo. Dios mío, primero de año y yo casi sin enterarme, y las clases a punto de comenzar. Tres, cuatro meses, lejos de casa y con este panorama. Claro que podría organizarme para volver algún fin de semana aunque sólo fuera para ver qué ocurría, pero aun así...

Apareció al poco Adelita con una taza de té, la dejó sobre la mesa junto a mí, y ella se quedó de pie, esperando. Y como yo durante un buen rato no hice otra cosa que tomar sorbitos de té, abstraída en lo mío, fue ella la que una vez más tomó la palabra:

«Si me dice que me vaya, lo comprenderé», dijo, «haré lo que usted diga, señora, pero quiero que sepa que yo no soy una ladrona, he tenido un mal momento, muy malo, ya lo sé, pero no soy una ladrona, y usted lo sabe, señora, llevo cinco años en la casa, bueno, cinco años hará en el mes de julio, y nunca le ha faltado nada.» Se detuvo mientras yo la miraba por encima de la taza, esperando a que continuara pero sin apartar sus ojos de los míos, callada. Así que hablé yo.

«Bueno, Adelita, ¿qué me propone?»

Yo había oído mi voz pero no me parecía que fuera yo la que había hablado, porque yo lo que quería era despedirla. ¿O no? O ¿tal vez ahora podía quedarse porque habiendo robado una vez y visto lo que había ocurrido ya no volvería a hacerlo? Me acordé de pronto, como si un rayo de luz cruzara mi mente, del día en que había invitado a Gerardo por primera vez a cenar y el pescado había salido mal. No es que estuviera podrido ni que oliera, pero sí que había quedado desmenuzado una vez salido del horno y apenas tenía sabor. Lo dejamos en el plato, él sonriente, yo avergonzada. «Nunca más le compraré pescado a esta mujer», dije, indignada, «nunca más.» Él puso una mano sobre la mía con ese tono entre irónico y protector que utilizan los hombres al principio de una relación: «Pues harás muy mal», dijo, «mejor volver con el pescado al puesto del mercado donde lo compraste, y enseñárselo. Te pedirán mil disculpas, te darán otro y nunca más te volverán a engañar. Así es como funcionan las cosas.» Y así fue. Desde entonces me había servido siempre el mejor pescado y el más fresco del mercado. Tal vez el truco sirviera también para Adelita. Siempre que dejara cerrada la caja, por supuesto. Y ¿si se llevaba un cuadro? ¿Qué haría con un cuadro? ¿Cómo podía saber ella dónde se compra la pintura contemporánea, como la mayoría de los que yo tenía? No, no se llevará nada ahora, estoy segura, es más, creo que tenerla aquí es una garantía contra el robo. Y, además, es cierto que la pobre bien merece otra oportunidad.

Adelita lloraba quedamente, sin suspiros ni hipos. Dos goterones le caían por las mejillas. La expresión de dolor se le había inmovilizado en la cara, me miraba fijamente con los ojos anegados y seguía de pie sin balancear el cuerpo ni cambiar el peso de una pierna a otra. Impertérrita y sumisa.

«Dígame, Adelita, ¿cuánto le dieron por la sortija?»

«Ciento setenta y cinco mil pesetas», dijo en un susurro.

Una oleada de indignación me levantó de golpe del sillón.

«¿Ciento setenta y cinco mil pesetas por una sortija que hace veinte años costó un millón?... La engañaron, Adelita. La engañaron miserablemente, así que somos dos las engañadas.»

«¿Qué iba a saber yo? Ni siquiera sabía que esa joya valía tanto. Yo no entiendo de joyas, señora, yo nunca las he tenido.» Y comenzó de nuevo a sollozar.

No puedo, pensé, no puedo aguantar todo esto ni un minuto más. Creo que fue éste el motivo por el que, sin darle más vueltas, acuciada por las ganas de acabar de una vez, me acerqué a ella, le puse las manos en los hombros y le dije:

«Adelita, yo no quiero que se vaya, quiero creer que es cierto que es la primera vez...»

«Se lo juro por mis hijos y por mi padre, que en paz descanse.» No lloraba ya, me miraba de esa forma entre altiva y justiciera que tenía de mirar y se persignaba y se besaba el pulgar una y otra vez.

«Déjese de tonterías, Adelita, vayamos al grano, que ya no puedo mas», casi grité. «No se irá pero ha de prometerme que nunca más me dirá una mentira, y que, si le ocurre algo, o necesita dinero, recurrirá a mí, no a mis cosas. Además, quiero saber ahora mismo la dirección del joyero. La escucho.»

Al principio dudaba, pero no me costó convencerla:

«¿No se da cuenta de que la han estafado? Le han tomado el pelo, se han quedado con la joya y a usted le han dado unas migajas y ahora es usted la que carga con la culpa. ¿No se da cuenta?»

«Tal vez sí», dijo, compungida, «yo de estas cosas no entiendo, yo cogí lo que me dieron, porque no sé el valor de las joyas.»

«Pues deme el nombre del joyero y la dirección», esta vez mi voz era firme y surtió efecto.

La suya, en cambio, era un mero susurro, cuando dijo: «Joyería Reina, paseo de la Constitución, 27», que yo anoté de cualquier modo en mi agenda. Y en seguida me dejé caer, exhausta, mejor dicho derrotada, pero en el fondo apaciguada porque todo se había simplificado en un instante.

Ella se arrodilló junto a mí y me tomó la mano. Yo me dejé hacer, convencida de que no podría evitarlo y procuré no oír las alabanzas y los agradecimientos que salían atropelladamente de su boca. Y cuando me pareció que comenzaba a repetir el discurso por cuarta vez, la interrumpí:

«Bueno, ya está bien. Ahora usted a lo suyo y yo a lo mío.»

No había acabado aún cuando sonó el teléfono. Sería Gerardo. Me levanté, salí del salón y me precipité a la consola de la entrada.

«¡Diga!», grité.

«¿Dorotea?»

«Aquí no hay ninguna Dorotea, dejen de incordiar con

tanta Dorotea. Aquí no hay ninguna Dorotea, éste no es su teléfono» y colgué.

Adelita, detrás de mí, se hizo eco de mi indignación:

«¡Es que ya no se puede tolerar!» Fruncía los labios y echaba el mentón para adentro. «Se lo dije al sargento ayer, tendrían que hacer algo para evitarlo porque no podemos estar todo el día con Dorotea no está aquí, aquí no hay ninguna Dorotea.»

Por la desenvoltura con que soltó la parrafada me di cuenta de que había dejado de torturarse, como si todo hubiera pasado, y mientras subía a mi habitación oyéndola murmurar todavía sobre Dorotea, y después, cuando me asomé a la ventana y la abrí para que entrara el sol de invierno, y más tarde, aún sentada sin saber qué hacer, me pareció que tenía razón, que la historia del robo, mis dudas, el viaje al juzgado y nuestra intermitente e inacabable conversación no sólo eran cosa del pasado sino que, bien mirado, se diría que ni siquiera habían ocurrido. ¡Qué descanso! Sí, qué descanso, pero también tras el sosiego y la paz que sucede a la solución de un problema, esa inquietud de origen desconocido que asoma al comparar lo que hemos hecho con lo que querríamos haber hecho, y la amarga conciencia de que no somos más que un soplo, una invención, casi una patraña o, mejor aún, una marioneta en manos de fuerzas ocultas que viven en nuestro interior y mueven nuestros brazos y nuestras manos al margen de nuestra voluntad. Quizá fuera ésta la razón por la que me resistía aún a hablar con Gerardo, como si me sintiera culpable y no tuviera demasiados argumentos para justificar mi conducta. Aun así, un poco antes de la hora de la comida, lo llamé:

«Pero ¿estás loca? ¡Cómo se te ocurre quedarte con esta mujer después de toda la historia que me has contado! Te vaciará la casa cuando no estés.»

«No seas exagerado», repetí parapetándome ofendida

en mi postura, «no la ha vaciado en todos estos años, no lo va a hacer ahora, después de lo que ha pasado. No es una ladrona, es una buena persona, ha tenido un mal momento, esto es todo. Todos tenemos un mal momento.»

Gerardo estaba furioso:

«Has actuado como una criatura, una niña pequeña que se deja convencer con cuatro palabras. Nadie diría que eres profesora en la universidad ni que tienes los años que tienes.»

«Cuarenta y siete. Cuarenta y siete he cumplido hace dos meses, cuarenta y siete, ¿y qué?», Todo me parecía un ataque.

Él no veía más que desastres, yo me negaba a abandonar mi punto de vista por más que me decía que no le faltaba razón. Pero no quise ceder. En vano intentó convencerme, yo me había hecho fuerte tras mis argumentos y ni quería ni sabía cómo pasarme a su bando. Además, estaba muy alterado. Nunca nos habíamos peleado desde que estábamos juntos. No es que viviéramos juntos, lo cierto es que nos veíamos poco, aunque siempre estábamos en contacto. Yo vivía en Madrid. A veces él, que vivía en Barcelona, iba a buscarme al acabar el semestre y hacíamos un viaje o iba a pasar unos días conmigo a mi casa cuando podía dejar su oficina de contratas, aunque la mayor parte del tiempo que teníamos libre yo me instalaba en su casa de Barcelona, la ciudad donde yo había vivido antes de irme a estudiar al extranjero. A mí, la solución me parecía perfecta y bastante definitiva, pero él la consideraba provisional. Ojalá me hubiera ido esta vez a la ciudad con él, ojalá no me hubiera enterado del robo de la sortija. Nunca miraba el joyero, ¿por qué había tenido que hacerlo esta vez? Todo habría sido mucho más fácil, no pude evitar pensar, confundida y dolida, por el golpe del teléfono. ¿Había sido yo la que había colgado o había sido él?

Al día siguiente, me fui a Toldrá en busca de un abogado. Podría haber ido a ver a Félix Baltasar, el abogado de mi padre en Barcelona, pero me pareció más adecuado encontrar a uno de la zona. Fui a la empresa de Vallas Metálicas Palau, donde me conocían, y me informé. Me dieron la dirección y el teléfono de un abogado, Pérez Montguió, «de toda confianza» me dijo el señor Palau, «aunque hace poco que lo conocemos porque acaba de abrir su bufete, pero ya tiene muchos clientes y todo el mundo está contento. Dígale que va de mi parte». Llamé y me concedió una entrevista aquella misma mañana, «ahora mismo, si puede ser, porque tengo que ir después al juzgado», me dijo por teléfono.

Toldrá es una población pequeña fuera del circuito habitual de los turistas, que cuando las playas eran tierra entre los piratas del mar y la población, había sido importante por sus mercados de ganado, que todavía conservaba. Si bien había perdido su lugar preeminente en la región, había sabido preservarse con dignidad. Había crecido en torno a un centro vetusto y un tanto sombrío y en sus alrededores, como una corona de progreso, se habían construido hileras de casitas adosadas que se encaramaban por las lomas cercanas y hacían las delicias de sus habitantes. Igual que las había hecho, tres décadas atrás, aquel rascacielos plagado de terrazas diminutas con la apariencia de un inmenso panal de miel, que un banco había construido dejando al altivo campanario de la iglesia en inferioridad de condiciones.

El abogado Pérez Montguió tenía su bufete en la calle principal, una calle porticada que había construido un indiano a principios del siglo XX. Era un piso oscuro y frío, y en la entrada me recibió una secretaria que trabajaba a la luz de un flexo. «La están esperando», dijo.

Durante un cuarto de hora expliqué a ese caballero pulcramente vestido con traje oscuro y una corbata de minúsculos lunares blancos, ondulada por una aguja de oro, la historia que quería que defendiera. Tenía ojitos de búho, y cuando hablaba para pedirme detalles, sus labios, escondidos tras un bigote negro, apenas se movían. Llevaba el pelo planchado sobre la cabeza como si lo hubiera untado con aceite y al ponerse a tomar notas me di cuenta de que llevaba gemelos de oro a juego con la sortija, el reloj y una pulsera también de oro en la otra mano. Apenas me miraba, ni siquiera cuando yo respondía a sus preguntas, escribía lo que yo decía y se quedaba quieto esperando a que continuara. Una vez le hube contado la historia completa, le di el teléfono del sargento, la dirección de la comisaría de Gerona, le comuniqué que al día siguiente pensaba ausentarme, le dejé el teléfono y el fax de la universidad y mi móvil, aunque apenas lo utilizaba, y el de mi departamento. Y un sobre con la exigua documentación del caso, que comprendía entre otros papeles la copia de la denuncia, la citación del juzgado y un texto que yo misma había redactado contando los pormenores del caso por si se le olvidaba alguna cosa.

«De todos modos, tal vez usted tenga acceso a la comisaría de Gerona, es allí donde me dijo el teniente de la Guardia Civil que enviarían la documentación, porque el caso se llevaría desde allí.»

Y al ver que nada añadía fui yo la que le pregunté:

«¿Podremos recuperar la sortija?»

«No puedo decirle nada en este momento, antes de hacer una serie de gestiones, pero ya le anticipo que lo más probable es que el joyero, amparado por la ley, haya partido el brillante en varias piezas y las haya vendido. En cualquier caso, déjeme hacer.»

«Lo que quiero es que haga valer mis derechos en la policía. Ellos tendrían que haberme avisado, tendrían que haberlo intentado por lo menos. Quiero saber por qué no lo han hecho.»

«Sí, claro, tiene usted razón, pero ¿cómo se demuestra que no lo han hecho?»

«Nadie me ha llamado.»

«Usted no lo sabe, me ha dicho que estaba en Madrid.»

«Pero no me han enviado ninguna carta, tendrían que saber mi dirección porque Adelita cuando entregó su carnet de identidad al joyero, como él le exigió, dijo que estaba de guarda en mi casa.»

«Sí, claro, pero veamos primero lo que dice la policía.» De pronto pareció que había tenido una iluminación, porque levantó la mano que sostenía la pluma y como si con ella señalara el punto donde se resumía todo el embrollo, fijó la vista en la misma dirección, y dijo para sí pero evidentemente para que lo oyera yo y lo corroborara: «Así que le robó una joya su guarda, usted la denuncia, van las dos al juzgado y ahora se queda en su casa, es decir, no la despide. ¿Es o no es así?»

«Sí, así es, pero esto, ¿qué tiene que ver?»

«De momento, nada, claro, pero tal comportamiento podría provocar ciertas sospechas.» Sonrió fugazmente y, volviendo la vista a su cuaderno, preguntó: «¿Qué le han dicho los del seguro, si es que tiene asegurada la vivienda y su contenido?»

¿El seguro?, ni me había acordado del seguro, era cierto, tendría que llamar y enviarles una copia de la denuncia. Pero respondí:

«No he llamado todavía, ayer era fiesta.» Y añadí, intrigada: «¿Qué quiere decir con que podría provocar sospechas?»

No respondió a mi pregunta, dijo solamente:

«No deje de comunicarme lo que le digan.» Y levantándose me tendió la mano con solemnidad, y frialdad también, debo decirlo. «Es un caso complicado, pero algo haremos, no se preocupe. Y no deje de informarme de todo cuanto ocurra, por insignificante que le parezca.»

Con mi mano todavía en la suya resumí:

«Claro que quiero recuperar la joya, pero más me importa que se denuncie a la policía por su actuación en los términos que usted crea posibles y convenientes, ya que también la policía es culpable. Si se juzga a mi guarda, que se los juzgue también a ellos por su desidia. O por su colaboración.»

«Claro, claro, ya la entiendo», y me lanzó una breve mirada esquinada. Luego me acompañó hasta la puerta y antes de que se cerrara tras de mí, se retiró a su despacho.

No podría decir por qué, pero aquella visita me había dejado cierta inquietud. Me habría gustado encontrar a un abogado amable y comprensivo que se hiciera cargo de la situación y, lo que es más importante, la compartiera conmigo hasta tal punto que mi desasosiego por todos estos acontecimientos quedaran en sus manos igual que habían quedado los documentos. Yo me habría ido en paz, liberada de preocupaciones, y mi misión, por decirlo así, habría acabado, no me quedaría más remedio que una vez en Madrid esperar a que me llamara el amable y eficaz abogado para comunicarme qué le había dicho el joyero, cuándo y cómo había puesto la denuncia a la policía, si se había aceptado a trámite y la fecha del juicio.

«Pero dime», me preguntó Gerardo aquella misma tarde por teléfono, «¿el abogado no te ha pedido que le hicieras poderes para poderte representar, o para poner la denuncia?»

«Pues no, no me ha pedido nada de eso.»

«Bueno, no importa, tal vez primero quiere conocer el asunto y en su momento lo hará. De todos modos, si hay juicio», añadió con ese tono desesperanzado con que siempre hablamos de la justicia, «si hay juicio será dentro de años. No es que la justicia sea lenta, es que es lentísima.»

Nos habíamos reconciliado en parte, porque para una reconciliación en toda regla habría sido necesario que yo despidiera a Adelita. Y yo no quería ceder, no podía. Al día siguiente tenía que irme y no habría sabido cómo solucionar la situación. Además, no me parecía tan mal darle una oportunidad, al fin y al cabo, nunca se había portado mal conmigo ni mucho menos con mi padre. Bien la merecía, pues, me dije. Así que dejé las cosas como estaban, convencida de que con el tiempo todo volvería a la calma.

Por su parte, Adelita había adquirido un talante grave como a su entender exigía la situación, un talante con un punto de humildad, es cierto, pero también con una pincelada de dignidad ultrajada, no frente a mí, ni siquiera frente a la policía o el juzgado, sino frente a la vida, al mundo en general, al sol que ilumina el paisaje y a la noche que se cierne sobre él. Caminaba erguida, todo lo erguida que su estrafalaria figura se lo permitía, el delantal más impoluto que nunca, el pelo recién lavado y la actitud reconcentrada de quien ha decidido no hablar aunque se lo pidan pero al mismo tiempo atenta y un poco ofendida porque nadie lo hace.

Por la tarde, cuando ya había acabado de recoger mis papeles y de hacer las maletas, la vi atravesar el jardín con su marido en dirección al campo, los dos peinados y arreglados como para ir a un bautizo, cogidos del brazo y caminando al mismo compás y en silencio como hacen las parejas que llevan años ensayando y practicando este mismo paso. Abrí la ventana y me asomé. Como en esa dirección no se podía ir al pueblo, le pregunté:

«¿Adónde va, Adelita?» Mi voz sonaba nítida en la tarde plácida, como si se anticipara a las de las calmas de enero, esa pausa de dulzura y buen tiempo que parece tomarse la naturaleza para arremeter con mayor fuerza los rigores del invierno.

«Vamos a ver a los vecinos de la casa de enfrente, el hijo de Pontus y su mujer, a contarles lo que ha ocurrido.»

La miré buscando una explicación. Se habían detenido sin soltarse del brazo. Ella había levantado la cabeza hacia mí y sostenía la mirada, esta vez desprovista del asomo de arrogancia que tenía siempre a punto cuando había de responder, sino con naturalidad, como si buscara en mí la complicidad que la ayudaría en ese incomprensible afán por confesar a sus vecinos el delito que había cometido.

No respondí y ellos, sabiendo que no había más que decir, dignos y al unísono, atravesaron el campo hasta encontrar el camino que llevaba a la casa de Pontus en la ladera de enfrente. Y fue siguiendo sus pasos por el paisaje de invierno cuando, en la misma hondonada donde había descubierto hacía poco tiempo al hombre del sombrero negro, lo vi de nuevo agazapado bajo la higuera desnuda, envuelto en una capa o un gran abrigo, como un inmenso cuervo que espera silencioso e inmóvil a su presa. Pasaron los dos a pocos metros de él, aunque era difícil que lo descubrieran porque entre unos y otros se levantaba un muro de cipreses resecos pero todavía altivos. Sin embargo, me pareció descubrir un asomo de movimiento descompasado en Adelita, que redujo el paso un instante para quedar un poco rezagada y echar entonces una ojeada a un escenario que conocía pero que no podía ver, una esperanza sin ninguna posibilidad.

Y cuando ya subían la cuesta me di cuenta de que al tomar altura, ahora sí, ella debería haberlo visto por encima de los árboles. Y de hecho volvió la cabeza en el instante en que él, el hombre del sombrero negro, respondiendo como un resorte a su mirada, levantaba la suya, y en seguida el brazo, en un gesto que forzosamente debía de tener un significado, porque ella, entonces, como si ya hubiera comprendido el mensaje, se arrimó de nuevo al brazo de su marido, no sin antes haber movido la cabeza en señal de asentimiento.

¿Era así como lo había visto? ¿O era mi imaginación que llevaba unos días dando saltos por los sentimientos de una mujer que no lograba comprender? Curiosidad, tremenda curiosidad, y esa punzada de incomprensibles celos que asomaban por primera vez, celos de una mujer que, de todos modos, nunca me había merecido consideración ni admiración ninguna. ¡Bah! No son celos, es la angustia que me sorprende cada vez que asoma materia nueva en esta historia. Pero algo en ella y en la complicidad de los gestos que intercambiaba con el hombre me movían a mirar y a comparar, y a seguir mirando en esa dirección, aunque ellos ya habían entrado en la casa y el hombre, como si hubiera conseguido lo que quería, se sacudía la capa para que cayeran las hojas o las pajas que se le habían quedado prendidas, se la quitaba con un gran gesto que rasgaba el aire y se la ponía al brazo como si hiciera calor y, sin embargo, se levantaba el cuello oscuro de la cazadora para resguardarse de un frío que parecía haberle calado hasta los huesos. Porque el sol se había retirado y comenzaba a notarse, incluso para mí que seguía en la ventana, ese gélido airecillo que limpia el ambiente para que entre poderosa la noche clara y estrellada del invierno. Me separé de la ventana y fui a coger un chal, y cuando volví a mirar, el hombre se confundía ya con la opacidad de un crepúsculo que caía vertiginoso sobre la tierra.

No sabía entonces hasta qué punto iba yo a ser víctima de aquella incipiente y envidiosa pasión que iba a crecer hasta convertirse en un revestimiento de horror que me cubriría y me envolvería, no sabía las noches de zozobra y descalabro que me esperaban deseando amores que me estaban vedados y huyendo de ellos, imaginando como míos los que eran de otros que, en lugar de disuadirme, incrementaban mi deseo y me provocaban una excitación que hasta entonces me había sido ajena, como si fuera otro el cuerpo que disponía del mío. No sabía entonces que a partir de ese mismo instante en que vi nacer la envidia, la búsqueda de ese hombre desde mi ventana se convertiría en una imperativa servidumbre, o en una insoportable carencia, que por veces que se repitiera nunca alcanzaría la indiferencia de la costumbre. Ni sabía tampoco que, en cualquier caso, se había abierto un campo infinito de posibilidades al sufrimiento que antes yo ni siquiera había sospechado.

Lo comencé a vislumbrar durante la siguiente estancia en la casa del molino. Después de irme precipitadamente al día siguiente de hablar con el abogado, tuve que volver apenas una semana después para firmar en la notaría la venta de un terreno en las montañas. Y ese día precisamente Adelita dijo que si no me importaba se tomaría fiesta porque quería pasarlo con su madre enferma. Así que decidí almorzar en un pequeño restaurante de carretera situado a la entrada del pueblo.

Me senté a una mesa pequeña que, como todas, tenía mantel de plástico de cuadros blancos y rojos, vinagreras antiguas y servilletas de papel. Lo conocía de otras veces y recordaba un estofado de buey excelente. El local estaba lleno de obreros de la construcción, polvorientos y ruidosos, y solitarios viajantes de comercio con camisa, jersey y corbata, el maletín junto a la silla y la americana colgada en el perchero con el abrigo. Tenía hambre ese día, me había comprado un periódico y me apetecía tomarme un guiso de carne con setas mientras lo leía. Sobre la mesa había una botella de vino, la abrí y me serví un vaso. Vino la chica y trajo la cesta con el pan, le pedí el estofado y se fue anotando mi pedido en un bloc. Ya me había llevado el vaso a la boca, cuando una sombra se inmovilizó ante mí y me obligó a mirar hacia arriba.

El hombre del sombrero me miraba, risueño. Me quedé sin saber qué hacer. Fue él quien, tras tenerme anestesiada por la mirada de sus ojos más reidores que el amago de sonrisa, que no se había acentuado desde la primera vez que lo vi, cogió la silla que había enfrente de la que yo ocupaba y dijo simplemente: «¿Puedo?» Hizo un leve gesto con la cabeza, se quitó el sombrero, y sin esperar mi respuesta, se sentó. Yo seguía con el vaso en la mano, detenida la conciencia o hipnotizada tal vez, hasta que el chirrido de una silla contra el suelo me devolvió al ruidoso restaurante.

No puedo decir que a lo largo del almuerzo la nuestra fuera una conversación fluida, porque no lo fue. De hecho aquella palabra «¿puedo?» habría de ser casi la única que me diera el tono de su voz en aquella hora que yo imaginé feliz, un rasgo de su persona que me acercó a él más tarde, cuando en la duermevela que anticipa el sueño recurrí a la sonoridad que ratificara la memoria del encuentro, como el tacto incierto de su carácter, como el inicio de una música que prometía los más recónditos arpegios de su alma.

Decidí dejarlo hablar, convencida de que me había visto entrar en el restaurante y se había acercado para abordarme. Pero pasaron los minutos y podrían haber pasado las horas sin que saliera de su boca una palabra más. Con un gesto había pedido lo mismo que yo y hasta que no nos trajeron el plato se dedicó, si la memoria no me falla, y creo que no me falla en absoluto, se dedicó a hacer bolitas con las migas de pan que habían cubierto la mesa al cortar un trozo con la mano. De vez en cuando levantaba la vista y me miraba, me miraba y había en la mirada algo canalla pero tan tierno a la vez que me seducía y dulcificaba el calor de mis mejillas cuando recibía la luz de aquella mirada. Luego volvía a las bolitas, rascando la mesa con la mano, como si quisiera hacerla avanzar. Pero no hablaba, y yo no hacía sino esperar sin saber lo que esperaba. Tal vez, que la mano, en su lento camino, tropezase con la mía o la tocara como preludio de una seducción que había de desenvolverse, magnificarse y estallar. ¡Oh, Dios mío!, no pude mantenerla en el lugar donde se encontraba expectante, y en un momento hice amago de coger con ella el periódico, pero él levantó la cabeza tan sorprendido que lo dejé junto a mi bolso, en la silla que tenía al lado, aunque de todos modos mantuve la mano bajo la mesa. Pero seguí esperando, inquieta y atónita, hasta que llegaron los dos platos de estofado. Él me ofreció pan, luego se sirvió vino, cogió el tenedor y comenzó a comer, yo hice lo mismo, aunque el hambre y las ganas de comer estofado habían desaparecido. Pero, poco a poco, fui comiendo a pequeños bocados, tratando de ocultar el jadeo cada vez más incontrolado de mi pecho. Y cuando me detenía y dejaba descansar el tenedor y levantaba hacia él mi cabeza, como el pez al que le falta agua, sentía incrementarse el resuello de mi aliento al cruzarse con la mía su mirada oscura. De pronto sentí en mi pie el peso de otro pie, claro y definido como si no hubiera llevado zapatos, peso inmóvil, envolvente, que llenaba el mío de calor. Yo tenía los ojos fijos en el plato, estaba acalorada y, cuando en un esfuerzo infinito vencí la turbación y levanté la vista y me encontré con la suya, esta vez sin el pretexto del azar sino con la voluntad de mantenerla firme, como queriendo saber hasta qué punto me había afectado una idiotez infantil como aquélla, alguien lo llamó: «¡Jerónimo!» Él se volvió, oyó lo que le decían, que yo no pude oír tal vez por el ruido del local, se levantó, hizo un gesto de excusa como dando a entender que no tenía más remedio que irse, puso la mano sobre la mía, apretó con suavidad en ella sus dedos largos y fríos, dijo «adiós, hasta mañana», y se fue.

Me dejó tan desamparada que no supe cómo acabar la carne y dejé el plato a medio terminar, pedí la cuenta, pagué y me fui.

«Hasta mañana», había dicho él. Por eso volví al día siguiente al restaurante, respondiendo a la llamada de su voz. Sí, estaba, se había reunido con un grupo de hombres y desde la mesa, abriéndose paso su mirada entre los que tenía enfrente, la dirigía a mí de vez en cuando, con la expresión de quien no quiere decir nada en concreto pero está determinado a seguir presente, vigilante, y a crear una barrera en torno a su objetivo, porque en todo el rato que permanecí en el local no dejó de levantar los ojos del plato y dirigirlos hacia mí a cada rato ni acabó de desplegar esa probable sonrisa de la que yo sólo había conocido una leve insinuación. A cada rato, es cierto, excepto en el momento en que yo, una vez hube terminado, cogí el bolso y, caminando entre las hileras de mesas, pasé junto a la suya, tal vez en busca de la mirada final, la de la despedida, porque sin él saberlo, yo tenía que irme al día siguiente. Pero ni siquiera volvió la cabeza hacia donde yo caminaba, sino que con un interés desmedido y redoblado se volvió ostentosamente del otro lado, hacia un hombre al que, quise creer, ni siquiera estaba oyendo. Un halago para mí, en cierto modo, pensé, o tal vez un reproche porque me iba, pero no pude evitar que ese adiós sin querer verme me dejara dolida y un poco humillada.

4

Hasta casi tres meses después no volví a la casa del molino. Fue durante las vacaciones de Pascua, cuando ya las mimosas se habían dorado y comenzaban a florecer las glicinas. Aquel invierno había sido lluvioso y el campo brillaba con verde intensidad sin dejar resquicio al polvo. El cielo estaba movido a todas horas y la calma no era más que un breve descanso para dar paso a la tramontana, el viento del norte que aúlla por las noches y de día aclara el paisaje y la mente hasta producir dolor. Dos, tres días de ráfagas ruidosas y continuas y otra vez cielos grises y capotados para acabar en lluvia menuda y cantarina que empapaba de nuevo la tierra, como para compensar la sequedad con que la amenazaban los vientos.

Cada vez que llegaba a la casa, la belleza del campo me extasiaba, y la miraba y la volvía a mirar, sorprendida y embelesada, pero no sabía qué hacer con ella para absorber tanto aroma, para aprovecharla, para disfrutarla, como si para gozar no me bastara con mirar. Igual que con las noches de luna, cuando el paisaje adquiere un tono de ámbar helado, de luz tamizada, las sombras de los árboles pisan la tierra embebida en resplandor plácido y mágico, y el silencio, sorprendido por la magnética quietud del aire, se hace más denso, más poderoso. Y yo, suspendida la conciencia y paralizado el pensamiento, me dejaba envolver un instante por el halo de misterio, sólo un instante. Después, sin saber qué más hacer, dejaba de contemplarla.

Con ese tiempo cambiante, aunque fueran noches de luna llena, llegué a la casa. Atardecía. Los colores y las sombras habían desaparecido del mundo, y el paisaje, acuciado por la estela crepuscular de la primavera, se resistía a sumirse en la tiniebla. Adelita salió a recibirme, modosa y un poco distante, como había estado durante todo el trimestre cada vez que nos hablábamos por teléfono. Un poco más incluso, diría yo, y con un gesto de dignidad vagamente ofendida. Tampoco yo tenía demasiadas palabras, así que con el pretexto de que estaba cansada, le dije que no cenaría y que subiría a mi habitación en seguida. No sé lo que me había preparado, pero algo debía de ser porque se retiró con una actitud altiva, incomprensible para la ocasión, que ella mostraba levantando la barbilla y dejando al descubierto la potencia de su ancho cuello, sin decir una palabra. No quise saber más. Yo tampoco tenía ganas de hablar demasiado. Durante estos meses me había torturado muchas veces la duda de si había obrado bien dejándola en la casa y otras tantas, al pensar que estaba allí sola, me había invadido un sentimiento de indignación contra mí misma, por ser tan ingenua, que alternaba con el malestar de mi propia desconfianza. Y en alguna ocasión también, dudando de mis premoniciones, dejaba renacer la confianza hasta creer que todo se había resuelto y que volverían los días felices de antaño. Pero, aunque yo me negara a reconocerlo, el problema subsistía, oculto, agazapado, y el tiempo no hacía más que acercar el día en que no tendría más remedio que enfrentarme a él. Un vago desasosiego presidía tanto mis días de optimismo como los días de profundo malestar.

Además, estaba toda la cuestión de la recuperación de la joya y de la actuación de la policía que no se aclaraba.

Para desvelar la bruma que envolvía mis suposiciones había intentado seguir el asunto desde Madrid, aunque sin resultado ninguno. El abogado no había llamado, y cuando lo había hecho yo no había logrado hablar con él. Le había dejado recado a la secretaria sin resultado. Le había enviado una carta, un fax y, pocos días antes de volver a casa, un telegrama que tampoco contestó. Hay gente así, gente que nunca contesta las cartas ni responde a las llamadas, y yo había tenido la mala suerte de toparme con un elemento que si no iba a buscarlo nunca lo encontraría. Eso pensaba yo, pero para Gerardo, que iba y venía de Barcelona a Madrid cuando yo no podía moverme, no era cuestión de mala suerte o de desidia profesional, sino de la voluntad deliberada de evitarme.

«Pero ¿por qué?», le preguntaba yo.

«No sé por qué, pero nunca he visto a un abogado que no se ponga al teléfono ni llame a su cliente. Hay algo raro en todo esto.»

Tal vez ésta fuera una de las razones por las que volver a casa era como sumergirme de nuevo en un terreno vago y desconocido de acusaciones y juzgados que, a veces, recordando las palabras de Gerardo, intuía plagado de peligros, de culebras, escondidas culebras que nunca habían aparecido, es cierto, pero que debían de estar moviéndose por el cieno del fondo del lago. Y como Adelita sí respondía a mis mensajes, las culebras que me amenazaban de ningún modo las identificaba con ella. Aunque, de hecho, ¿me bastaba la justificación insinuada por Adelita que atribuía el móvil del robo a las dificultades económicas de su casa y su familia? ¿Qué dinero necesitaba con tanta urgencia y para qué? No, no era esto lo que me inquietaba. Era una sospecha de origen desconocido, una sospecha que amenazaba con acabar en calamidad en cuanto aparecieran los elementos oscuros y turbios que envolvían la historia de este robo. Y la ausencia de estos tres meses no había logrado distanciarme del problema, por el contrario, a fuerza de no querer pensar en él, se había convertido en una niebla de dudas y conjeturas que no habían hecho sino incrementarlo, porque, no habiendo querido o no habiendo podido hacer frente a lo conocido, lo desconocido se había agigantado y había alcanzado tales proporciones que una sombra de angustia no me abandonaba ni durante el día ni en los sueños por las noches. Tal vez las culebras tengan más que ver con esa soterrada amenaza y las brumas que la envuelven que con la traición de Adelita, decía mi conciencia, torturada por tanta incertidumbre, aunque, tenía que reconocerlo, la inquietud se había apoderado de mí y no me había abandonado desde el día que había descubierto el robo.

«Esto te ocurre por mantener a Adelita en la casa. Es un disparate. Sean las que sean las causas de lo ocurrido, olvídalo, despídela y apártate de toda esta historia que te está cambiando el carácter y la vida», decía Gerardo.

La casa, sin embargo, me recibió con la calidez del orden y el cuidado que Adelita había puesto siempre en ella. Más aún, me pareció. Flores en las habitaciones y en el salón, frutas en los cuencos del comedor y de la cocina, brillo de maderas y metales, cristales impolutos de las ventanas y las puertas. ¿Qué ocurría, pues, con esta casa que, a pesar de ello, seguía sin ser mía? ¿Qué oculto misterio se deslizaba por ella, qué fría perfección, qué perfume de ausencia la cubría? El tiempo no había logrado borrar la presencia de mi padre, que la había elegido para acabar sus días, pero tampoco había perdido la pátina misteriosa que parecía ocultar un presagio, que la había envuelto aquella inacabable noche del robo cuando descubrí en la agónica oscuridad del miedo cuán lejos estaba todavía de acogerme. A veces tenía el vago y escalofriante sentimiento de que era la casa la que escondía un secreto. ¿Habría que investigar o esperar aún más? Pero otras veces la misma actitud de Adelita me decía que algo ocultaba su talante altivo, que alguna explicación de lo ocurrido se me escapaba o se me había arrebatado.

Obsesionada por encontrar las causas ocultas, no se me ocurrió pensar que mi desasosiego, o por lo menos parte de él, procedía, como ocurre casi siempre, de mi propia alma. Ni siquiera arrojó un vestigio de luz la creciente turbación con que la noche de mi llegada recorrí la entrada y el salón, subí la escalera y, sin que mediara decisión ninguna, me dirigí a la gran ventana del estudio desde donde, a la luz crepuscular del mes de abril —clara luz que anticipa los días más largos, el canto de las cigarras, el croar de las ranas—, al mirar hacia el único lugar lejano que buscaron mis ojos, como si mi vuelta no tuviera más justificación que convencerme de que allí la encontraría, la silueta del hombre del sombrero, inmóvil, casi un fantasma en la penumbra, se destacó del resto del paisaje con la pulcritud con que a veces el aire contornea los elementos que nos son más cercanos.

Allí estuve con la luz apagada, fijos los ojos en la mancha oscura que fue diluyéndose y mezclándose con otras sombras hasta que la tiniebla cubrió la tierra y no quedaron sobre ella más que la luz de la bombilla en la puerta de nuestros vecinos del otro lado del valle y el vago resplandor de la lejana carretera tras las lomas de levante. Cuando las estrellas se abrieron paso en el cielo y, mucho más tarde aún, cuando la luna se levantó roja y redonda como un globo de fiesta suplantando el reflejo de las luces de los coches, yo seguía sentada en un sillón frente a la ventana, tejiendo complicadas cábalas sobre la noche, sus múltiples significados y la influencia del paisaje oscuro en la mente de los humanos, sin que me alertara aún ese temblor apagado pero irreductible de mi cuerpo, ese latir de mi propio corazón, ese agujero de angustia que yo achacaba vagamente al frío y al miedo, que me oprimía el pecho ante el vacío que se había formado en aquel punto, como si la tiniebla hubiera arrastrado consigo al hombre del sombrero.

Al día siguiente me presenté en casa del abogado. La puerta estaba entornada y un letrero indicaba que se podía entrar.

«Quisiera ver al señor Pérez Montguió, por favor.»

La chica de la entrada apenas me había mirado cuando entré, pero al oír el nombre de Pérez Montguió, levantó la cabeza y suspendió el tecleo de su ordenador.

«¿De qué empresa?»

«De ninguna. Soy Aurelia Fontana. Estuve aquí en enero.»

«El señor Pérez Montguió no está.»

«¿Puede darme hora para más tarde, o para mañana o pasado?»

«Es que yo, la verdad, no sé cuándo vendrá», y como si hubiera acabado conmigo, volvió a su ordenador.

«Algún día volverá, digo yo, ¿no?», dije con sorna.

«Oiga, a mí no me ha dicho cuándo volverá. De hecho, lleva ya muchas semanas sin venir. Ha abierto bufete en Palamós y no viene casi nunca.»

«Pues deme el teléfono de Palamós.»

Se sacó las gafas y me miró con descaro:

«Es que no se lo puedo dar porque no lo tengo», y siguió con la vista fija en la mía y esa media sonrisita socarrona esperando mi reacción.

«Bien», dije, «entonces deme mi dossier, ¿no se habrá ido a Palamós con mi dossier? Porque yo lo necesito.»

«Mire, señora», añadió volviendo a su texto, «yo no tengo más que decir. Si usted encuentra al señor Pérez Montguió, se lo pide. Yo no sé ni dónde está su dossier ni siquiera si se lo podría dar. Estoy sola y tengo mucho trabajo.»

«¿Puede decirme por lo menos quién se cuida ahora de este bufete?»

«Esto no es un bufete, señora, es una agencia inmobiliaria.» Y añadió con rabia: «Ahora.»

No se oía ninguna voz en el fondo del piso, las puertas estaban abiertas todas, de modo que desde donde estábamos se podía ver el balcón que daba a la calle.

«Y ¿me quiere decir a dónde tengo que ir a reclamar mis papeles?», le pregunté, apoyándome en su mesa como para dar a entender que tenía todo el tiempo del mundo.

«No lo sé. Si viene el señor Pérez Montguió, yo se lo diré y usted no se preocupe que él la llamará. Y ahora déjeme trabajar, por favor.»

Ya había abierto la puerta para irme cuando volví sobre mis pasos:

«Bien, si en ocho días no tengo noticias suyas o no he recibido los papeles, iré a la policía, porque...»

No pude acabar porque una risita de escepticismo me lo impidió. Si había pensado acobardarla, había conseguido el efecto contrario.

«¿Qué le ocurre? ¿Le hace mucha gracia que llame a la policía?»

«No, no, todo lo contrario», dijo con una sonrisa, «usted haga lo que tenga que hacer y déjeme trabajar. Adiós, cuidado con la puerta al salir, procure que no golpee.»

Salí, irritada, y en el primer bar que encontré pedí la guía telefónica. Pero en la lista de usuarios de Palamós no figuraba ningún Pérez Montguió.

«Te lo dije», me recriminó Gerardo aquella tarde cuando se lo conté por teléfono. «Te dije que este hombre te eludía.»

«Pero ¿por qué no me dijo que no quería ocuparse del caso? ¿No habría sido lo más natural? Ahora, ¿qué hago?»

«Esperar un par de días y, si no tienes noticias, ponerte de acuerdo con el Colegio de Abogados.»

«Es que yo no tengo muchos días. La mitad de la próxima semana es fiesta y a finales de la otra ya tengo que volver a irme.»

«Hoy es miércoles, espera lo que queda de semana.»

El viernes por la mañana, cuando estaba leyendo el periódico, apareció Jalib, el jardinero, con un sobre en la mano.

«Para ti, señora», dijo.

«¿Quién lo ha traído?»

«Un señor en un coche verde. Dice que es para ti.»

«Gracias. Pero ¿no ha dado su nombre? ¿No ha dicho de parte de quién?»

«No, sólo que es para ti, señora.»

El sobre era blanco, sin remitente, tampones ni etiquetas. Lo abrí, no había más que los papeles que yo le había dado al abogado y el escrito con mi propia letra con los datos que yo conocía, la dirección del joyero, y la historia de mi visita a la policía de Gerona, y una copia del documento que le habían dado a Adelita en el juzgado. Pero no había ni carta ni tarjeta.

Me quedé desconcertada. ¿Qué quería decir esta devolución? Simplemente que el abogado había renunciado a investigar el destino de la joya como yo le había sugerido y a denunciar la ineficacia de la policía de Gerona. No me quedaba más remedio que buscar otro abogado.

Jalib seguía de pie a mi lado. Era tan amable y tan servicial que no se iría hasta que yo le dijera que no necesitaba nada. Tal vez fue su talante lo que me llevó a hacerle una confidencia, porque algo de confidencia tenía la pregunta:

«Jalib, ¿has visto alguna vez a un hombre alto, muy alto, que siempre lleva un sombrero negro y que a veces está debajo de la higuera que hay cerca de la casa de Pontus, del otro lado del valle? ¿Sabes dónde digo?»

«Sí, lo he visto a menudo, alquiló hace unos meses un cuarto en la parte trasera de la casa y lo tiene de almacén. Sí, es alto», y levantó la mano a más altura que la de su propia cabeza, «muy alto.»

No tuve tiempo de responder. Adelita, que había entrado sin que yo me diera cuenta, se hizo un sitio entre Jalib y yo y dijo con precipitación:

«Yo lo conozco. Es un vendedor de máquinas de coser, yo le compré la mía. Ha alquilado el cobertizo y un antiguo corral detrás de la casa de Pontus, que utiliza de almacén.»

Sí, ya sé que lo conoce, podría haberle respondido, porque recordaba muy bien aquellas veces; hacía más de un año que Gerardo y yo los habíamos visto juntos cuando volvíamos de dar un paseo, y cuando habían hablado en la calle frente al juzgado y luego en la tienda de periódicos, o por la tarde de aquel mismo día, cuando ella y su marido se iban a la casa de los vecinos, como los llamaban, para contarles lo que había sucedido. Pero no le dije nada porque incluso a mí me sorprendió la detallada memoria de sus encuentros.

«Ah», respondí.

Y ella continuó:

«Desde que ha muerto Pontus, el dueño, ¿se acuerda de Pontus?, en la casa no vive más que la mujer, que está muy enferma, y su hermano, que ya tiene bastante con cuidar de los campos, así que ya no tienen animales. Se llama Jerónimo.»

«¿Quién, el hermano?»

«No, qué va, el hombre ese por el que pregunta usted. ¡Jerónimo!»

«Ah», repetí.

«¿Por qué lo pregunta?», quiso saber ella, inquieta. «¿Cuándo lo ha visto?»

«Lo vi cuando llegué, la otra noche; estaba oscureciendo y él estaba junto a la higuera de la casa de enfrente, quieto. Y me llamó la atención, esto es todo.»

«Es que a veces va después del trabajo al cobertizo para hacer sus cuentas y luego se queda un rato a tomar el fresco» dijo, más tranquila.

Por prudencia tenía que callar, pero no pude contenerme:

«¿A tomar el fresco? ¿Qué fresco, Adelita? Si lo que tenemos es frío.»

«Bueno», balbuceó, «quiero decir que a veces se queda allí antes de irse a cenar. A lo mejor le gusta estar al aire libre un rato.» Había recuperado la seguridad y me miraba fijamente a los ojos, imperturbable.

Sonó el teléfono y se fue a toda prisa. Hablé todavía con Jalib unos minutos sobre el coche verde que había traído el sobre, y cuando se fue, entró Adelita, sofocada.

«¿Es para mí?», pregunté.

«Era para mí, señora, era mi hermano.»

«¿Le ha ocurrido algo grave?»

«No, nada grave. Nada.»

Aquella misma tarde, cuando hablé por teléfono con Gerardo, le pedí que me ayudara a encontrar a un abogado que quisiera hacerse cargo de mi caso.

«Por cierto, ¿todo anda bien por ahí?», interrumpió en un momento la conversación. «¿Qué tal está tu protegida?»

Me impacienté:

«¿Cómo quieres que ande? Todo anda bien, y aunque fuera mal, ¿cómo podría saberlo? Todo tiene un perfecto aire de normalidad.»

Y, sin embargo, me había inquietado la zozobra de Adelita cuando había vuelto de la llamada del teléfono, o más aún, cuando a la hora de comer había vuelto a sonar, lo había cogido yo, había oído una voz de hombre preguntando por Dorotea y ella, desde el teléfono supletorio de su casa, había descolgado y lo había oído. Lo sabía porque a los pocos minutos se había presentado de nuevo, sofocada y casi llorosa, denunciando una conspiración que nos amenazaba y nos tenía en vilo con tanta Dorotea.

«No paran, todo el día con que si está Dorotea, que si ha llegado Dorotea. Yo estoy muy asustada porque esto quiere decir que alguien nos quiere mal. O ¿no podría ser también que llamaran, y si no contesta nadie, saben que tienen el camino libre para venir a robar?»

«Adelita, no sea exagerada. Será que han cambiado el número de teléfono y la gente no lo sabe aún.»

«¿Que les han cambiado de teléfono? Pero si por lo menos desde la muerte de su padre, que en paz descanse, nos están llamando.»

«Cálmese, Adelita, no es para tanto.»

Y no parecía que fuera para tanto, una llamada insistente preguntando por Dorotea no tenía por qué querer decir otra cosa que lo que yo había supuesto. Pero ella estuvo durante más de un cuarto de hora quejándose y hablando de Dorotea, de los hombres, los hombres, dijo en más de una ocasión que no paraban de llamar preguntando por ella. Tampoco de esto le hablé a Gerardo. No sé por qué.

«Quiero decir, si te ha desaparecido alguna otra cosa», seguía él.

«No, creo que no, por lo menos no me he dado cuenta.

Además, la caja está cerrada.» Tampoco le hablé del hombre del sombrero, que había vuelto a ver aquella misma mañana un par de veces acarreando cajas hacia un punto tras la casa que yo no podía ver. Nunca le había hablado de él.

Gerardo se había ocupado de llamar a su abogado en Barcelona que, según él mismo reconocía, no había entendido la actuación del señor Montguió. De todos modos, la justificó diciendo que tal vez no había tenido el éxito que esperaba en Toldrá y se había ido a Palamós o quizá había reconvertido su despacho en una empresa de construcción que debía de parecerle más provechosa. Tal vez era la empresa de algún familiar. En realidad no tenía importancia, había dicho. Y le había dado el nombre y la dirección de un abogado de Gerona que no conocía personalmente porque él no se dedicaba a lo penal, pero del que tenía muy buenas referencias.

Anotando el teléfono y la dirección estaba aún, cuando Adelita apareció con la chaqueta y el bolso, diciéndome por señas algo que no entendía. Colgué.

«¿Qué me dice, Adelita?»

«Que me voy al pueblo, a por recetas.»

«Al pueblo a por recetas, y eso, ¿qué quiere decir?»

«Que el médico, para que no lo molesten tanto, ha fijado un día para dar recetas.»

«¿Para dar recetas? ¿Qué es eso de dar recetas?»

«Pues que vas allí y le pides que te recete lo que necesitas. Por ejemplo, si quieres pastillas para el estómago, o para el riñón, o inyecciones de lo que sea..., vitaminas, hierro, incluso aspirinas y gasas y eso. Y con la receta vas luego a la farmacia y las pasas por el seguro.»

«No me lo puedo creer. ¿Le da una receta de cualquier cosa que le pida?»

«Cualquiera, y no sólo yo, todo el mundo. Es un médico muy bueno y muy organizado. Dígame si no es un acierto elegir un día, un solo día para las recetas. Antes era un desbarajuste, todo el mundo hacía cola, se mezclaban los que querían medicinas con los que iban a visitarse. Ahora, en cambio, en un día lo arregla todo. Cuando yo trabajaba...»

«Pero eso es ilegal, Adelita.»

«¡Qué va! Qué va a ser ilegal. Si es la Seguridad Social la que lo paga, no la farmacia. No se estafa a nadie, de verdad, señora, créame. No habré sacado yo medicamentos así para su padre, que en paz descanse, tranquilizantes, pastillas para dormir, de todo, ya le digo, de todo.»

«Y usted ¿qué medicinas necesita?»

«Bueno, yo le pido para toda la familia. Nos turnamos, ¿sabe? Hoy me toca a mí, que voy con las recetas de los demás, la semana que viene a mi cuñada, y la otra a mi sobrino.»

Adelita se fue a por sus recetas y aquella noche volvió muy tarde. Tanto que, cuando llegó, yo ya me había preparado la cena y estaba mirando la televisión. Venía, como tantas veces, completamente sofocada.

«Perdone, señora», suspiraba, «disculpe lo tarde que es. Es que he aprovechado que iba al médico para hacerme una diálisis.»

«Por Dios, Adelita, ¿sabe lo que es una diálisis?» Se me habían olvidado sus fantasías. Desde el asunto del robo se había vuelto mucho más callada y comedida. Pero aun así saltó, indignada:

«Claro que lo sé, tengo la sangre infectada y de vez en cuando...»

«Pero ¿sabe lo que está diciendo? Tendría que estar muy grave para que le hicieran una diálisis, y además no podría tenerse en pie, o estar así como si nada le hubiera ocurrido. Vamos a dejarlo, Adelita.» Y la dejé que se fuera con su cesto cargado de medicinas y la sangre recién cambiada.

Tenía el aire ofendido «por mi falta de confianza», dijo, pero añadió en un tono muy preparado, humilde y despechado a la vez:

«Buenas noches, señora.»

Aquella misma noche, cuando ya me había ido a la habitación, sonó tres veces el teléfono y cada vez era una voz de hombre que preguntaba por Dorotea. Tenía el aparato junto a la cama, así que contestaba yo, pero Adelita desde el supletorio de su casa levantaba también el auricular, lo que nunca habría hecho antes si yo estaba en la casa. Cuando la llamada era para ella, yo no tenía más que tocar el timbre dos veces, como habíamos acordado hacía años, y ella descolgaba el teléfono y hablaba. Pero aquella noche ella descolgaba sin esperar, aunque un poco más tarde que yo, y escuchaba cómo yo decía que allí no había ninguna Dorotea, que debía de haber un error porque nos estaban llamando continuamente. Pero la tercera vez no me dio tiempo a responder, fue ella la que a gritos debió de asustar al hombre que apenas había tenido tiempo de preguntar por Dorotea, conminándolo a que no llamara más, que dejara de molestar, que esta tortura no se podía soportar por más tiempo y que ella tenía los nervios destrozados. Oí colgar el teléfono del hombre mientras ella, desde el suyo, seguía aullando.

Qué difícil resultó todo lo que me propuse durante aquellos pocos días de vacaciones. El abogado que me había recomendado Gerardo, en Gerona, tampoco me sirvió de mucho. Después de escucharme en silencio, miró los papeles que yo llevaba conmigo, me preguntó si quería tomar un café que no acepté, y llamó a la secretaria para decirle que no le pasara llamadas de ningún tipo. Y cuando hubo colgado, se desabrochó la americana como para quedarse más cómodo, se echó el pelo hacia atrás, me miró fijamente y dijo:

«No me interesa este caso.»

El sol entraba por las rendijas de las persianas. El balcón estaba entornado y las voces del mercadillo de la calle llenaron de pronto la habitación, como si quisieran distraer mi sorpresa y sustituir mi respuesta. El abogado Rius, un hombre mayor y gordo que llevaba un traje marrón demasiado apretado para sus carnes y que fumaba un puro que echaba un olor pestilente, sudaba un poco, muy poco, lo suficiente para que la cara se le pusiera brillante. «Si estuviera en la televisión —pensé—, le pondrían polvo transparente para los brillos.» Tenía los ojos fijos en los míos y yo, tal vez alejada del ambiente por la luz tamizada y de rayas que caía sobre la mesa o por el ruido de la calle, o tal vez aturdida por el alcance que no quería ver en sus palabras, le sostenía la mirada sin la menor intención de desafío, simplemente porque no tenía la mente en lo que veían mis ojos. Y, sin embargo, podría haber dicho que tenía las pupilas pequeñas, por la luz quizá, y que el aro que las rodeaba era del color de las castañas. La piel de la cara, de pronto, había adquirido tanto detalle como si me hubieran puesto delante una lente de aumento. Venillas, surcos, puntos negros. Toda una orografía grasienta que en la frente se detenía en las cejas, largas y levantadas como finos alambres, y perdían densidad hacia el nacimiento del pelo.

«He dicho, señora, que no me interesa este caso.»

Salí de mi ensimismamiento con pereza, tomé el bolso que había dejado en la butaca pareja a la que yo ocupaba y me levanté dispuesta a irme. Estaba claro, no quería ocuparse del caso, poco más había que añadir. Le tendí la mano en señal de despedida y le dije:

«¿Puedo saber por qué?»

Había recuperado el dominio que tal vez se había tambaleado con mi silencio. Estaba de pie del otro lado de la mesa y se había puesto a arreglar unos papeles como para dar la entrevista por terminada, me miró y dijo:

«No me interesa, eso es todo.» Y sostuvo la mirada aún un buen rato como si quisiera decirme con ella, «¿pasa algo?»

Salí a la calle con mi desconcierto a cuestas.

A veces, cuando se complica la consecución de un proceso que ha de llevarnos, pensamos, a la solución de un problema, acabamos olvidando cuál es el motivo que nos ha impulsado a actuar e, incapaces de volver al origen, nos debatimos buscando la sustitución de ese segmento de la maniobra que ha fracasado y que así, desconectado de su causa primera y de la estrategia de conjunto, nos parece irreal. Así me sentía yo aquella mañana. Obsesionada por el revés de este segundo abogado, razonaba sin tener en cuenta la joya, el robo o la estafa, y mi pensamiento no podía moverse más que en torno a las dos negativas que había recibido. Esto es una conspiración, no puede ser de otro modo. Pero ¿de quién?, ¿quién me conoce? Nunca he estado en esta ciudad más que de compras, no he llevado vida social alguna, ni siquiera voy al cine cuando estoy en la casa del molino. Es ahora cuando por primera vez he tenido algún contacto con la gente del lugar, ¿qué estará ocurriendo, pues? ¿Será contra mi padre, por algo que hizo o que dejó de hacer? ¿Contra quién si no? Me senté en un café al aire libre aunque el tiempo era ventoso y gris, dispuesta a recapacitar y a tranquilizarme. La catedral se levantaba sobre la ciudad, asomando el campanario sobre los tejados y el frente de colores pardos de las casas de la Judería junto al río. Pedí un cortado y una botella de agua. Y de pronto, el desconcierto se convirtió en indignación y la indignación en ansia y el ansia en actividad. Fui al interior del café en busca de la guía telefónica, «Páginas amarillas», puntualicé. De vuelta a la mesa, me dediqué a buscar un despacho de abogados que me pillara más o menos cerca, para probar suerte. A la media hora subía la escalera de una casa señorial en la calle Maura. En el piso principal llamé con el picaporte a una gran puerta de madera, en la que, sobre la mirilla, una placa brillante como el oro reproducía en letras inglesas: «Rosendo Prats Sisquella y Lucas Prats González, abogados.» Después de hacerme esperar un buen rato, me recibió un jovencito imberbe que debía de haber terminado la carrera el curso anterior y que se presentó como Lucas Prats González, abogado. Era un chico delgado y rubio, vestido con tejanos, una camisa sin corbata y un jersey amarillo claro, que tenía una sonrisa tranquilizadora y que me escuchó incluso con atención. Cuando acabé, tomó el sobre blanco con los documentos que yo le tendía sin hacerme ni una sola pregunta y dijo que se ocuparía de pasarle el caso a su padre, que sería él quien me llamara y que decidiríamos entre todos la estrategia que había que seguir.

«Tenga en cuenta que yo me voy dentro de muy pocos días, porque vivo en Madrid y he venido solamente para las vacaciones de Semana Santa.»

«Hoy es viernes», calculó, «nosotros trabajamos los tres primeros días de la semana próxima, la llamaremos en seguida, no se preocupe.» Y me acompañó hasta la puerta.

Más complicado aún se me hacía el trato con Adelita. Se había vuelto más callada y escurridiza, excepto en ciertos momentos en que la excitación la desbordaba, aunque me era difícil saber a qué se debía porque no sabía encontrar la razón aparente del cambio, y mantenía el mismo aire levemente ofendido y digno del día en que llegué, como si en lugar de tenerla en casa después de lo ocurrido, la hubiera acusado de un delito que no había cometido. O quizá no fuera éste el motivo, quizá ésta era su forma de quejarse de que no se le reconocía lo suficiente el trabajo que hacía. Fue en vano que yo intentara darle las gracias más reiteradamente que otras veces para recuperar la normalidad de que habíamos gozado antes de «los hechos de fin de año», como los llamaba ella cuando quería precisar una fecha o un período. Los «hechos...» se habían convertido en un hito que separaba el pasado del presente, como la «guerra» lo fue para nuestras abuelas o como yo misma hablaba del «curso anterior» para situar los hechos en el pasado. No sólo era extraño su talante, sino que además desaparecía y aparecía sin tener jamás en cuenta el horario de las comidas, o el de la limpieza, o el de la compra, que con tanto rigor había respetado antes de los «hechos...», y no es que no hiciera su trabajo, pero se las arreglaba para que nunca coincidiera con la hora adecuada. Y yo, en aras de recuperar la tan ansiada normalidad, apenas se lo recriminaba.

Así que sólo en los dos o tres días que llevaba en la casa se había diluido aquella sensación de orden que la propia Adelita había impuesto y mantenido y, lo que era peor, tampoco recuperaba el tiempo porque pretendía darme un plato de sopa a las cinco de la tarde, y cuando le decía que no lo quería, subía a mi habitación a limpiar, pero al instante sonaba el teléfono, al que se precipitaba, y acto seguido tenía que salir agobiada por extrañas prisas e insólitas urgencias de parientes y amigos que la solicitaban sin dilación, retrasando la huida el tiempo justo de contarme tragedias cada vez más horripilantes que exigían su experimentada presencia. Pero no se entretenía en hablar de sí misma y de sus dotes inigualables, que tal vez daba ya por sabidas, sino que más parecía que tuviera la mente vagando en algo distinto que, era evidente, la hacía sufrir, la tenía nerviosa y agitada, la hacía tartamudear al responder alguna pregunta, y en cualquier momento, sin previo aviso, podía volver a salir por la puerta de la cocina como alma que lleva el diablo, para no regresar hasta la madrugada cuando creía que yo ya dormía y comenzaban a cantar los gallos. Seguía su recorrido por el ruido de su mobilette sin silenciador que salía por el camino trasero de la casa, se iba atenuando con la distancia hasta que perdía su nitidez tras los bosques y se fundía finalmente con los ruidos de la carretera lejana. O en sentido contrario, un vago murmullo de avispa se iba desgajando de los ruidos de la carretera hasta horadar el silencio del jardín con la nitidez de sus tercas explosiones.

«Pues dile que se vaya, si no te sirve de nada», me dijo Gerardo por teléfono el día que estuve en Gerona. «Ésta se lleva algo entre manos y tú lo vas a pagar. ¿Te has dado cuenta de lo nerviosa que estás?»

«No me digas que estoy nerviosa. No puedo soportarlo. Los hombres siempre decís estas cosas a las mujeres. No estoy nerviosa, estoy preocupada, eso es todo. Y creo que no me falta razón. Pero bueno, ¿qué te parece lo del abogado? Menos mal que el tercero se ha hecho cargo del caso y tal vez se anime a ocuparse del insólito comportamiento de la policía.»

«¿No habrá pasado ya el tiempo de denunciar un hecho que ocurrió hace más de tres meses y que se hizo con toda legalidad?», preguntó, escéptico.

«¿Con toda legalidad llamas tú a dejar pasar el tiempo reglamentario desde que el joyero dio la noticia a la policía, antes de comunicármelo? ¿Te parece que se ha respetado la legalidad al comprar una joya como ésta por un precio infinitamente más bajo del que se paga en el mercado? Estamos hablando de un doble delito, la estafa por parte del joyero y el incumplimiento del deber por parte de la policía, ¿a eso llamas tú con toda legalidad?»

«Siempre acabas viendo el caso como si la perjudicada no fueras tú, sino Adelita, la pobre, la han estafado, a ella, tan inocente. Comprar por un precio inferior a su valor no está penado por la ley.» El tono era de burla, pero yo no me inmuté.

«Tú dirás lo que quieras, pero es lógico que yo pretenda aclarar lo que ocurrió.»

«¿Cómo lo vas a aclarar? No hay precio establecido para un brillante por grande que sea, y la policía siempre puede decir que tú no estabas, ya lo hemos discutido muchas veces. Esperemos a oír la opinión de este nuevo abogado. ¿Te ha dicho algo hoy?»

«No es eso lo que me preocupa ahora, lo que quiero saber es por qué el segundo abogado, en cuanto ha sabido de qué se trataba, no ha querido llevar el caso. ¿Tú crees que hay algo contra mí? No sé, por ser forastera, por no vivir aquí. ¿O contra mi padre? Yo qué sé.»

«Lo que faltaba, ¿no te dejarás llevar ahora por la paranoia? Este caso te está trastornando, te lo he dicho muchas veces. ¿Qué quieres que haya contra ti?»

Siempre estábamos igual.

Gerardo había dicho que iría a pasar conmigo la Semana Santa, pero en el último momento prefirió irse a la montaña a caminar. Unos amigos habían organizado una excursión al Engadina, en Suiza, y él, después de preguntarme si yo quería acompañarlo, había tomado la decisión de irse.

«¿Estás segura de que no quieres venir?», insistió aún antes de colgar.

«No puedo, ya ves que las cosas se me complican.»

«No veo yo que se te compliquen tanto. Despides a Adelita, cierras la casa, pones la alarma y te vas. Y olvidas de una vez la joya, el juicio y los abogados. Sé sensata y ven.»

Pero yo no había podido desprenderme de la telaraña que me envolvía. O me dejaba llevar de una actividad furibunda como cuando busqué el nuevo abogado, o, decepcionada por el vacío que encontraba cada vez que iba al restaurante de la carretera, me sentaba en la butaca frente a la ventana en el estudio, mirando con insistencia aquel otro vacío que se había formado bajo la higuera la noche de mi llegada y que sólo volvía a llenarse fugazmente. Una sombra que iba y volvía, que a veces se detenía bajo las ramas de la higuera un instante, o que trajinaba cajas para desaparecer tras la casa.

El lunes era día de mercado. Y cuando Adelita vino a decirme que se iba le dije:

«Yo también tengo que ir al pueblo, así que venga usted conmigo en el coche, irá más cómoda si tiene que traer paquetes.» No sé muy bien por qué se lo dije, de hecho yo no tenía nada que hacer en el pueblo, era ella la que siempre compraba verduras y frutas y lo que hiciera falta. Tal vez el cansancio o quién sabe si la esperanza de que algo sucediera en aquel torbellino de voces, colores, vendedores bajo los toldos y gentes caminando al sol.

Se quedó callada un momento y me miró como si procesara mi proposición y buscara la respuesta adecuada, pero no debió de encontrarla porque finalmente hizo un gesto de avenencia, se dio la vuelta y murmuró:

«Voy a buscar los cestos. La esperaré en el coche.»

Seguía el silencio mientras el coche bajaba por el camino vecinal y se mantuvo en silencio también durante el breve trayecto hasta el pueblo.

Llegamos a la calle lateral que daba a la plaza del mercado y, cuando no había yo aparcado aún, ella quiso escabullirse. Decía que tenía mucha prisa. Pero yo, no sé por qué, no estaba dispuesta a dejarla marchar.

«Prisa ¿para qué? ¿Qué tiene usted que hacer? Son las nueve y media de la mañana. Venga conmigo y tómese un café con calma.»

Nos sentamos en la terracita de un bar instalada sobre la acera. Ella no estaba a gusto, era evidente. Sin embargo, no era la primera vez que tomábamos juntas un café. Antes de los «hechos...» a menudo iba con ella al pueblo y, después de charlar un rato sentadas bajo los árboles, ella iba a sus compras y yo me acercaba a correos o daba una vuelta y la esperaba de nuevo en el café a la hora que habíamos convenido. Pero ahora la situación era distinta. Ella estaba tensa y nerviosa y yo, que desde que había llegado creía ver sombras en todo lo que decía y no lograba encontrar un ápice de normalidad en lo que ocurría a mi alrededor, me puse al acecho. ¿Qué le ocurre? ¿Qué esconde? Me transmitía su inquietud.

Nos trajeron los cafés. Desde el bar y calle arriba hasta perderse de vista, los puestos del mercado se sucedían unos a otros formando hileras de mesas y mostradores cubiertos de verduras y hortalizas. Los vendedores habían montado sus toldos porque finalmente había salido un sol primaveral intenso, más intenso tal vez porque era la primera manifestación de calor del año. La gente iba y venía con sus cestos o sus carritos, mirando, deteniéndose para comprar, oyendo las virtudes del producto que les recitaba con entusiasmo y convicción el vendedor y charlando con cualquier otra persona que se terciara. El runrún de las voces, apenas sin estridencias, continuo, sonoro, se esparcía por el aire con el aroma fresco de las lechugas y los primeros guisantes y habas. Montañas de naranjas se mantenían inmóviles como un mágico juego de construcciones, impertérrito frente a los golpes y empujones de los viandantes. Sacos de cebollas y patatas y coliflores en torno a los puestos o frente a ellos como avanzadillas, hierbas aromáticas colgadas de las perchas, e hileras de manzanas rojas y tentadoras que desafiaban a las flores con su color, eran desde el café una diversión y un placer para los sentidos. De pronto Adelita, que había permanecido en silencio como el niño que acepta de mal grado el castigo de su superior y, tal vez en señal de muda protesta, no había probado el café, se revolvió en el sillón de mimbre demasiado grande para ella. Yo dejé de contemplar el movimiento y el color del mercado para seguir la dirección de su inquieta mirada.

Apoyada la espalda contra la pared y una pierna doblada, con el sombrero negro casi sobre los ojos, allí estaba el hombre jugando de nuevo con un papel, más alto aún que de costumbre por la sombra que alargaba su cuerpo delgado y se extendía por la acera casi hasta nuestros pies. El ala del sombrero no le impedía mirar en nuestra dirección, los ojos casi por debajo de la línea de sombra se abrían a la luz cuando levantaba los párpados y los volvía a entornar, atento a las maniobras de su mano con el papel. Adelita no podía apartar de él los ojos expectantes en busca de una señal, de un signo, pensé yo. Le daba el sol en la mitad de la cara, y las hojas del árbol cercano dibujaban con capricho un juego de sombras y luces sobre el ansia gozosa que irradiaba el rostro entero. Tenía la cabeza un poco levantada y había un ligero temblor en la barbilla, se le había dulcificado la expresión, y tal vez por un proceso de mimetismo, se habían estilizado las facciones y se había transformado en un ser radiante. Pero a pesar de lo que me había fascinado el cambio, pasé por él con la levedad de una caricia inconsciente, atraída por el descubrimiento inicial, sobresaltada como estaba, no tanto por él cuanto por haberme inquietado la sombra de una duda y el temor de que esa mirada acerada y un tanto despectiva no fuera dirigida precisamente a mí, sino a ella. Hubo un momento de pavor. Como si las voces se hubieran detenido y las gentes inmovilizado. Sólo su mirada, que me parecía oscilar de la una a la otra, y el sol, que envalentonaba el sofocante calor y me quitaba ahora la respiración. Adelita tampoco se movía, atenta la vista al hombre, y yo, lo sentía en las mejillas, me había ruborizado como si tuviera doce años, como si un numeroso público estuviera sólo pendiente de mi reacción y me hubieran pillado en falta o, en mi azoramiento, se hubiera desvelado mi secreto. Fue él quien puso el mundo en movimiento otra vez, fue él el que lanzó hacia nosotras el papelito blanco con el que jugaba que, convertido en una bola, rodó por el suelo, pasó de largo y se perdió a nuestras espaldas. Se acercó sin prisas y se dirigió esta vez claramente hacia Adelita. Ella, mucho más azorada que yo, se levantó y algo le dijo que no logré oír. Y entre las brumas de la turbación tuve la impresión de que eso la hacía recuperar la tranquilidad. Mirándome, como si me acabara de descubrir, dijo:

«Señora, éste es nuestro vecino, el que alquiló el cobertizo de la casa de enfrente, ¿recuerda que le hablé de él?, ¿recuerda que usted me preguntó?»; que no diga esto, por Dios, que se calle, pero ella seguía: «El que usted ve desde la ventana del estudio, ¿recuerda?» ¿Habría notado mi confusión? ¿Me estaría martirizando a conciencia? ¿Se estaba cebando en mi temblor?

El hombre mantenía ese gesto de la boca, de sonrisa que quiere asomar, ¿de desprecio?, ¿de suficiencia?, y los ojos oscuros brillaban apenas bajo los párpados fruncidos por el esplendor de la luz.

Adelita seguía:

«Cuando usted se lo preguntó a Jalib, yo le dije que se llamaba Jerónimo... ¿Recuerda?, cuando le expliqué lo de la máquina de...»

¡Por Dios, que se calle!, pero ni yo era ahora capaz de hacerla callar ni ella, disparada por la emoción, lo habría logrado aun de haberlo querido. Y seguía y seguía, y su voz se iba convirtiendo en otro runrún que sobresalía de las voces del mercado y se fundía al cabo con ellas. Ya no la oía, no sabía de qué estaba hablando, porque había descubierto que, a mi pesar, yo no lograba sostener la mirada del hombre, que ahora sí estaba segura, me estaba dirigida, pero volvía a ella una y otra vez, fascinada, y lo que es peor, convencida de que él veía desde fuera mi turbación y conocía su origen, del mismo modo que yo misma lo reconocía desde el interior de mi cuerpo por el excesivo temblor de mis labios y por los golpes de sangre de mi corazón. Habría dado la vida para que acabara aquella escena, pero también la habría dado para que durara toda la eternidad.

Cuando levanté de nuevo la mirada, confundida y temerosa, ya no estaba allí. Encontré al instante su espalda que se alejaba, con la mano descansando en el hombro de Adelita, que se había arrimado a él con el cesto colgado del otro hombro. La visión me cegó el entendimiento. Sí, en el trasfondo de la conciencia tenía la vaga idea de que Adelita me había prevenido de que se iba a comprar, porque ahora recordaba que el ronroneo de su discurso se había truncado y había tomado otra entonación, más breve, más expeditiva. Pero me daba igual, no tenía ojos ni atención más que para seguir sus espaldas tan dispares, tan alta la una y tan bajita la otra, ajustadas, sin embargo, a un mismo ritmo a pesar de la desproporción, perdiéndose entre el bullicio del mercado, y un gesto involuntario de dolor, frustración y rabia me torció los músculos de la cara, tan intenso e incontrolable que ya no había lugar para temer al público que un instante antes parecía haber asistido al desvelamiento de mi secreto. ¡Qué poco me importaba! Toda mi atención y mi esfuerzo se concentraban en la imagen dispar que acababa de descubrir, mientras mi inteligencia se resistía a aceptar que no era a mí a quien el hombre del sombrero había mirado, ni mucho menos a quien había venido a buscar.

Pedí otro café, miré el reloj, eran las diez y media. No sabía hasta cuándo tenía que quedarme esperando a Adelita. Si me lo había comentado no había reparado en ello. Ella no tenía vehículo, era cierto, pero se las arreglaría para volver si yo me iba a casa. O si volvía a la hora que me había dicho y no me encontraba, llamaría para que fuera a recogerla. Tal vez el hombre del sombrero la llevara a casa, tal vez tomara un taxi, otras veces lo había hecho cuando no le funcionaba la mobilette. Pero yo seguía sentada, inmóvil, bebiendo a pequeños sorbos el café y hurgando en la multitud que iba y venía para descubrir la imagen que había visto desaparecer, con la esperanza de verla esta vez en sentido contrario. El gesto de ternura de la mano del hombre sobre el lejano hombro de Adelita y el tenue acercamiento de su pequeño cuerpo al cuerpo delgado de él permanecían en mi mente como una canción de cuya melodía no podía desprenderme, y al mismo tiempo como una tortura que suscitaba arranques incontrolados de envidia. Envidia no de ellos, intentaba convencerme, envidia de lo que la vida concede gratuitamente a algunos. Yo nunca había caminado así por un mercado, nunca había tenido la oportunidad de recostarme al ritmo de sus pasos al costado de un ser al que pudiera mirar con expectación. ¿De dónde provenía el poder de transformarse de un rostro, de dónde le venía la belleza y el ardor que yo misma había comprobado en el de Adelita?, ¿del hombre cuya presencia, ahora me daba cuenta, los había provocado, o de ella, ese ser extraño y desproporcionado en cuyo interior, por extraño que pudiera parecer, moraba la pasión?

¿Conocía yo lo que era la pasión? ¿La había experimentado alguna vez? Más aún, ¿era capaz, como esa mujer casi deforme, de despertar pasión? Pasaron como en un vuelo las relaciones sentimentales que habían llenado mi vida, vacías ambas de ese arrebato que nos convierte en seres acuciados por el deseo y por la necesidad del otro, incapaces de transformarnos en luciérnagas poseídas de la belleza de un renacimiento. De hecho, ¿cuál era mi canción? Si era cierto, como decía mi padre a todas horas para justificar la voluntad de hacer en todo momento lo que le diera la gana, si era cierto que todos hemos venido al mundo a cantar una canción, ¿cuál era la mía? Y si no hay canción, si no hay pasión, me decía con palabras amargas la tortura que me embargaba, ¿qué hacemos? Vegetar no es cantar, arrastrarse por el tiempo y la rutina no es cantar, mantenerse en los límites del pensamiento, de la palabra, de la acción, eludir el compromiso y la aventura en la profesión o en la vida, ¿esto lo es? ¿Elegir un compañero porque nos conviene, porque es rico o inteligente o amable y complaciente? ¿Mantenerse al margen del riesgo y renunciar a lo que se anhela? ¿Se renuncia porque no hay pasión o porque no hay coraje? Y si no los hay, ¿quién es el responsable?, ¿nosotros o la naturaleza que nos hizo inanes?

Permanecía con la cabeza apoyada en la pared, dando sorbos a una taza que llevaba vacía mucho tiempo, con la vista fija en un punto que no veía apenas porque un torbellino de imágenes y de angustias, de preguntas sin resolver, tenían mi mente y mi corazón en vilo transitando con cautela por unos parajes novedosos del pensamiento, de una claridad difusa y blanca, como la que descubrimos entre dos capas de nubes cuando desciende el avión, como la luz del fondo del mar.

Era casi la una y media cuando decidí volver a casa. La gente se había retirado del mercado y los vendedores desmontaban sus tenderetes, doblaban las lonas que apilaban junto a tablas, perchas y caballetes, en las profundidades de la camioneta. Las verduras y las frutas las habrían retirado mucho antes, porque cuando yo fui consciente de dónde estaba y de la hora que era, la plaza parecía una construcción de bastidores de madera, con los estantes vacíos y los suelos cubiertos de deshechos. Me levanté y un poco aturdida me fui con calma al coche, esperando, tal vez, ver aún materializarse la imagen de dulzura y complicidad que no me había abandonado.

Adelita no volvió a casa hasta las siete de la tarde. Llorando, llorando desconsoladamente. Debía de llevar horas llorando, por los párpados hinchados que tenía, y que empeoraban cada vez más al frotarse los ojos con esa eterna bola que siempre se empeñaba en convertir su pañuelo.

Yo no estaba enfadada. No estaba de humor para estarlo. Y no la había necesitado tampoco. Estaba acostumbrada a vivir sola y no me suponía ninguna incomodidad hacerme la comida, además, no había tenido hambre y había continuado mis soliloquios en un largo paseo por la montaña. El resplandor solapado del sol en el interior del bosque me había tranquilizado un poco y había vuelto a casa con el tiempo justo para, desde una loma cercana, verla llegar en su propia mobilette sin bolsas ni cestas. Eso quería decir que alguien la había traído a casa cuando yo estaba de paseo, que ella se había vuelto a marchar y que ahora volvía. ¡Qué más daba! Eso creía yo, porque sí me importaba; sus movimientos traían consigo parejos otros que, aunque me costara reconocerlo, me tenían más en vilo que sus elocuentes trastornos, que la marcha de la casa, que todos los problemas que había venido a solucionar, el robo, la policía, la joya. ¿Qué me estaba ocurriendo? ¿De dónde procedía esa desazón que yo no había sentido jamás, cuando pensaba en el hombre del sombrero, de dónde ese agujero de dolor en el pecho al recordarlo junto a ella?

Yo entraba por la puerta delantera cuando oí cerrarse la de la cocina y en seguida Adelita, sollozando con desespero, vino a reunirse conmigo con paso rápido, atropellándome casi.

«¿Qué le ocurre?», pregunté con frialdad.

¿Cómo podía ser aquella mujer tan bella del mercado la misma que ahora mostraba ese rostro rojo y abotargado y que, entre sollozos, intentaba convencerme de una nueva tragedia? Porque tragedia había, puesto que la cabeza de alfiler en que se habían convertido sus ojos, escondidos en la hinchazón de los párpados, era real.

«Un hermano de una amiga, que tenía cáncer y que lo habían tenido que llevar al hospital de Palamós, y nadie podía porque el padre se había ido a Gerona con el coche y no lo encontraban y mientras tanto tuvo un vómito de sangre...»

Sonó el teléfono. Y aunque ella quiso precipitarse a descolgar, interrumpiendo el encadenamiento de tantas desgracias, un punto más de atención en la mancha de sangre que describía o en el profundo dolor de la familia, le hizo perder la vez, y yo la adelanté:

«¡Diga!» Ella me miraba con ansia y había suspendido los sollozos.

«¿Es la señora Fontana?»

«Sí, soy yo, ¿quién es?»

«Soy Rosendo Prats Sisquella, abogado. Usted estuvo hablando con mi hijo ¿recuerda?»

«¿Cómo no voy a recordar?» E hice un gesto con la mano para que Adelita interrumpiera los sollozos que había reanudado y que apenas me dejaban oír la voz. «Sí, ¡dígame!»

«Nada, nada de particular. La llamaba para decirle que mi hijo y yo hemos estado considerando el caso y que con mucho gusto nos ocuparemos de él. Le ruego que nos dé unos días, tal vez unas semanas, para saber a qué atenernos e investigar las causas de unos comportamientos que podrían llamarse presuntamente irregulares.»

Lo interrumpí:

«¿Presuntamente? ¿Qué quiere decir presuntamente? El robo tuvo lugar, la policía lo supo y no me avisó con el tiempo suficiente para que yo recuperara la sortija. ¿Qué hay de presunto en este comportamiento?»

«Lo comprendo, lo comprendo, pero también usted tiene que comprender que en la justicia las cosas no sólo hay que saberlas, sino que hay que demostrarlas, y cuanto mejor demostradas estén, tantos más puntos tendremos a la hora de conseguir lo que queremos. ¿Me sigue, señora Fontana?»

«Sí, claro», dije con poca convicción pero dispuesta a agarrarme a lo único que tenía.

«Así que, si usted no tiene inconveniente», continuó, ceremonioso, «la llamaremos, bien sea mi hijo bien sea yo mismo, si necesitamos su ayuda, quiero decir si hubiera algún dato que no estuviera en nuestro poder. Sólo quería reiterar que estamos a su disposición y que esperamos tener el gusto de saludarla personalmente muy pronto.»

«¿Cuándo quiere que vaya a verlos?»

«Se lo haremos saber.»

«¿No necesita que le haga unos poderes?»

«No, no de momento, ya le digo que la llamaré en cuanto la necesite. Entretanto usted no haga nada sin antes consultarnos.»

«Claro. ¿Qué podría hacer yo?»

«Nada relativo a este asunto, no haga nada, le digan lo que le digan los amigos que, a veces, ya se sabe, con buena intención dan consejos que no se basan en la estrategia que habrán elegido los que de verdad van a defender sus intereses. Así que, nada más, no tengo más que decirle, señora Fontana. Tendrá noticias nuestras. Buenas tardes.»

142

«Buenas tardes, señor Prats, hasta pronto.»

Adelita se había escabullido. La puerta trasera se había cerrado tras ella y posiblemente estaba llorando su desconsuelo escondida en su casa o, si no quería que la viera su marido, en el campo, tal vez bajo la higuera junto a la casa de enfrente. Los celos son serpientes que se escurren por todos los entresijos de la imaginación y de la conciencia.

A toda prisa, subí la escalera y me precipité a la ventana de mi cuarto, más pequeña que la del estudio, escondida ahora por una celosía de hiedra que había brotado a borbotones ocultando la fachada y colgando sobre los cristales como los párpados de la ventana.

Era un bello atardecer, la «sagrada hora del regreso», la sombra alargada del sol poniente dulcificaba el paisaje y deslumbraba la casa de enfrente con una luz tamizada que embellecía aún más las piedras tostadas de las paredes hasta la cubierta de tejas pintadas de musgo, dorado por el sol, la lluvia y el tiempo. Junto a ella, las largas ramas de la higuera con sus diminutas hojas recogían el sol del ocaso lanzando los hilos de sombra contra el monte a sus espaldas. Pero bajo ella no había nadie.

Los días que faltaban para mi vuelta a Madrid fueron días extraños, dolientes. Miraba sin ver por la ventana de mi cuarto casi el día entero, ajena a un paisaje que cambiaba a cada hora con la firme entrada de la primavera. De haber prestado atención, habría visto convertirse las ramas de los árboles, desnudas cuando llegué, en anticipos de la frondosidad que adquirirían en unas semanas. Los campos cubiertos de hierba por las lluvias, que fueron de un verde lozano los primeros días, amarilleaban aquí y allá, y los bordes de los caminos se habían cubierto de flores rojas y amarillas. El bosque, donde volvía a caminar mañana y tarde buscando refugio en mis pensamientos, crepitaba de vida, cantaba bajo el sol, y los vuelos de las golondrinas cruzaban como trazos de lápiz el firmamento, pero yo apenas tenía más oídos que para mis propias preguntas ni otra obsesión que el agujero negro de ansiedad en el interior de mi alma. A veces un atisbo de sensatez me llevaba a alejarlo de la mente, consciente de la falta de sentido que tenía esa obsesión, y desviaba entonces el pensamiento hacia otros problemas más acuciantes y cotidianos, pero la mayor parte del tiempo, aunque añadiera intensidad al vacío de dolor que no cejaba, me regodeaba en el recuerdo de su cuerpo, largo y delgado como una espiga apoyado en la pared y de sus ojos cruzándose con los míos. La imagen era siempre la misma, de tal modo que a la angustia del corazón se añadía el cansancio de la repetición. Pero ¿qué otra imagen podía convocar? ¿La del juzgado o la de Adelita y él, aquel primer día que Gerardo y yo los habíamos descubierto? ¿La del restaurante, tan fugaz, tan dolorosa en el recuerdo? No, eran imágenes lejanas que habían perdido brillo e intensidad y que poco decían frente a la repetitiva del mercado que me aportaba tanta excitación como cansancio. Y aunque hubiera pasado horas caminando por el bosque, o sentada inútilmente en el restaurante con los obreros de la construcción o en el bar con la vista fija en las calles que desembocaban en el mercado, la vuelta a casa se teñía súbitamente del color de la esperanza y hacía los últimos metros corriendo y jadeando para subir la escalera y asomarme a la ventana. El paisaje inmutable me devolvía sin la menor compasión un decorado yermo, porque había perdido la capacidad de ver otra cosa que no fuera el espacio vacío bajo la higuera que se extendía ahora hasta el horizonte y abarcaba los montes y las lomas y saltaba sobre ellos hasta fundirse con el mar.

Las horas de la noche se alargaban interminables en reproches a mí misma y a mis necios sentimientos que, me decía, no sostenían un examen racional de la situación ni admitían la más mínima base lógica. ¿Qué me estaba ocurriendo? ¿No estaría mi espíritu obsesionándose y regodeándose inútilmente en la imagen para eludir lo que estaba sucediendo en mi alma? ¿No sería éste un pretexto de mi inconsciente para no reconocer lo que Gerardo me había dicho tantas veces, que no quería enterarme de lo que ocurría? Tal vez, me decía con cierta esperanza, agarrándome a esa luz del entendimiento que habría de liberarme de la tortura. Y por un instante, o incluso por unos minutos, me alejaba de mis obsesiones y recordaba vagamente a Adelita y su comportamiento cada vez más extraño que, sin embargo, yo aceptaba como si no lo viera, como si nada tuviera que ver conmigo, incapaz de establecer una relación entre su proceder de esta semana y el robo que se había producido pocos meses antes.

Pero ¿qué relación podía establecer? ¿Qué sabía yo de sus idas y venidas, de sus llantos imparables desde aquella primera tarde que me atronó con sus sollozos? ¿Cómo podía interpretar sus ausencias y, sobre todo, ese reguero de ruido de su mobilette, yendo y viniendo, de día y a altas horas de la noche, nadie sabía hacia dónde ni desde dónde? Pero podría haber exigido su presencia, me recriminaba, haberle preguntado qué le ocurría, por qué tenía la casa tan desatendida, por qué se tomaba tantos días de fiesta, ella que nunca antes se había ido cuando yo estaba en la casa pretextando que ya se tomaría la fiesta que le correspondía cuando yo estuviera ausente. Y, sin embargo, no lo había hecho, la había ignorado casi por completo sin apenas ocuparse de sus desatendidas obligaciones porque, dejando aparte esas largas horas del insomnio, apenas había pensado en ella más que como —vergüenza me daba— una rival que se atrevía a suplantarme.

Así llegué al último día de mis vacaciones y preparé la maleta con una mezcla de alivio por la distancia que iba a tomar y esa resistencia a admitir la definitiva desaparición del hombre que me tenía a todas horas mirando por la ventana. Pero, me dije una vez más mientras llamaba el taxi y recogía las últimas cosas, ¿y qué, si estuviera bajo la higuera? De todos modos, fuera cual fuere lo que yo esperaba que sucediese, el tiempo se había esfumado, resbalándome entre los dedos de las manos como el agua.

Todavía en el último momento un nuevo acontecimiento vino a enturbiar aún más el panorama, es más, a desbaratarlo completamente, dejándome sin palabras ni argumentos, casi sin historia. El día de la marcha, había esperado hasta el último instante con el tiempo justo de tomar el tren que me llevaría a Barcelona y, de allí, a coger el último avión del puente aéreo, para iniciar al día siguiente las clases en la facultad. Adelita, aún con señales de haber llorado hacía un instante, me ayudó a llevar las maletas al taxi que esperaba en la puerta de atrás.

Le dije que se cuidara, que dejara de llorar, y le di algunas indicaciones. Absurdas debían de ser, porque apenas había pensado en la casa, y todas esas exigencias se me antojaban ahora órdenes sobre cuestiones tan distantes que apenas tenían entidad, ni relieve, ni color, ni forma. Pero cumplí mi papel.

Ya me había metido en el coche cuando, no sé por qué, tal vez para disimular mis ausencias y demostrarle que, aunque no hablara, aunque no diera órdenes, lo tenía todo presente y controlado, me despedí con un último encargo:

«Bien, Adelita, hasta pronto, yo no sé cuándo volveré, depende del abogado, pero ya sabe, llámeme si hay algo. Y no se olvide de mirar el correo y si llega una carta del juzgado, mándemela, por favor.» Y añadí: «Por cierto, ¿usted no ha recibido ninguna carta del juzgado?», ya me había sentado y levanté la cara, que quedó a la altura de la suya.

«No», se extrañó, «¿por qué habría de recibir una carta del juzgado?»

«Por el juicio, el juicio de usted, Adelita.»

Estaba de pie y tenía una mano en la manilla del coche, dispuesta a cerrar la puerta. Su expresión vagamente enfurruñada no desapareció al responder:

«¿El juicio? Ya me llamaron hace semanas.»

«¿Qué quiere decir? ¿Que ya tuvo lugar el juicio?» Mi mente se tambaleaba. «¿Tan rápido?», me extrañé.

«Bueno, han pasado más de tres meses.»

«Pero en el juzgado nos dijeron aquel día que tardarían varios meses, después del verano dijeron, ¿no se acuerda?»

«Pues ya fui», replicó, zanjando la cuestión un poco abruptamente.

«Y ¿cómo no me ha dicho nada?, ¿cómo no me han llamado a declarar, a mí, que puse la denuncia? Y usted, ¿por qué no me avisó?»

«Pues no sé. Me enviaron un papel citándome, fui al juzgado, se presentó el abogado de oficio, aquel que usted ya vio, y ya está.»

«¿Ya está?» Y con más cautela añadí: «¿La condena ha sido...?»

«Sobreseído el caso, no hubo juicio», cortó sin dejar de mirar al frente, como si repitiera una respuesta aprendida de memoria.

«¿Sobreseído?» Yo pasaba de un sobresalto a otro. «¿Sobreseído? ¿Por qué?»

«Por falta de pruebas.»

«Pero si usted había confesado», chillé. El chófer del taxi no perdía palabra.

Ahora sí, Adelita se había enfadado, dolida estaba conmigo por mi actitud. ¿Sería capaz de acusarme de falta de confianza? Con cinismo, contestó:

«Eso fue aquella noche en el cuartel de la Guardia Civil. Allí confesé y así lo repetí al día siguiente en el juzgado, porque me presionaron todos y no tuve más remedio. Pero cuando me llamaron y fui de nuevo, declaré y dije la verdad: que yo me había aturrullado, que había tenido miedo, porque no estoy acostumbrada a ser interrogada por la policía...»

«¿Esto lo dijo el día que yo estaba con usted en el juzgado?»

«No», repuso con precisión, «aquel día yo todavía estaba bajo los efectos de la presión de la noche anterior, así que no sabía lo que me decía. Pero, como le he dicho, cuando me llamaron hace un mes o más, no recuerdo, es cuando les dije la verdad, toda la verdad de lo ocurrido.»

«¿Todo esto me lo dice en serio? ¿Fue una estrategia del abogado? ¿O me está tomando el pelo?» Me faltaba la respiración pero continué: «¿Y su discurso sobre lo que no sabemos los ricos, sobre el perdón que me pidió, ¿lo he soñado yo?»

El taxista miró el reloj.

«Es tarde», dijo, «perderá usted el tren, a esta hora hay mucho tráfico.»

«Mire, señora», decía ella sin importarle la presencia del taxista, «usted es muy buena, no lo niego, pero aquel día con la sortija estaba muy nerviosa, la verdad. Y tiene que comprender que una no es de piedra. Yo soy una persona muy sensible y a poco que me aprieten soy capaz de confesar lo que sea.»

«Pero si incluso me dio usted la dirección y el nombre de la joyería.»

«Dije el nombre de la joyería donde había comprado

una cadenilla para mi madre, hacía poco. Se lo dije para que me dejara en paz. Ya no podía más, compréndalo, señora», y la cara era de profunda compasión hacia sí misma sin dejar de fijar en mí su mirada de búho.

Sí, tendría que haberme quedado, tendría que haber perdido el tren, haber llamado al día siguiente al jefe del departamento diciendo que un percance imprevisto me impedía incorporarme al trabajo, tendría que haber ido a la policía de Gerona, y definitivamente tendría que haberme desprendido de Adelita, de su marido y de sus hijos, y olvidar de una vez y para siempre una historia a la que no se le veía el fin, y esa nueva confesión de Adelita, que una vez más, me obligaba a cambiar la teoría que había elaborado sobre los hechos. La idea cruzó como un rayo por mi mente, pero algo más profundo, más inconfesable, me impidió seguir recapacitando. Envuelta aún en el asombro y el descalabro de ese nuevo descubrimiento, «¡Adelante!», grité, y arrancando la puerta de las manos de Adelita, la cerré con un golpe que sólo molestó al taxista, que me miró con reprobación, y a mí misma, que salté en el asiento asustada por el estrépito y la sacudida. Porque Adelita sonreía como hacía días que no la había visto sonreír y con la mano me decía adiós con amabilidad, casi con dulzura.

5

En mi conciencia, por el mero efecto de la noticia recibida, Adelita pasó de ser una víctima a convertirse en culpable otra vez. ¿Así que el caso se había sobreseído y ella me lo había ocultado? ¿Por qué me lo había ocultado y por qué nunca me dijo que había mentido cuando se confesó autora del robo? Tal vez fuera una argucia del abogado. Pero, de todos modos, ¿qué pasó con la denuncia: la han ignorado o han conseguido hacerla desaparecer? ¿No había una copia en el sobre blanco que yo le había dado al abogado? ¿Qué significaba esa nueva serie de imbricados y secretos acontecimientos? Porque se había hecho todo en el más absoluto secreto, con respecto a mí, al menos. Que actuara así un abogado de oficio cabía dentro de lo razonable, porque de lo que se trataba era de ganar el caso. Pero la forma en que había ocurrido y, sobre todo, la forma en que yo me había enterado, no hablaban en favor de Adelita. Así lo entendí yo, tal vez porque me sentía engañada. Pero ¿era ella la que lo había organizado? Imposible. De nuevo volvían las dudas. ¿Qué había pasado con mi denuncia? Yo la había firmado en el cuartel de la Guardia Civil y desde allí, según me dijo el sargento, la habían enviado a Gerona, desde donde se llevaría el caso. ¿Serviría de algo la copia que yo tenía? Recordaba muy bien lo que me había dicho la funcionaria del juzgado: «El juicio se celebrará dentro de unas semanas, tal vez unos meses. Y no le extrañe que no se celebre hasta después del verano, estamos colapsados.» Lo recordaba muy bien, aunque entonces no le hubiera prestado demasiada atención.

Todos esos detalles, por pequeños que fueran, los fui extrayendo de la memoria a mi llegada a Madrid, cuando fui a cenar con mis amigos Teresa y Julián. Ella era profesora adjunta en la facultad y él, aunque era abogado, no ejercía, sino que ocupaba un puesto en el Ministerio de Hacienda. No éramos grandes amigos, pero salíamos a cenar de vez en cuando. Al acabar de contarles toda la historia, Julián ni siquiera me dejó acabar:

«Tienes poco que hacer porque se ha sobreseído el caso», dijo, «a no ser que quieras meterte en una investigación y consigas alguna prueba. Me has dicho que tienes una copia de la denuncia, ¿no?»

«La tiene el abogado.»

«De todos modos, aun con ella, un juez ha sobreseído el caso, ¡déjalo ya!, no vas a sacar nada. Porque el joyero alegará y presentará documentación según la cual entregó la fotocopia del carnet de identidad de Adelita, así que al cabo de un mes era libre de hacer con la joya lo que quisiera, habiéndola pagado y cumplidos los requisitos que exige la ley. En cuanto al policía, que tras esa información no te lo comunicó, dirá que sí lo hizo y siempre será tu palabra contra la suya.» Y añadió: «No recuperarás la joya, y si lo único que pides es justicia, es difícil que la obtengas únicamente con tu declaración.»

Repetí otra vez todo lo ocurrido al responder a las innumerables preguntas que me hizo Gerardo a primera hora de la mañana cuando hablé con él, antes de ir a la facultad. Lo había llamado con impaciencia por la noche en cuanto llegué a Madrid, pero saltó el contestador, y aunque le dejé un mensaje, debió de haber llegado muy tarde y quizá no quiso despertarme. Al día siguiente, cansada y ojerosa porque apenas había dormido, respondí con paciencia.

«No lo entiendo», dijo cuando acabó de preguntar, «de verdad que no lo entiendo. Una denuncia no puede haberse perdido, y aunque así fuera, lo que podría ocurrir, sí ha de quedar constancia en alguna parte de que se puso. La copia está con el resto de la documentación, ¿no? Aunque si se ha desestimado por falta de pruebas...»

Nos cansamos de repetir y de especular.

Aquel mismo día a media mañana, ya desde la universidad, me puse en contacto con el señor Prats Sisquella, el abogado. Al teléfono, su voz sonaba mucho más distante y agria de lo que yo la recordaba. Apenas me dio tiempo a saludarlo cuando me interrumpió para recordarme que, si no estaba confundido, me había dicho que me llamaría él, que tenía que dominar mi impaciencia y no adelantarme a los acontecimientos.

«Pero es que han ocurrido otros hechos, por eso lo llamo», dije con seguridad.

«¿Qué hechos? ¿Qué ha ocurrido que tenga tanta importancia?» ¿Había en su voz un tono de inquietud, de zozobra, o me lo pareció a mí? Estoy perdida, me dije, veo fantasmas hasta en las palabras.

«El caso es que cuando me iba ya, Adelita me dijo que la habían llamado al juzgado y tras su declaración el caso se había sobreseído...»

«¿Adelita es la guarda?»

«Sí», dije, incómoda por la interrupción, «sí, es la guarda. Bueno, pues me dijo que se había sobreseído el caso por falta de pruebas.» La noticia no parecía sorprenderle, así que seguí: «Porque declaró que la noche en que se descubrió el robo, la habían llevado al cuartel y había confesado bajo presión de la Guardia Civil.»

Callé esperando una respuesta, pero en el teléfono sólo había silencio.

«¿Oiga? «Señor Prats, ¿me oye?»

«Sí, sí, la oigo», dijo distraídamente, como si tuviera la cabeza en otra parte, o como si, amparándose en que no lo veía, despachara con su secretaria. «Sí, sí, siga», añadió.

«Bueno, no hay nada más que decir. Eso es todo.»

Entonces, con ese puntillo de resabio que emplean ciertos médicos y confesores, preguntó:

«¿Cuándo dice que ocurrió?»

«Ayer, serían las cinco de la tarde. Yo estaba ya por venir a Madrid.»

Todavía estuvo un momento sin hablar y cuando lo hizo seguía el tonillo doctoral que me intimidaba:

«Esto cambia las cosas», dijo sin ningún rubor por la obviedad de la afirmación. «Esto nos pone», comenzó a usar en aquel momento el plural mayestático, «en una situación muy distinta. Tenemos que utilizar todo el tacto de que somos capaces para ver qué es lo que hemos de hacer ante una situación tan contradictoria, tan encontrada, diría yo, si entiende lo que quiero decirle», añadió con suficiencia.

«Este hombre es tonto», dijo Gerardo cuando se lo conté. «Claro que cambia las cosas que se haya sobreseído el caso, las cambia tanto que, de hecho, ya no lo necesitas. ¿Qué puedes hacer tú y qué puede hacer él? Nada, sea o no sea contradictoria la situación.»

«Pues aún me ha dicho más. Dice que no vaya para nada a la casa del molino hasta que él me lo autorice, así lo dijo, y que si llamo por teléfono, no le hable de este asunto a la guarda, quiere decir a Adelita. Que no vaya por ahí contándole esta historia a la gente. Las mujeres, dice, a veces por el afán de hablar con la vecina, cometen muchas indiscreciones. Eso me dijo, el misógino. ¿A quién quiere que se lo diga? La poca gente que conozco en el pueblo la conozco sólo de vista o de ir a las tiendas, y si no les he hablado del robo, ¿por qué iba a hablarles del sobreseimiento? Se creerá que no tengo otra cosa que hacer.»

Pero a pesar de mi indignación había seguido escuchándolo porque estaba convencida de que tal vez tuviera alguna estrategia que me permitiera salir de la incertidumbre en la que me hallaba. Así se lo contaba yo a Gerardo noche tras noche cuando nos hablábamos. Él me escuchaba atento pero desinteresado, porque debía de cansarle el asunto como le cansaba repetirme a cada momento lo que había de hacer.

«Dijo», continué, «que hay que investigar una serie de datos para esclarecer qué ha ocurrido y saber por qué no se ha tenido en cuenta mi denuncia.»

«Tonterías, está queriendo alargar el caso que ya está cerrado para cargar los honorarios.»

«Tal vez haya todavía una esperanza», dije con timidez.

«¿Esperanza? Esperanza, ¿de qué? ¿Qué esperas? Lo único que tienes que hacer es precisamente ir allí, cancelar el contrato con Adelita, pagarle lo que le corresponda y no verla nunca más en tu vida.»

«Lo que ocurre», respondí con cautela, «es que no tenemos contrato firmado.»

«¿Que no hay contrato? Tantos años de estar en tu casa, ¿y no hay contrato? ¿Sabes a lo que te expones? ¿Sabes que puede denunciarte y te puede caer una multa muy gorda, además de que tendrás que pagarle una indemnización? ¿Te das cuenta de que eso es un delito?»

«Sí, lo sé, pero cuando entró en la casa, como estaba cobrando el paro, no quiso que la aseguráramos, y luego se nos fue pasando el tiempo. Lo cierto es que ella nunca lo reclamó abiertamente y a mí se me olvidó, la verdad. Vete a saber si estará cotizando en otra parte.»

«Vaya lío», se horrorizó Gerardo. «A ver cómo sales de ésta ahora. Te tiene bien cogida.»

«A lo mejor no hace falta hacer nada con ella. Tal vez sea cierto que se sintió presionada o lo que declaró se lo aconsejó el abogado de oficio para que no le cayera una condena más fuerte.»

«¿Más fuerte? ¡Si no le ha caído nada!» E insistió: «Aun así, deberías arreglártelas para que se fuera. Dale dinero si hace falta, búscale otro trabajo, haz lo que sea, pero despréndete de ella de una vez. Aunque fuera inocente, que yo no creo que lo sea, ahora tampoco te sirve de mucho.»

«Sí me sirve», me defendí, «no es lo que era y está un poco atolondrada, pero sigue cuidando de la casa igual que siempre.» Me seguía costando pensar en deshacerme de Adelita. «Lo que le ocurre a Adelita es que le gustaría ser otra persona, más alta, más guapa, más culta y más rica. Me da pena, se deja llevar de lo primero que pasa.»

«¿Así lo ves tú? ¿Sólo eso? Si es así, es peligrosa, ya sabes: desdoblamiento de personalidad, esquizofrenia...»

«No es para tanto. Y sus cualidades son muchas. Es muy buena en el trabajo, y además es apasionada y voluntariosa, no se arredra ante nada y, aunque la mitad de lo que cuenta sea exageración, tiene una vida llena de apetencias y entusiasmo y, a veces», añadí recordando aquella cara iluminada del día del mercado, «hasta se pone guapa.» Me detuve un momento: «Porque le pone pasión a todo lo que hace, le pone pasión a la vida.»

«Tu admiración no tiene límites.» La voz de Gerardo rezumaba sarcasmo. «No sé si es cierto que a ella le gustaría ser otra persona, lo que sí parece serlo es que a ti te gustaría ser ella.»

«No digas tonterías, ¡cómo iba a querer ser como Adelita!»

«Pues, búscate otra», seguía Gerardo, «o cierra la casa hasta que la encuentres.»

«Es una casa muy grande», me defendí, «y está muy apartada del pueblo. Si no vive nadie en ella me robarán. La semana antes de que yo llegara, me dijo Adelita que habían robado en dos masías cercanas.»

«Y te lo dijo Adelita, ¿no? ¿Y tú lo creíste?»

«¿Tú no?», contraataqué.

«Lo que yo creo es que si te lo dijo por algo sería, algo perseguiría, algo buscaría.»

«¡Yo qué sé!», dije para desentenderme del asunto, pero reconocí la huella de la duda. «Tal vez sea cierto», repuse.

Esperando la llamada del abogado, pasaban las semanas. A todas horas, por teléfono o cuando se reunía conmigo en Madrid, Gerardo no se cansaba de darme el mismo consejo, y yo, mientras tanto, seguía soñando despierta con aquellas imágenes que me hacían temblar. Por supuesto asistía a las clases, vagamente ausente como siempre lo había hecho. Años de soledad o tal vez de indiferencia con el medio, escudándome desde el primer día en que estaba en aquella ciudad y en aquel empleo de forma provisional, me habían hecho invisible a los ojos de los demás profesores y ayudantes e incluso de los alumnos que, a veces, cuando me cruzaba con ellos en los pasillos o los veía tan ausentes en el aula, tenía la impresión de que me había convertido en un ser transparente. Nunca me había importado demasiado ni apenas había sentido el aislamiento y la soledad, y menos en aquellas semanas de vuelta de la casa del molino.

Y un día, contraviniendo las indicaciones del abogado, había llamado a Adelita, pero no estaba. Lo probé otra vez por la tarde y por la noche, al día siguiente y al otro, pero nunca la encontré. Se ponía al teléfono un hijo, no sabía cuál porque apenas los conocía, o el marido, del que no recordaba más que aquella noche de terror en que se me había aparecido con la linterna y el cuchillo, y la cara de fascinación y ternura que tenía la mañana del juzgado, una expresión de complicidad, de comprensión, mejor aún, de aceptación fuera lo que fuera lo que hubiera hecho, con tal de que aquel ángel que tenía por mujer se dignara mirarlo. ¿Cómo casaba esa expresión de arrobamiento con los gritos y la escena de la tarde en que Adelita había llegado con un número de la Guardia Civil o la misma noche aciaga en que yo volvía del cuartel? ¿Conocería el marido su relación con el hombre del sombrero y languidecería de celos y añoranza, o se encabritaría día tras día al adivinar el motivo de sus ausencias?

Hasta entonces apenas había pensado en la vida de Adelita, me limitaba a creer, en razón de lo que veía, convencida de que un ser tan simple debía de tener unos comportamientos que obedecían a los más elementales impulsos del alma. Y, sin embargo, ahora, con la última versión de su proceder, con el profundo pozo de secretos e incógnitas que había entrevisto en aquella sonrisa de dulzura de la despedida, comenzaba a preguntarme por la razón de sus actuaciones, de sus mentiras, de sus falsas fidelidades, de su transformación a la vista del hombre del sombrero. Y entonces una llamarada de fulgor envidioso me corroía las entrañas de celos puros y profundos, porque los imaginaba en las únicas escenas que sabía convocar, convencionales escenas de amor de sus desproporcionados cuerpos que, sin embargo, tan bien se acoplaron aquella mañana al ritmo de sus propios pasos. Los veía besándose, las manos de él descubriendo los recovecos del corpachón que yo tanto había menospreciado, aunque mi imaginación no me daba un respiro y hurgaba en la herida cada vez más sangrante de mi frustración y de mi obsesión, me adentraba poco a poco en otros ámbitos de excitación y deseo que nunca había imaginado antes, y que aparecían ante mi vista, casi al alcance de la mano con toda la contundencia de una realidad. Pero ni podía ni quería evitarlos porque al tiempo que desfallecía de dolor y de miseria y de envidia, sabía que mi piel electrizada podía depararme la sorpresa de verse ocupando el lugar de ella: mis manos hechas de las suyas, rojas y regordetas de dedos chatos y uñas mal pintadas, mis labios convertidos en aquella boca grande que se abría como una herida en su rostro apaisado, y mi cuerpo transformado en el suyo, suplantando su temblor al contacto de la piel de aquel otro cuerpo largo, casi un rasgo solamente, que yo descubría e inventaba noche tras noche con la paciencia de un artesano.

Ah, en este mar de vientos y tormentas había desaguado aquella primera obsesión por la figura del hombre inmóvil bajo la higuera, cuando creía aún que lo que prometía era su presencia y no, como de hecho era, su ausencia, su prolongada ausencia.

Así vislumbraba e interpretaba los distintos aspectos de la vida y las andanzas de Adelita que se me habían desvelado en los últimos meses. La pasión que la unía a ese hombre tenía que ser por fuerza la que la hacía desaparecer y aparecer según fuera la voluntad de él. ¿A qué otra cosa podía obedecer la apremiante necesidad de ir y venir, y marcharse de nuevo de la casa a todas horas que yo había seguido por el rastro que dejaba su mobilette en el aire apacible del campo? ¿Qué otra cosa podía hacerla llorar incansable, atenta al teléfono como un animal que huele por dónde le llegará el alimento o el peligro?

Me decían que no estaba, que había ido al pueblo, al hospital, a casa de su madre, de sus suegros. Sólo una vez, uno de los hijos me dijo que se había ido a Andorra.

«¿A Andorra? ¿Por qué a Andorra?»

«No sé, se fue hace dos días y volverá pronto.»

«¿Cuándo es pronto?», quise saber.

«No sé.» Tenían todos voces soñolientas, más que indiferentes, voces que pugnaban por salir de la garganta, como si todos estuvieran idos, drogados. El pensamiento me asustó. ¿No los habrá drogado ella para entrar y salir sin tener que dar explicaciones?

Impaciente y un poco inquieta, el primer sábado del mes de junio, un mes y medio poco más o menos después de haber vuelto a las clases, se me ocurrió ir a la casa del molino sin avisar. Nunca lo había hecho antes, pero como si un rayo de lucidez hubiera atravesado el firmamento tormentoso de mi mente, una vez se me ocurrió la idea como una posibilidad, no lo dudé ni un momento. Faltaba menos de un mes para el final de curso, pero no tuve la paciencia de esperar. Pedí una semana de baja pretextando una pérdida familiar de la que, por fortuna, el jefe del departamento no me pidió comprobación y que me fue concedida sin mayor dificultad, tal vez porque nunca había faltado ni me había retrasado en las clases.

Gerardo, que había pasado en Madrid el fin de semana anterior y como siempre no había hablado más que de Adelita, tomó mi decisión como un efecto benéfico de sus palabras y sus consejos, y quizá como la tan esperada muestra de sensatez y prudencia por mi parte.

«¿Quieres que retrase ese viaje a Londres y te acompañe?»

«No, no hace falta, sólo quiero ver qué pasa, por qué no está nunca en casa, quiero saber qué hace, adónde va, a quién ve en el pueblo.» Me detuve un momento, ¿no estaré mostrando demasiado interés, demasiada curiosidad?, y añadí: «A ver si lo arreglo de una vez.»

El viaje en avión me proporcionó una tranquilidad momentánea que no había sentido desde hacía tiempo. Me olvidé del tren, cogí un taxi desde el aeropuerto y llegué a la casa del molino casi a las nueve de la noche de un día que había sido cálido y tranquilo. Un último atisbo de claridad inundaba el firmamento, ni un leve soplo de brisa movía las hojas de los árboles que habían alcanzado en esas semanas la frondosidad que prometían al inicio de la primavera. El paisaje entero tenía el aspecto apacible que uno imagina cuando piensa en el campo. Su belleza sobrecogedora, con los infinitos tonos de verde y las florecillas que estampaban los campos y los caminos, sugería la bondad desinteresada de un mundo distinto, más natural, menos ruidoso, menos agotador.

Así es como ven el campo los que sólo sueñan con él, pensé, no recuerdan la oscuridad y la soledad del invierno, el tormentoso viento de marzo, el tedio y la añoranza que produce la lejanía de un mundo más vivo, el agujero de tanta ausencia, el cansancio de un transcurrir que sólo se contempla a sí mismo. Yo nunca había sido amante del campo, me gustaba la ciudad, me gustaba perderme entre la multitud y tener una tentación en cada portal, como a todos los solitarios. Si por lo menos la casa que he heredado estuviera en un pueblo... El campo servía para echarlo de menos, para tenerlo al alcance de la mano y descansar, no para vivir ni trabajar, pensaba una vez más mientras el taxi subía por el camino vecinal. No es extraño que Adelita busque otros alicientes, se vaya y vuelva y se vuelva a marchar. Aquí la vida se paraliza y con ella el ánimo, el humor y tal vez el deseo, añadí cuando vi aparecer al marido que salía de su casa con el inevitable palillo en la boca.

Llevaba una camisa de cuadros, limpia esta vez, e incluso se había afeitado. Tenía cara de pocos amigos, y se dirigió a mí con aire retador.

«No está», me espetó sin saludarme. «Se ha ido al pueblo porque mi cuñado...»

«No me cuente historias», lo interrumpí en el mismo tono, «no tengo prisa, la esperaré.»

Se le dulcificó un poco la voz:

«Es que llegará tarde, no sabía que usted venía.»

«No importa», dije, pagué el taxi, y utilizando mi propia llave entré en la casa.

Nada más abrir la puerta, me invadió un olor denso, agrio, vagamente pestilente, de comida rancia quizás en estado de descomposición, de habitación cerrada, de colillas y aire viciado de varios días. Prendí la luz y me quedé horrorizada. El panorama era desolador. Un leve golpe de viento que entraba por la puerta que había quedado abierta había hecho rodar botellas vacías por el suelo. La gran mesa de la cocina estaba completamente llena de platos y vasos sucios con restos de comida y bebida apilados de cualquier modo junto a ceniceros rebosantes de colillas de cigarrillos y puros que apestaban. También estaban cubiertas de detritus las mesas del comedor y del salón, y en el suelo se amontonaban servilletas de papel usadas, mondas de frutas, restos de pasteles, cuencos con patatas fritas mezcladas con lo que debió de ser el contenido de alguna lata, sardinas o berberechos o mejillones aceitosos, costillas de cordero mordisqueadas y acartonadas, salsas solidificadas, costras de alimentos irreconocibles en los cacharros y el imborrable olor agrio de las ensaladas ennegrecidas. Los almohadones de los sofás estaban tirados por el suelo, las sillas caídas, los discos desparramados sobre la mesa, la cadena sin apagar y un disco dando vueltas inútiles en el tocadiscos.

El horror. Yo no lograba reaccionar, tal vez porque ya sabía que Adelita no estaba y de poco serviría dar voces y pedir explicaciones. El marido, que me había seguido hasta la puerta, había desaparecido y yo habría desaparecido también de haber sabido adónde ir. Desanduve el camino hasta llegar a la entrada, igualmente sumergida en el caos, subí la escalera apartando del suelo más almohadones, ahora de las camas, con el corazón encogido. Mi cuarto, el primero en el que entré, tenía la cama deshecha, sin sábanas, y algún vaso en el suelo. Recorrí las habitaciones y en todas encontré el mismo olor nauseabundo y el mismo aspecto de haber sido arrasadas por un vendaval o por un ejército en retirada. Ninguna cama estaba hecha, había sillas caídas, los objetos de las mesillas apartados hacia un rincón, las ventanas cerradas. Me fui al estudio y a pesar de todo no pude evitar asomar la cabeza por la ventana y mirar hacia la higuera lejana, lejana y vacía, supuse, porque la noche se había adueñado ya del paisaje y, deslumbrada por la luz de las habitaciones que había dejado encendidas en toda la casa, no lograba distinguir los perfiles de las sombras.

Pero fue sólo un instante. El denso hedor a colillas me llegaba desde los cuartos y de pronto comprendí, con toda la virulencia de una realidad incuestionable, que tendría que pasar la noche en esta misma casa. Algo había en todo el desorden que me impidió dormir en mi propia cama, y como pasaba el tiempo sin que fuera capaz de reaccionar, atenta sólo a la improbable llegada de Adelita y al progresivo ruido de motor que asomaría desde el fondo de la noche, cogí un par de mantas del armario de la ropa, que encontré intacto, y me tumbé en el sofá del estudio a esperar.

El zumbido de moscardón de la mobilette no llegó hasta el amanecer, rompiendo mis sueños inexplicablemente plácidos para una noche tan llena de sorpresas. Incluso con la atención alerta, debió de rendirme el cansancio a una hora imprecisa, tardía y oscura, que no pude recordar al abrir los ojos y encontrarme con el cuerpo dolorido en un lugar que a primera vista no reconocí. El zumbido se detuvo abruptamente tras dos o tres inútiles explosiones y el silencio rodó otra vez por la luz del alba. El recuerdo de la noche anterior apareció con la virulencia y la claridad de un rayo. Aparté la manta de un manotazo, me puse los zapatos, y a una velocidad que no había alcanzado hacía años, bajé la escalera y salí por la puerta de la cocina hasta detenerme en la casa de Adelita. Ella debía de haber entrado ya, no se oía una voz ni había una luz prendida, pero yo no me arredré: con golpes violentos en la puerta de su casa llamé con insistencia hasta que abrió, abrochándose la bata y bostezando, talmente como si yo la hubiera despertado.

«Qué tal, señora», dijo, soñolienta, cortando un pretendido bostezo con la palma de la mano, «perdone pero no la oía. Estaba tan dormida.»

«Vístase», ordené con voz apremiante, «y vaya inmediatamente a la casa. Limpie, barra, friegue y arregle todo el desorden hasta que acabe, no me importa la hora que sea ni lo cansada que esté, y mientras tanto me cuenta a qué equipo de fútbol, a qué colectivo ha invitado a una juerga en mi casa.»

Por primera vez, no supo qué contestar, o tal vez prefirió no hacerlo. Debía de haber tenido el tiempo justo para ponerse la bata encima cuando yo llamé porque se recogió al interior viciado de su vivienda y salió al instante, vestida y con un delantal en la mano. Me siguió pensativa y sonrojada y entramos las dos en el campo de batalla que ahora, a la pálida luz del amanecer, adquiría trazos más lúgubres aún, como el rostro de la resaca, tras una noche de borrachera.

Era evidente que no tenía excusa, si acaso sólo una explicación. Y éste es el camino que tomará, me dije. Conociendo su capacidad de fabulación y de drama, no me habría extrañado que me contara una tragedia sobre cualquier familia indigente en busca de un techo donde celebrar sus festejos y que ella, en su infinita bondad, no había podido resistirse, ni que después se arrodillara pidiendo perdón al tiempo que, arrebatándome una de las manos, la besaba y la llenaba de lágrimas o de baba. Pero no fue así, sus recursos eran inagotables.

«Bien, señora, será mejor que le diga la verdad.» Estaba de pie en una actitud de gran dignidad, como si estuviera a punto de contarme algún secreto atroz que ella habría querido evitarme. «Comprendo que he hecho mal y que debería habérselo dicho, pero no me atreví. Esta es la verdad. La confianza que siempre me ha tenido y con la que yo le he correspondido me impulsó a tomar la iniciativa —cuando se ponía a contar su vida hablaba con precisión y soltura— y a celebrar en esta casa, que durante tantos años he considerado mía, la boda de un hermano de mi marido que, pobre, vive en el pueblo y apenas le dan los campos para vivir.»

«Y ¿también ha invitado a dormir a la familia entera?»

«No, señora, todos han dormido y duermen repartidos en varias casas de la familia, en el pueblo. Incluso el día de la fiesta, hace dos días.»

«Entonces, ¿por qué están todas las camas de la casa deshechas, sin sábanas y las habitaciones sin hacer y en total desorden?»

No titubeó ni dejó de mirarme fijamente a los ojos al responder:

«Tuve que ir a casa de mi madre que me necesitaba, ya sabe, la diabetes, y no tuve tiempo de arreglar el desorden que había causado la fiesta, pero pensé que ya que tenía que limpiar a fondo en cuanto volviera, como ya llega el buen tiempo podía aprovechar para quitar las mantas, cambiar las sábanas y hacer la limpieza de temporada de todas las habitaciones. Pero no me ha sido posible volver hasta hoy.»

Sus ojos seguían clavados en los míos y ella estaba inmóvil, a todas luces esperando mi respuesta, que no llegó. Le dije simplemente:

«Póngase a limpiar y, aunque toda su familia esté agonizando, no se detenga hasta haber dejado la casa completamente limpia y ordenada.»

La oí durante horas barrer, fregar, limpiar y sacudir. Pasó el aspirador, fregó los suelos y la escalera, limpió los cristales, puso lavadoras, y hasta le sacó brillo a los jarros dorados y plateados, tendió la ropa y, muchas horas después, cuando casi había acabado el trabajo de la casa, la recogió, la planchó y la guardó, y se llevó varios sacos de basura y un cesto lleno de botellas vacías al contenedor que había en el camino. Con lo único con lo que no pudo fue con el último jirón de apestoso hedor a agrio que habría de rondar por la casa durante muchos días aún. Eran las cinco de la tarde cuando se acercó a mí, que iba y volvía del estudio y deambulaba vigilando que no se escapara con cualquier pretexto, y me dijo:

«Ya está todo como estaba, señora. No se ha roto nada. Todas las botellas que ha visto las trajeron ellos, igual que la comida que yo misma cociné. Nada se ha perdido, nada se ha gastado, señora.» Y en un tono más humilde, siempre sin apartar la vista de mis ojos, con esas pupilas oscuras y penetrantes que se le ponían cuando quería mantener fija la mirada, dijo: «Para que todo esté igual que antes, sólo me queda pedirle perdón otra vez y que usted me perdone.» No había servilismo en la voz, sino pesar sincero y digno.

Yo no había dicho una palabra desde aquella hora del amanecer en que la había sacado de su casa. Supuse que no había comido ni bebido ni había dormido tampoco. Pero ni me había conmovido ni me conmovía ahora. En el mismo tono que ella había empleado, respondí:

«Si ha terminado con mi casa, puede comenzar ahora con la suya. Recoja todas sus cosas, saque a su marido y a sus hijos de la casa y váyanse. Les doy tres horas. Esta noche tienen que haberse ido todos.»

La cogí desprevenida. Unos minutos pasaron en los que me pareció que había ganado la partida, que se iría sin más protestas ni quejas, ni llantos. Cuán equivocada estaba. Arremangándose como para darse ánimos y preparar la oposición a tan injusta decisión, y dejándose llevar por la convicción de que de nada le serviría jugar una vez más a la plañidera, se puso las manos en la cintura como un cántaro y bramó:

«¡Ah, no! De aquí no me echa usted tan limpiamente. No tiene nada contra mí, así que por lo menos tendrá que indemnizarme por los años que he estado en la casa, tendrá que reconocer que no ha pagado la Seguridad Social, tendrá...»

Ahora era yo la que estaba roja de cólera y, si bien no me puse en jarras como ella, la agresividad me hizo crecer, porque desde la altura de mi indignación, la vi más baja aún de lo que era:

«Reconoceré lo que sea ante el juez, pero primero tendrá usted que denunciarme y luego veremos cómo se las arregla para sobrevivir, porque lo que ha ocurrido en esta casa se sabrá en todo el pueblo, en Toldrá y en Gerona si hace falta, haya usted hecho las trampas que haya querido para que su caso lo eludiera la justicia. Aquí hay un embrollo que, no lo dude, acabaré descubriendo, y usted será la peor parada. Así que, váyase en buena hora y si quiere denunciarme, lo hace. Yo también tengo mis recursos.»

Yo misma quedé sorprendida de la furia con la que había dicho estas palabras y la inapelable amenaza que desprendían. Una profunda ira soterrada durante las últimas horas, y quién sabe si durante los últimos meses, había asomado en mis gestos y se había manifestado en la violencia contenida de mi voz y en la parquedad de un discurso que había repetido durante toda la mañana.

Después, silencio. Yo recuperé poco a poco la cadencia

167

de la respiración y me sentí de pronto liberada de un gran peso. Era consciente de la autoridad que, sin saber por qué, había sabido imprimir a mi amenaza y a mi actitud. Y las consecuencias que pudiera tener el despido no me importaban en absoluto.

Adelita me miraba atónita, sorprendida por una estampa que no había visto nunca, que no conocía, y asustada como estaba le faltaba poco para echarse a llorar. Pero hice caso omiso. Cuando, callada y aturdida, se dio la vuelta en silencio para entrar en su casa, yo la seguí dispuesta a cruzarme de brazos, armarme de paciencia y asistir al desmantelamiento de su hogar y al embalaje de sus pertenencias. Nunca la había visto tan agobiada como cuando se dirigió a su marido y al hijo que con él estaba mirando la televisión. Se pusieron los dos en pie, vagamente desconcertados, y ella les habló en voz tan baja que el marido tuvo que inclinarse para oírla. Luego me miraron con rencor, más por haber interrumpido el programa, pensé, que por tener que irse de la casa. Y comenzaron a rodar por las habitaciones, no mucho más aseadas que mi propia casa unas horas antes, siguiendo sus indicaciones. Yo me quedé de pie, apoyada en la entrada del comedor desde donde veía los cuartos y la cocina. No porque quisiera vigilar lo que se llevaban, porque creo que no había entrado en la vivienda de los guardas desde que se arregló y se pintó poco antes de que Adelita comenzara a trabajar, hacía años, y no podía recordar lo que pertenecía y lo que no pertenecía a la casa. Pero mantuve mi presencia, silenciosa y grave, convencida de que era la única forma que no le permitiría ganar tiempo y me libraría así de otra de sus artimañas. Había cedido un tanto mi indignación, pero mantenía la cautela, porque no quería que, fuera quien fuera quien le diera consejos, pudiera ponerse en contacto con ella. Así que me dirigí al supletorio del teléfono para desenchufarlo, pero en cuanto ella lo vio, se detuvo ante mí cargada con un montón de ropas que había sacado de una habitación y me dijo:

«Voy a tener que usar el teléfono porque necesitamos que venga mi sobrino a buscarnos con la camioneta, iremos muy cargados.»

Volví a enchufar el aparato y me situé a su lado con los brazos cruzados en actitud vigilante. No sé si fue a su sobrino a quien llamó, pero fuera quien fuese el que se puso al teléfono le pidió que viniera a buscarlos con la camioneta. «Ya te lo explicaré», acabó a modo de despedida. Colgó y yo volví a desenchufar y me quedé con el aparato en las manos mientras ella me miraba como si me pidiera ayuda. Fue entonces cuando aún hizo el último intento de obtener mi perdón. Se fue acercando muy despacio, la cabeza hundida en el cuello, la mirada triste y ladeada, las manos a la espalda como si sólo la guiara la timidez, hasta que se detuvo frente a mí. Yo ni me moví ni hice otra cosa que mantener su mirada.

«Señora...», dijo en un susurro, como si el remordimiento y la tristeza no la dejaran continuar, «señora, sé que no hay palabras para explicar lo que he hecho, sé que...», aquí estalló en sollozos ante mi imperturbabilidad. Al darse cuenta, se secó las lágrimas e intentó continuar, pero gemidos e hipos incontrolados se mezclaban con sus palabras y ella misma fue consciente de que no se la entendía. Así que hizo un esfuerzo por contenerse y acabó: «Perdón, señora, perdón, déjeme quedar aquí con usted, déjeme que le demuestre el respeto y el amor...»

La interrumpí procurando recuperar el tono de mi discurso anterior:

«No hay nada más que hablar, acabe de una vez y váyase con sus hijos y con su marido. No quiero volver a verla en mi vida.»

Debió de comprender que, por una vez, no había logrado lo que se proponía. Las lágrimas cesaron y apareció en la mirada el acero despiadado del odio, de un odio profundo que debía de tener almacenado porque no era posible que hubiera surgido tan de repente con tan evidente intensidad.

«¡Váyanse!», añadí para acabar.

No quise preguntarle qué había ocurrido con el coche de su hijo, ni me importaba saber dónde estaban los otros dos hijos, no estaba dispuesta a soportar una nueva confidencia, otra muestra de arrepentimiento y buenos propósitos, otra petición de clemencia. Lo único que quería es que se fueran ella y su marido y el hijo que estaba con ellos. Y que viniera el cerrajero al que había llamado por la mañana para que cambiara los cerrojos de todas las puertas. Estaba impaciente y tenía prisa, tal vez porque temía los imprevistos de mi propia voluntad o su debilidad, convencida de que en cualquier momento podía reblandecerse ella y yo volverme atrás. Pero resistí.

A veces, cuando recuerdo aquel día y me asombra la fuerza y la constancia que mantuve a lo largo de tantas horas, como si se las hubiera pedido prestadas a otra persona, pienso que lo que me ayudó fue precisamente el cansancio que tenía que invalidaba cualquier otra sensación, pensamiento, decisión o programa, cualquier acto de la voluntad que no estuviera encaminado a acabar de una vez para tumbarme en la cama y dormir.

Aunque era domingo, el cerrajero me había asegurado que vendría a última hora. Llegó cerca de las ocho y se puso a trabajar. A las siete se había detenido frente a la casa de los guardas la camioneta gris sin ventanas que conducía un tipo barbudo de pelo corto y tez cenicienta. Tal vez fuera el sobrino de Adelita, pero más parecía su padre, o su padrastro. Tenía un aspecto sucio y huraño y sin saludar ni hacer ninguna pregunta se puso a cargar paquetes y cestos y maletas y cantidades de ropa sin empaquetar y bolsas de comida, con la ayuda del marido y del hijo que, una vez hubieron acabado y dejado la casa sin más ropaje que los muebles desnudos y los cajones abiertos, se metieron dócilmente en la camioneta a esperar a Adelita. Ella ni me miró cuando pasó por última vez ante mí. Tenía la cara roja como siempre que algo la reconcomía y, tan hinchada, que parecía a punto de estallar. Se había puesto de gala, llevaba un vestido de verano de color verde brillante sin mangas con un cinturón apenas visible de tan prieto a la cintura, zapatos de tacón sobre los que balanceaba sus piernas en forma de bolos descabezados y brazaletes de metal en las muñecas que tintineaban al caminar. Llevaba en el brazo un chal que se echó sobre los hombros.

Quiere impresionar, admití. Y recordé el día, lejano ya, cuando todavía vivía mi padre, en que desde la ventana del estudio la descubrí paseando por el campo vestida con un vaporoso traje de tul de color violeta que volaba con la brisa del amanecer. Era un traje largo que arrastraba sobre los rastrojos secos, y ella mientras tanto, sin enterarse del dolor y de los pinchazos que debía de sentir en los pies descalzos, movía los brazos siguiendo el ritmo de una música interna como si mostrara movimientos de baile a sus alumnos, o los dedicara a un público que la animaba y la admiraba. Desde lejos, la vi sonreír con los ojos cerrados, disfrutando de un momento y tal vez de un éxito que sólo ella sabía a qué se debía. Quién sabe si aquel baile iba dirigido ya al hombre que todavía no había llegado, el que la vería con los ojos con que ella quería verse, el que temblaría de emoción contemplando cómo se movía entre tules por el campo agostado del verano, el amante que ella deseaba, el que quería merecer, el que finalmente había cristalizado en el hombre del sombrero, el amado Jerónimo que la había transformado en un ser capaz de irradiar belleza. Lo cierto era que entonces, igual que ahora, igual que siempre, su mayor deseo, su voluntad, se centraban en impresionar, sí, pero ¿a quién ahora? ¿A su primo, al cerrajero o a mí? ¿Y para qué? Es imprevisible, sentencié, haga lo que haga.

Había llegado casi al coche donde, de pie, junto a la puerta, la esperaba aquel primo de aspecto hosco que había agarrado por el collar al perro que ladraba enfurecido cuando, sin detenerse, dio media vuelta, volvió sobre sus pasos y vino hacia mí, que permanecía en la entrada junto al cerrajero. Yo creí que quería despedirse y devolverme las llaves. Pero no era su intención devolver nada, ni siquiera lo que tras la llegada del cerrajero quedaría tan obsoleto como todas las llaves de la casa. Se acercó, me miró y casi al borde de las lágrimas que contenían su rabia y su despecho, dijo:

«Se arrepentirá, señora, se arrepentirá de lo que acaba de hacer, por años que viva no tendrá suficientes lágrimas para lamentarlo.»

El cerrajero, que trabajaba inclinado sobre la cerradura, se volvió, levantó la cabeza y sonrió, pero yo me estremecí. Había en la voz y la mirada de Adelita un rasgo desconocido de tal veracidad, de tal profundidad, que invalidaba la experiencia y exigía la revisión de todas las afirmaciones y opiniones que yo había vertido sobre ella. Y además, al acabar de hablar, abriéndose paso en la fría mirada que me dedicó, había asomado un rasgo nuevo de su carácter que tampoco yo le conocía, tal vez porque nunca había querido verlo, pero más probablemente porque ni en sus peores actuaciones se me habría ocurrido atribuírselo: su disposición a infligir una herida, su capacidad de venganza. Sí, eso es lo que vi entonces, y eso es lo que me llevó a llamar aquella misma noche a Jalib, el jardinero, y a pedirle, sin ningún resultado por otra parte, que en cuanto pudiera se viniera con su mujer a vivir a la casa de los guardas, por lo menos hasta que yo me fuera otra vez. Aun así, y aunque procuré convencerme de que poca cosa podía hacer contra mí, aparte de denunciarme por haberla tenido trabajando sin asegurar, eso fue lo que durante los días siguientes me tuvo en vilo, atenta a los ruidos de motor que venían del camino.

Aquella primera noche, noche clara de junio, noche de luna otra vez, que apareció recién disminuida pero poderosa aún en la ventana, iluminando la higuera lejana y el espacio vacío bajo ella, sumidos ambos en el misterio de su blanca luz, me encerré amedrentada en la casa en cuanto el cerrajero se fue, con las nuevas llaves en la mano como el tesoro que había de salvarme. Pero incluso con el temor de lo que podría ocurrir o, en último término, con la incertidumbre de no saber qué iba a hacer con esta casa, creí haberme liberado de la maraña de hilos y nudos que me habían tenido prisionera, y al despertarme a la mañana siguiente, tras una larga y pacífica noche sin sueños, me encontré con un día más radiante y un cielo más diáfano del que habían desaparecido las sombras y las nubes que hasta entonces oscurecían la historia de mi casa. Pero no era más que el cansancio acumulado de la noche y del día anteriores, o la tensión, o la vigilante inmovilidad de tantas horas, los que me habían lanzado a la cama de sábanas limpias con un placer y un abandono que superaba la zozobra de la soledad y del peligro.

Ni el domingo ni el lunes había sonado el teléfono. Por eso cuando lo oí a media mañana del martes me sobresalté, como si el timbre se hubiera fundido con el motor de la camioneta gris, el único enemigo declarado al que esperaba y temía. Cuando me di cuenta de que no era sino el insistente timbrazo del teléfono, se atemperó mi corazón y acudí inocente a la llamada:

«Diga.»

«¿Está Dorotea?» Era una voz de hombre.

¡Vaya! En un instante, con el poder automático de la tecla del ordenador que recupera el texto perdido, reapareció aquella maraña de la que había creído desprenderme y volvieron a presentarse ante mis ojos horrorizados las incongruencias de los misteriosos e incomprensibles hechos del entorno de Adelita que se habían sucedido en la casa durante tantos meses. ¿Fue esta coincidencia la que convocó la vaga sospecha que pugnaba por brotar y manifestarse, un pensamiento informe aún pero con un significado preciso aunque definido en un código sin descifrar? Como la inquietud que origina la palabra que estamos viendo con la imaginación y que, sin embargo, somos incapaces de traducir al lenguaje convencional de los signos y los sonidos, la suspicacia y la impotencia crecían ciegas dentro de mí y, tal vez obedeciendo las leyes de su despertar o insuflando en mi inteligencia al hacerlo una perspicacia policial nueva, oí la voz de mi respuesta:

«¿Se refiere a Dorotea la alta o la más bajita?»

«La bajita, la bajita», repitió la voz para confirmar lo que quería.

En ese mismo instante, al comprobar la eficacia de la estratagema, apareció desnudo de brozas y de tropiezos el verdadero significado, como el de aquella palabra que se negaba a brotar y, con una mezcla de alivio y zozobra, supe lo que tendría que haber sabido desde siempre, desde el lejano día en que una voz comenzó a preguntar por Dorotea, aunque no hubiera tenido el valor o la inteligencia de transmitirme a mí misma un mensaje tan manifiesto: Dorotea era Adelita.

«No, no está en este momento, ha salido.» El estupor no me dejaba encontrar el modo de continuar. No sabía qué más decir ni qué hacer para adentrarme en la puerta que se me acababa de abrir.

«No importa, dígale cuando venga que ha llamado Ernesto, que me han dado su teléfono en la agencia, la de María Dolores y Miriam, y que volveré a llamarla esta misma tarde.» Y colgó.

Estaba temblando. Dorotea era Adelita, sí. Dorotea era su nombre de guerra, pero ¿de qué guerra?

¿Cómo podía adivinarlo yo, que ni siquiera había tenido una leve intuición de que algo tenían que ver Dorotea y Adelita? Me recriminaba no haberlo sospechado siquiera, pero al mismo tiempo era tal la sorpresa que no encontraba más que acusaciones que hacerme por mi falta de perspicacia, por mi falta de inteligencia. La había tenido aquí, día tras día atenta al teléfono, nerviosa cuando no era ella la que respondía, exagerando la incomodidad que suponía la insistencia de la llamada. Dorotea era Adelita. Dorotea era Adelita. Un indicio más. ¿Hasta dónde me llevaría?

Gerardo, que ya había vuelto de su viaje, estaba muy satisfecho porque creía que era él quien me había convencido para que por fin hubiera tomado la decisión de despedir a Adelita, sin admitir ni excusas ni explicaciones, y ahora insistía en que cerrara la casa, porque le parecía que para el poco tiempo que estaba en ella no hacía falta que la mantuviera abierta y con guardas. Me bastaba, decía, el jardinero por horas. Pero yo tenía pavor a llegar a una casa tan grande donde el polvo de la ausencia cubriría de opacidad los muebles, el piso, los libros y todas mis pertenencias, exigiéndome cada vez una de esas devastadoras limpiezas domésticas que siempre había detestado porque tergiversaban el orden natural de los objetos. Ése era mi argumento.

Teníamos largas discusiones por la noche que se resolvían en planes para el futuro a los que yo me sumaba por buena educación y cariño con cautela, sin embargo, y sin tomar nunca una decisión concreta y definitiva.

«¿Por qué no cierras ahora la casa y vienes a Barcelona? Si te quedan todavía cinco o seis días no es normal que los pases ahí, sola como un murciélago colgado de una viga, sin otra cosa que hacer que darle vueltas a lo que ha ocurrido. Tienes que hacerte a la idea de que Adelita y todo lo que se relacione con ella pertenece al pasado. Ya sé que no te convence la forma en que se ha resuelto el problema, pero convendrás conmigo que se ha resuelto y ya no hay más vueltas que darle. Olvídalo.»

Pero ni lo olvidaba ni quería olvidarlo. Estaba atada a ella, Adelita, por unos lazos bien sujetos que, aunque de vez en cuando parecían aflojarse, se volvían a tensar como para recordarme que no tenía escapatoria. ¿Qué otra cosa me depararía esta historia que me había tocado vivir, esta historia que, la mirara por donde la mirara, me obsesionaba, tal vez porque todavía estaba incompleta y cualquier interpretación acababa siendo desmentida por la experiencia? Entendía muy poco de lo que ocurría y había ocurrido, casi nada. Si pensaba en el juicio, no lo entendía, ni entendía el comportamiento de los abogados, ni entendía tampoco la ocultación de Adelita, y ahora no entendía quién era ese hombre que desde hacía meses llamaba de parte de la agencia de María Dolores y Miriam. Agencia, ¿de qué? ¿Qué oculto trabajo hacía Adelita además de ser la guarda de mi casa? Y me preguntaba entonces, ¿me turbaría, me oprimiría y me cautivarían tanto los líos de esta historia de no ser por la presencia permanente, aunque fuera en segundo o en tercer plano, del hombre del sombrero? Tal vez por eso, desde que había llegado, pasaba de puntillas por su rostro que inmerso en mi memoria exigía atención, pero no me entretenía en la mirada de sus ojos grises ni en el gesto socarrón de su boca. Pasaba también por alto la silueta de su cuerpo encogido bajo la higuera al que en tantas noches de delirio había inventado atributos y rasgos que la repetición había hecho tan suyos como el sombrero negro o el papel con el que jugaba a todas horas. Sabía de su pelo de trigo que olía, como el de los niños, a la paja de los campos del verano, sabía del calor de su cintura y de su cuello y de la frescura de las palmas de las manos rozando mi cuerpo en infinitas fantasías que se abrían y prosperaban en los rincones más ocultos y oscuros de mi alma.

Pero ahora quería ignorarlo o al menos no detenerme en un cuerpo que me sabía de memoria: era tan turbadora su existencia que ni siquiera durante mis recurrentes fantasías en la oscuridad me sentía capaz de llamarlo por su nombre. La palabra «Jerónimo», en mis labios, aunque fuera en un susurro, cobraba una sonoridad que, sin respetar las fronteras de la distancia, atravesaba las paredes y se extendía por el mundo vibrando acusatoria en los oídos de Adelita, de la gente del pueblo, de mis conocidos, de mis amigos, cubriéndome de humillación y oprobio. Por si no fuera bastante, la manipulación de su imagen a la luz del día me alteraba, y el miedo y la zozobra con los que vivía cada noche esperando a que llegara la camioneta gris habían alejado de mi cama la intimidad que necesitaba para atreverme a convocar su recuerdo. En estas circunstancias, ¿cómo podía ir a Barcelona con Gerardo? Llevábamos varios años de una relación pausada que había ido estrechándose sin entusiasmos ni sobresaltos, al menos por mi parte. Pero ahora, a pesar de ser incondicional, su cariño, su admiración y su complicidad me pesaban, su inteligencia me aburría. ¿Qué podemos hacer cuándo esto ocurre?

Sonó el teléfono en el momento en que yo entraba por la puerta, de vuelta del restaurante donde había ido con el pretexto de comer el primer plato caliente desde mi llegada. Era el hombre que preguntaba por Dorotea.

Sólo esperé a responder el instante que me hizo falta para hacer mía la estrategia que se me acababa de ocurrir: «Soy yo», dije.

«Yo soy Ernesto, me ha dado tu teléfono Dolores, de la agencia, me ha dicho que eres estupenda y que siempre estás disponible. ¿Es verdad?», preguntó con coquetería. La voz había cambiado, se había vuelto melosa, pegajosa casi, y sin esperar mi respuesta añadió: «Y que podemos vernos.»

Ahí sí esperaba respuesta.

«Sí», respondí cauta.

«Bueno, entonces vamos a fijar el día y la hora. Mira, yo trabajo en una fábrica en las afueras de Caldas y como tengo el primer turno salgo a las cinco. ¿Tú dónde estás?»

«Podemos encontrarnos en Gerona», dije siguiendo con la cautela.

«Eso, en el bar de la estación, así no nos perderemos y después ya buscaremos a donde ir. Te conoceré porque me han dicho que eres muy bajita. A mí me gustan las bajitas, no creas. No quiero saber nada de las altas que parecen jirafas.» Se rió. «Me gustan bajitas y gorditas. Yo soy alto y llevaré una gorra y una chaqueta gris. ¿Te acordarás?» Y sin detenerse: «En Gerona conozco lugares magníficos. ¿Puedes mañana a las seis de la tarde?»

«Sí, mañana a las seis de la tarde», repetí.

Colgué sin entender por qué había suplantado a Adelita o, mejor dicho, a Dorotea. Por la mañana sólo había querido ganar tiempo para decidir una estrategia que me permitiera informarme de más detalles, el tipo de trabajo que proporcionaba la agencia, la frecuencia de las llamadas y el perfil de quién o quiénes lo hacían. Pura curiosidad, me dije. Ahora casi todo había quedado aclarado con las palabras del hombre, no había duda. Sin embargo, la magnitud del descubrimiento era tan grande que apenas era consciente de lo que encerraba y no hacía más que aumentar la mezcla de confusión y de curiosidad que me tenía en vilo. Había estado viviendo en mi casa una persona que a ratos libres se dedicaba a la prostitución, eso es, no la prostitución de la calle, pero sí una forma de prostitución con cita fija. Debía de haber muchas y variadas formas de prostitución, no había más que ver las páginas de anuncios de servicios sexuales de todos los periódicos, los que se llamaban eufemísticamente «masajes», y muchos más debía de haber, muchos más que yo ni conocía ni sospechaba siquiera. Las historias de prostitución nunca me habían afectado, pasaba las páginas de los periódicos en las que figuraban sin curiosidad, como algo inevitable en lo que nunca había tenido necesidad de profundizar. Tampoco la prostitución de la calle me llamaba la atención. Cuando volvía del cine por la noche, a veces muy tarde, no reparaba en las prostitutas, o me había acostumbrado de tal modo a ellas que las veía como un elemento más de la ciudad que aparece a ciertas horas, igual que se encendían las farolas cuando llegaba la noche. Tener una prostituta en mi casa, aunque fuera a media jornada o en sus horas libres, me hacía pensar en la prostitución como forma de vida, como una manera de alargar los ingresos o tal vez de hacerse ver por los hombres, de hacerse desear. Esto es lo que me inquietaba y no, como había firmado una vez en un manifiesto, las condiciones de vida que comportaban esos tipos de trabajo.

Así que al día siguiente me fui a Gerona sin haber decidido qué estrategia seguir. Una niebla sofocante invadía la ciudad, niebla de calor, de bochorno, que según la radio

179

del coche no se había visto por estas fechas desde 1916. La ciudad vieja estaba casi desierta, a pesar de que las calles estrechas de edificios de muros vetustos concitaban todo el frescor de aquella tarde sofocante. Me metí en un café que tras los cristales prometía un frío artificial. Pero tenía ganas de caminar y me quedaba aún un cuarto de hora. Salí, pues, atravesé el río y llegué hasta el paseo junto a él, que tantas veces había visto al llegar en el coche. Los sauces levantaban al cielo sus ramas que caían después por el peso de las hojas hasta rozar el suelo, inmóviles casi, como las aguas espesas por el calor que avanzaban con apatía, en silencio, sin el rumor ni el empuje ondulantes que otros días las llevaba a chocar dulcemente contra las márgenes cubiertas de hierba de la ribera.

Eran casi las cinco y media y yo seguía sofocada con ganas de desfogar mi inquietud, pero al mismo tiempo con esa sensación de que mejor sería no moverme no fuera el bochorno a adueñarse de mis sentidos. Estaba tensa y no había decidido todavía qué hacer con la cita. ¿Iría? ¿No iría? Quería de todos modos saber más, conocer detalles de estas horas extras con que Adelita había llenado los días y las semanas de mi ausencia. Tal vez lograra comprender esa compleja persona que parecía no acabar de sorprenderme. La curiosidad me corroía y las palabras que ella misma me había dicho en el coche, al volver del juzgado, cuando yo creía, y tal vez ella también, en su arrepentimiento, en la apremiante urgencia que la había llevado a robar y en la estafa de que había sido objeto no sólo yo sino también ella, volvían una y otra vez a mi memoria. Me sonaban ahora a premonición, a un aviso que yo no supe comprender en su momento: «Nuestro mundo es un mundo distinto que se rige por normas muy alejadas de su realidad. Yo pertenezco a este mundo y usted ha nacido en el de más arriba..., y por más que yo le contara, usted nunca sabría lo que nos ocurre ni por qué actuamos como actuamos, ni por qué nos queremos y nos odiamos, ni qué nos lleva a transgredir las leyes que ustedes hacen..., ¿ha pensado alguna vez de qué vivimos los que no podemos vivir del dinero?» Sólo a la luz de estas palabras cabía interpretar la extraña relación de esta mujer con su marido, con su amante, con sus clientes. Era cierto, a mí se me hacía muy difícil comprenderlo porque en la educación que yo había recibido, en los amores que había tenido, pobres amores de consenso y costumbre, no había lugar para tantas fantasías.

Y de todos modos, qué curioso me resultaba que la llamada del hombre preguntando por Dorotea, la que me había desvelado la naturaleza de las muchas relaciones que había podido tener durante meses, o años, ¿quién podía saberlo?, me causaba una sensación de envidia y de coraje de otra índole, pero de la misma intensidad que la del día que comprendí que el hombre del sombrero se había acercado a nuestra mesa por ella, no por mí. Y no es que yo le envidiara las citas con hombres desconocidos, no, por supuesto que no, no habría sabido dónde encontrar un trabajo así ni cómo hacerlo. Lo que me admiraba era la capacidad de no asustarse ante ninguna complicación, y me fascinaban tantos deseos ocultos que se sacaba de la manga como pañuelos el prestigitador, la pericia en combinar tantas vidas, la vitalidad inacabable de esta mujer que no se arredraba ante nada ni ante nadie, que mentía y que fabulaba, que ensayaba una personalidad distinta para cada caso, que se movía como una anguila entre todos los laberintos que conformaban su vida y, con toda certeza, sus sueños y sus deseos que para ella serían tan ciertos como los atributos que arrastraba desde la cuna. En cualquier paraje se orientaba y al llegar a la encrucijada sabía tomar la decisión más rápida para ir haciendo su camino en el más complicado y eficaz día a día que yo había conocido jamás.

Pero aun así, había zonas de sombra que yo seguía sin comprender. ¿Por qué hacía lo que hacía? ¿A quién quería seducir? ¿Dónde estaba el motor que la empujaba y la llevaba cada vez más lejos en una carrera imparable a la que no se le veía el fin? Y, sobre todo, ¿cómo había podido cometer el fallo de robar una joya que un día u otro se habría descubierto, cuyas consecuencias, pensaba yo, habían dado al traste, por bien que hubiera salido del trance, con el entramado que había montado aprovechando mis ausencias?

Desde el exterior del bar de la estación de ferrocarriles me dediqué a buscar en las mesas ocupadas a un hombre solo. No me fue difícil localizarlo. Era un hombre de unos cincuenta años, fuerte y de tez tostada y rojiza como si trabajara al aire libre, que efectivamente llevaba una gorra y una chaqueta de color gris y que miraba en derredor buscando a la mujer bajita de sus sueños. Un buen rato estuve mirándolo. Se había tomado un café y ahora saboreaba una gran copa de coñac. Fumaba un cigarrillo tras otro, pero no parecía nervioso, sino satisfecho, tranquilo, un hombre contento de ser quien era y que no dudaba del éxito de su cita, un hombre sencillo, de rostro un poco abotargado y simple.

Eran las seis y cuarto cuando me decidí a entrar. Me acerqué y él me miró pero no me vio, no siendo yo de la requerida altura de sus gustos, ni siquiera al detenerme junto a la mesa. Sólo cuando comencé a hablar hizo un gesto de fastidio, como si yo le asustara la caza o le impidiera descubrir la presa. Un gesto de fastidio que se transformó en sorpresa al oírme decir:

«Disculpe, usted es Ernesto, ¿no?»

No debía de llamarse Ernesto, Ernesto era su nombre de guerra, como Dorotea lo era de Adelita, un nombre tras el que se escondía él, de otro modo no habría sido tan evidente su asombro.

«¿Quién es usted?», preguntó, inquieto. Era evidente

que no era a mí a quien esperaba, ni a quien había dado su nombre.

«No, no soy Dorotea», le dije, pero esto no le tranquilizó. «¿Puedo sentarme?»

No esperé respuesta y ocupé la silla que tenía enfrente.

«No soy Dorotea, ya lo ve.» Y sin dejarlo intervenir añadí: «No sé si usted tenía idea de que Dorotea trabajaba en mi casa, de donde era guarda. Pero esto no tiene importancia. Creo que encontrarse con usted o con quien fuera pertenecía más bien a un trabajo que hacía en sus horas libres, si he comprendido bien.»

El hombre estaba profundamente desconcertado pero iba recobrando la sangre fría. Había apagado un cigarrillo recién encendido y ya se había puesto otro en la boca. Con mucha lógica, dijo:

«Si usted no es Dorotea, ¿qué hace aquí?» Pero casi en seguida cambió de talante, le pudo el sentido de honorabilidad que a tantos de nosotros nos han enseñado a salvaguardar: «Oiga, no vaya usted a pensar...» No acabó de decir lo que yo no tenía que pensar. «Yo soy un hombre casado y con familia, y no busco nada que no sea legal. Quiero mucho a mi mujer, no crea, lo que pasa es que un rato de distracción se agradece. No hay nada malo en ello. Por eso llamé a Dorotea. No la habría citado en un bar de la estación si fuera para otra cosa.» Con esta respuesta parecía sentirse más satisfecho, pero era evidente que a su entender había sido cogido en falta.

«Lo que usted haga con Dorotea o con quien sea no me incumbe, ni me interesa, ni seré yo quien lo censure. Lo único que quiero saber es para quién trabaja Dorotea.»

Se había tranquilizado pero sus ojos no dejaban de otear el público que iba y venía hasta más allá de los cristales, como si aún tuviera la certeza de que, de todos modos, Dorotea habría de llegar. Luego se volvió hacia mí:

«Yo no tengo por qué decirle nada», replicó cerrándose en banda.

Comprendí que, con ese aire de pedir cuentas que había adoptado, no lograría que hablara, así que dulcifiqué la voz y el tono:

«Sé que no tiene por qué decirme nada, pero tampoco le perjudica darme la información que le pido. Como usted ha dicho, no hay delito en estos encuentros, en cambio para mí es importante saber lo que ha ocurrido en mi casa durante estos años.»

«Pero si dice que esta chica ya no está en su casa, ¿qué mas le da?»

Lo mismo me decía Gerardo. Habría sido lo sensato, ya lo sé, pero insistí:

«Dígame sólo para quién prestaba sus servicios.»

«Para el que se los pedía, para quién va a ser.»

«Me refiero a la forma en que funcionaban los contactos. De qué conocía usted a Dorotea, y si no la conocía, quién le habló de ella», y añadí casi con cariño: «Si no le importa decírmelo, por supuesto.»

Se miró las manos y se quedó pensativo un momento. Luego dijo:

«Bueno, la verdad es que sólo sé que es una buena chica, porque me lo han dicho algunos amigos que la conocen, y además... según me han dicho también, es mujer de muchos recursos.» Y me miró arrugando los ojillos como queriendo saber si yo lo había comprendido.

«¿Entonces no le han dado su teléfono en la agencia?»

Sonrió por primera vez:

«¡Qué va! Lo de la agencia fue al principio, quiero decir que sólo pasó por ella el primero de nosotros que la llamó. Por la agencia, me refiero.»

«¿Cuándo fue el principio?», quise saber.

«Yo no sé cuándo fue.» Se resistía aún pero iba soltando

información casi sin darse cuenta, como si hablara consigo mismo. «Sólo sé que cuando la noticia me llegó a mí, ya nadie recurría a la agencia, y así nos ahorramos una pasta. Es mejor para todos, para ella y para nosotros.»

«¡Claro!» Yo también traté de sonreír. Me habría gustado preguntarle cuánto cobraba Adelita por una «sesión», pero no lo hice, comprendí que no me lo diría. Además, me lo impedía mi arraigado pudor y tal vez no habría sabido cómo preguntarlo. Ni siquiera sabía si se llamaba «sesión.» Él, como siguiendo el hilo de sus pensamientos murmuraba:

«Se habrá enterado de sus salidas y por eso la ha despedido, se ha enterado hace muy poco», y dirigiéndose a mí, «¿no es así?» Y de pronto, sin dejar de pasear la mirada por el local, quiso saber:

«Pero usted, ¿por qué ha venido? Usted, ¿qué quiere? ¿Es que Dorotea no va a venir?»

«No creo. Fui yo la que se puso al teléfono. Dorotea ya no está en casa, se fue hace un par de días y no volverá, así que ni siquiera sabe que usted ha llamado.»

«¡Demonio!» dijo, sustituyendo en consideración a mí una palabrota que había dejado a la mitad. «He hecho el viaje en balde, pues.» Luego recapacitó mirando la punta de su cigarrillo, sopló la ceniza como si fuera un puro y con un aire muy extrañado dijo: «Si no le va ni le viene lo que yo haga ni lo que haga Dorotea, si Dorotea ya no está en su casa, ¿por qué no me lo dijo por teléfono y me habría ahorrado el viaje y no tendríamos esta conversación tan rara?»

Sí, era rara, el hombre tenía razón. Yo busqué un pretexto, una excusa y no se me ocurrió más que confesarle el robo, consciente de que recurría a una bajeza, pero no me importaba:

«He venido para decirle que a Dorotea, como usted la llama, pero que en realidad se llama Adelita, la eché por ladrona y por embustera. Por eso he venido», dije convencida de que iba a impresionarle. Pero no lo conseguí.

«Eso no es cierto, también me lo podría haber dicho por teléfono. O podría haber colgado cuando llamé. Usted ha venido para verme.»

Por un instante temí que estuviera atribuyéndose una imparable capacidad de seducción y a mí la más modesta y común de buscar a toda costa un hombre. Pero era más listo.

«Usted», y me miraba un poco de lado levantando la cabeza como si estuviera adivinando mis más ocultos pensamientos, «usted quería saber más, usted no se acababa de creer lo que estaba claro. A usted la mueve el morbo, no lo niegue. Así que no me dijo nada, y vino para convencerse y para saber, claro, claro.»

Tal vez tenía razón, pensé, avergonzada, tal vez. Un tanto azorada, me levanté, le dije adiós de la forma más cordial que supe, y antes de salir arrastrando la penosa impresión de que había hecho el ridículo más espantoso y de que el hombre se iría a su casa y a su trabajo por lo menos con el triunfo de haber movilizado a una mujer, de haberla seducido, presumiría aún.

«Y por favor, dígale a sus amigos que no llamen más preguntando por Dorotea. ¿Lo hará? Gracias. Adiós.»

Poco a poco, aquel torbellino de informaciones a medias que recibía iba tomando cuerpo en mi interior, alimentándose de mis propios pensamientos, que daban vueltas sin avanzar como una tuerca pasada de vueltas, como la rueda del molino cargándose de una energía que ninguna batería podría acumular, ni ningún imperativo podría aprovechar.

6

Durante aquellos pocos días que me quedaban antes de volver a Madrid, a menudo pensé en el hombre del bar de la estación al que yo había robado una tarde o una noche de placer con mi guarda, que a saber la cantidad de tiempo que dedicaba a esos menesteres extralaborales. Lo que me había contado, como todo lo que tenía relación con este asunto, podía ser un detalle más, tal vez un indicio, pero no suponía ningún avance, seguía dejando la historia a medio contar y, a mí, empeñada en hurgar en ese nuevo resquicio que se me había abierto. Sin embargo, los «desde cuándo», «con quién» y «cuántas veces», añadían a mis pensamientos una zozobra de voluptuosidad obsesiva que me dejaba temblando de excitación y que paralizaba mis pretendidas investigaciones. No puedo avanzar, me decía, porque desconozco el nombre de la agencia y el número de teléfono, no tengo más remedio que esperar a que llame otro de sus clientes, volver a citarlo y convencerlo para que me los dé. Creía que éste era mi verdadero objetivo, aunque no se me ocurrió pensar lo que haría una vez lo hubiera alcanzado.

Tal vez el hombre de la estación había dado la alerta y había corrido la voz, porque en aquellos días no hubo más llamadas preguntando por Dorotea. Quién sabe si Adelita ya había comunicado el cambio de domicilio a la agencia.

O tal vez, como Andrés y sus amigos, ya no tenía contacto con aquellas Dolores y Miriam, y citarlas no era más que una contraseña para que ella, Adelita, supiera que quien llamaba lo enviaba un antiguo cliente. ¿Cuántos habría?, ¿cuántos serían? ¿Qué ocurría cuando yo estaba en casa y ella no podía salir? El teléfono no paraba de sonar. ¿Sabría su amado Jerónimo a qué trabajos se dedicaba en los ratos libres?, ¿se habría enterado por fin?

Durante los últimos días, Adelita no había dejado de llorar. No es probable que lo hiciera por ninguno de esos hombres que venían de la supuesta agencia. Lloraba, pues, por Jerónimo, porque el llanto y los gemidos eran de la misma naturaleza y los empujaba la misma pasión y el mismo arrebato que la mirada de amor que transformó su cara aquel día en el mercado, y poco tenía que ver con los lamentos y las lágrimas con que bordaba las escenas de arrepentimiento que me dedicaba. Ese llanto nuevo también la había transformado, pero oscureciéndola y no iluminándola, afeándola y no embelleciéndola. Y a mí, el recuerdo de su expresión opaca y de su piel amarillenta me producía una perniciosa sensación de complacencia. Pero también de curiosidad, quería saber más de ella, de su vida, de qué inspiraba el ansia evidente de ser deseada, de cómo se las arreglaba para atender tantos frentes a la vez.

Por eso, el mismo día que se había ido, cuando ya no quedaba de la camioneta gris más que el pánico de que volviera para cumplir la amenaza del último minuto que ella me había echado a la cara como las heces de un odio insalvable, salí de mi casa, amedrentada y con cautela, sin prender las luces del jardín y con pasos silenciosos, como si hubiera ojos escondidos entre los arbustos, fui a su casa, abrí con tiento la puerta que por la novedad del cerrojo se me resistía y entré en aquel recinto que sabía más de Adelita de lo que yo conseguiría saber en toda la vida. Olía a cerrado, a moho, tal vez había una mancha de humedad o una tubería rota. Encendí la luz de la entrada, una bombilla escueta que colgaba del techo. El suelo estaba cubierto de papeles, trapos sucios, bolsas de plástico, botes de cristal y trastos y deshechos que no habían querido llevarse. Fui a cerrar la ventana porque noté una fuerte corriente de aire, pero me di cuenta de que no estaba abierta, sino que le faltaba uno de los cristales. El enchufe de la televisión había sido arrancado de cuajo, y el sillón y el sofá se habían quedado desnudos de cojines y de colchonetas y mostraban parte de los muelles desvencijados y rotos, no había mesitas ni estantes, y quedaba una sola silla a la que le faltaban dos patas. En el cuarto de baño la encimera acusaba las huellas de botes y botellas y recogía con impudicia pelos y restos de lo que fueron peines y cepillos, y el pavimento, al igual que el fondo de los sanitarios, estaba revestido de una costra oscura. Las habitaciones, que vi a la luz de la bombilla de la entrada, porque habían desaparecido las lámparas, tenían el mismo aspecto de haber sido arrasadas y dejaban al descubierto un deterioro avivado aún por las luces y sombras de aquella bombilla distante que, movidas por el viento, alcanzaban al descascarillado de las paredes y el techo, a la suciedad apelmazada del piso, a las manchas en los colchones ajados y con las fundas desgarradas. En la cocina apenas quedaban cacharros ni cubiertos ni vasos, sólo trastos inservibles, y una capa de grasa negra casi sólida envolvía los fogones, las placas, el horno, los quemadores y las llaves.

Todo lo demás, así como el resto de los muebles de las dos habitaciones pequeñas, había desaparecido. Debieron de entrar por la puerta trasera del cuarto que se utilizaba de despensa y que se abría al terreno baldío donde guardaban los coches y las motos. La encontré abierta aún y afuera no quedaba rastro de los vehículos. Quizá habían venido los otros dos hijos con sus coches o con otra camioneta y, amparados por la oscuridad y contando con que yo no oiría nada desde la otra casa, habían cargado los muebles y se habían ido pendiente abajo sin encender los motores. O habían vuelto una vez vaciada la camioneta gris. Pero en cualquier caso tenía que haber sido hacía menos de media hora. Tal vez, me dije en un ataque repentino de pánico, salían por esa puerta casi al mismo tiempo que yo entraba por la otra, tal vez rondaban todavía por los alrededores. Cerré las dos puertas con llave, pero me di cuenta entonces de que, por un descuido mío, ésa trasera era la única a la que no se le había cambiado el cerrojo. Poco importa, pensé sin poder evitar un estremecimiento, poco importa quién entre por esa puerta, de todos modos por ella tendrá que salir, no hay comunicación entre la vivienda de los guardas y la mía. Y a toda prisa, a pesar de la oscuridad, me fui a mi casa, me atranqué por dentro y encendí todas las luces del jardín.

Sentada en una silla de la cocina, amedrentada aún, me dejé llevar por las cábalas y conjeturas que me sugería ese repugnante escenario que daba cuenta de la miserable vida que habían llevado Adelita y los suyos desde hacía años sin que yo, a pesar de tenerlos tan cerca, me hubiera enterado. La variedad de aspectos de su vida, los contrastes entre lo que pensaba y hablaba de sí misma, sus amores desgraciados e inquietantes, la eficacia de su trabajo, su dedicación a la prostitución y el estado ruinoso y nauseabundo en que se encontraba la vivienda, me mostraron cuán agobiada tenía que ser su existencia, y cuán mísero el transcurrir cotidiano de su vida de familia. Estaba más desconcertada cada vez, pero no por ello remitía esa malsana curiosidad que me corroía, ni el temor a que se hiciera realidad la amenaza de Adelita que se agazapaba tras cada objeto, tras cada sombra, para acecharme a partir de ahora a todas horas.

El día antes de irme, decidí hacer una visita al abogado Prats Sisquella, que aun sin haberle pedido cita, me recibió inmediatamente, aunque sin demasiada cordialidad.

«¿Por qué ha venido?», dijo extendiendo la mano. Se quedó entre el vestíbulo y el pasillo y no parecía dispuesto a hacerme entrar.

«¿Puedo hablar con usted un instante?»

«Sí, sí, claro», dijo como si se hubiera distraído. «Pase, por favor.» Y me hizo pasar a un despachito interior que tenía el aspecto de no haberse utilizado desde hacía tiempo.

No había más que una lámpara en el techo, que brillaba con luz tímida y que no incitaba demasiado a la conversación, una mesa de oficina con un don Quijote y Sancho de metal bruñido y un único cenicero de cerámica con el anuncio de un hotel.

«Siéntese, siéntese, por favor.»

Una vez nos hubimos sentado en las dos ridículas butaquitas que estaban frente a la mesa, comencé a hablar. No había ido para pedir consejo ni a solicitar que acelerara unos trámites que sabía inútiles, sino a saber si tenía algo que decirme, y a comunicarle que, en mi opinión, no tenía sentido seguir, puesto que ya se había sobreseído el caso y poco quedaba por hacer. A menos que descubriera alguna prueba que nos diera la posibilidad de poder avanzar, lo que hasta el momento no se había producido, no al menos de la mano de los abogados. Pero esto último no se lo dije. Callé y esperé su respuesta.

Se quedó mirándose las puntas de los dedos que había unido como en una plegaria, y después de un buen rato en que debió de estar pensando qué responder, dijo:

«No crea, mi querida señora Fontana, que las cosas son tan fáciles.»

«Hace más de un mes que hablamos, ¿no cree que hay tiempo de sobra para conocer los pormenores del caso?», lo dije con amabilidad, como si quien tuviera que conocer esos pormenores no fuera él, sino un ser anónimo y ausente. Pero aun así, me dejó muy satisfecha el golpe directo que le había infligido.

Sin embargo, él no se inmutó, siguió mirándose las puntas de los dedos y después hizo un gesto vago separando las manos, como queriendo decir, esto es lo que hay, lo mire como lo mire. Y como no hablaba ni, pendiente aún de sus dedos, parecía querer hablar, solté una perorata y lo puse al día de lo último que había ocurrido en mi casa.

Le expliqué en pocas palabras que, cansada de no tener noticias, de usted, especifiqué, y de no encontrar nunca a Adelita cuando la llamaba, me había presentado en la casa del molino, mi casa, añadí, sin avisar y la había encontrado en un estado lamentable, como si en ella se hubiera celebrado un banquete. «¡Que digo banquete!», añadí, «una verdadera bacanal.» Le conté que ella no estaba pero que cuando llegó la había despedido.

Me di cuenta de que, desde el comienzo de mi discurso, parecía que quería dividir la responsabilidad de lo ocurrido entre Adelita y él, pero no le di mayor importancia precisamente porque, imbuida de esta furia de investigación y curiosidad que me había entrado desde que con el robo había comenzado a descubrir comportamientos extraños, en ella, por supuesto, pero también en toda la gente que tenía que ver con el caso, veía indicios y pistas que había que seguir en cada palabra y encontraba caminos ocultos e imbricados en cada actuación. Lo mismo me había ocurrido el día anterior, que volvía a ser día de mercado. Sentada a la misma mesa del café, el simple hecho de no descubrir entre la gente ni a Adelita ni al hombre del sombrero me había llevado a atribuirles románticas fugas donde muy probablemente no había más que una simple ausencia.

El señor Prats Sisquella se había quedado más pensativo aún, y se había acercado las manos con los dedos extendidos y juntos a la cara sin levantar los codos de los brazos del sillón, hasta que con los índices se tocó la nariz en una actitud de profunda reflexión.

«No sé qué responder», admitió al fin. «No hay mucho más que decir.» Pero luego, separando por fin las manos en un gesto admonitorio, añadió: «Lo que sí le aconsejaría, aunque ya veo que sabe equivocarse sola», y me miró para ver el efecto que me había producido una frase tan aguda y al mismo tiempo tan mordaz, que debía de haber repetido mil veces, «lo que sí le aconsejaría es que olvidara este asunto. No lo remueva más, no va a sacar nada con ello, créame. Déjelo morir. No tiene ya nada que ganar.»

¿Qué me estaba queriendo decir? Había algo raro y ambiguo, e incluso temeroso, en su actitud y en sus palabras. Hice un último intento por hacerle hablar y le pregunté con un punto de ironía:

«¿Teme que si sigo con mis pesquisas acabaré encontrando al verdadero culpable?»

«Oh, no, mi querida señora, no me interprete mal. No he querido decir eso. Porque, sin pruebas, ¿cómo iba a encontrar al culpable? Cualquiera puede haber robado una joya de una caja fuerte abierta, no hace falta que sea la guarda. En un momento en que la puerta de la casa estuviera abierta, entra una persona, la coge y se la lleva. Pero usted, ¿cómo encuentra a la persona?, ¿y cómo lo demuestra? Usted me acaba de decir que los familiares de la guarda han celebrado un banquete en su propia casa. Podría haber habido otros en su ausencia y ¿quién le dice que alguno de sus parientes no haya subido la escalera y se haya adueñado de la pieza?»

Dijo la «pieza», igual que ciertos editores llaman «producto» al manuscrito. Me entraron ganas de reír.

«Y la policía, ¿no podría investigar quién se ha llevado la pieza?», pregunté. «El precio de la pieza bien lo vale.»

«El precio de la pieza lo sabe usted. No se sabe que haya informe alguno sobre ese valor.» Rectificó: «Si, como usted afirma, la guarda hubiera vendido la joya y el joyero hubiera ido a la policía con el carnet de identidad de ella, se podría saber, pero al haberse sobreseído el caso como usted me dice, todo parece indicar que no podemos contar con la opinión profesional del joyero»; aumentó la intensidad de su ironía: «sea cual fuere, y por lo tanto, de la valoración que usted hace es poco probable que se justifique una investigación en toda regla. No estamos hablando de la Joya de la Corona, mi querida señora Fontana. Así que, déjelo. No recuperará la joya por valor que le atribuya y perderá su tiempo.»

«¿Entonces no admite usted la versión que yo le he dado? ¿No admite que la policía tiene la información y que no sé por qué la oculta, que en el juicio se desestimó mi denuncia y que parece haberse extraviado toda la información relativa al joyero? ¿Cree que todo es un invento mío? ¿También es un invento mío la copia de la denuncia que tiene usted con los demás documentos?»

«¿Copia de la denuncia, dice? ¿Qué copia?», preguntó, extrañado. «No sabía que se hubiera puesto una denuncia.»

«Yo misma se lo dije, además, en el sobre que le di con toda la información había también un documento del juzgado y la copia de la denuncia que yo presenté en el cuartel de la Guardia Civil.»

«Señora Fontana, en el sobre no había tal copia, ni documento alguno del juzgado, se lo aseguro. Siento ahora no haberlo revisado con usted, pero no creerá que yo hago desaparecer documentos. ¿Con qué objeto, además?» No estaba disgustado por mi escepticismo. Me estaba explicando las cosas tal como habían ocurrido, me estaba aleccionando. Continuó: «¿Cree usted que si yo hubiera tenido la copia de la denuncia no habría actuado con mayor celeridad? ¿Se da cuenta de que no hay forma de hacer lo que me pide con la información que me ha dado? Porque yo confío en sus palabras, pero ¿qué las sustenta?»

Aunque estaba segura de haber puesto yo misma la copia de la denuncia en el sobre blanco que había entregado al primer abogado, y al segundo también, dudé. Porque no había revisado el contenido al entregarlo al hijo del señor Prats Sisquella. El sobre había permanecido encima del escritorio del estudio, ¿unos días, unos meses? No lo recordaba, y la propia Adelita podría haberla sustraído, o el primer abogado o el segundo haberla hecho desaparecer o, simplemente, se había perdido. No parecía que hubiera motivos para dudar de lo que me decía ahora el señor Prats, pero ¿confiaba en él? Reaccioné:

«Aun así, podría usted haber ido a la policía.»

Puso cara de circunstancias:

«En primer lugar, usted ha dicho que la policía no tiene los documentos, así que de poco me habría servido ir allí a buscarlos, en segundo, yo no tengo acceso a la información de la policía.» Y me miró de frente, como me miraba Adelita cuando mentía, pensé.

«¡Menos mal, pues, que usted no ha de defenderme! No habría justicia para mí, como tampoco la habrá ahora.»

«La justicia no está sólo para que se recuperen objetos de valor, señora, sino para evitar condenar a un inocente.»

«Ya lo sé», pasé por alto la velada acusación, «pero también debería ocuparse de la propiedad privada, ¿no?» No pude contenerme: «¿No estamos en un liberalismo económico según el cual lo más importante es la propiedad privada, precisamente? Me está usted hablando como si estuviéramos en Cuba, señor Prats.»

Prefirió tomar mis palabras por una broma antes que iniciar una discusión sobre los valores de la civilización occidental que yo había puesto en entredicho. Y lo hizo de la mejor manera: se levantó y me comunicó que me enviaría la minuta a mi domicilio. Y añadió:

«Hágala efectiva a su comodidad.»

No pude contenerme:

«¿Quiere decirme qué minutará?» Esta vez el sarcasmo era evidente pero tampoco le afectó.

«Como usted vea, señora. De un modo u otro tendrá que hacerla efectiva.»

Salí del despacho indignada y, por qué no admitirlo, humillada también. Con menos información aún de la que tenía al entrar y mucho más perdida de lo que estaba. Me fui a casa y recogí mis cosas. Al día siguiente vendría una vez más el taxi para llevarme a la estación. Luego tomaría otra vez el avión hacia Madrid.

Tenía la impresión de que no hacía más que ir y venir de la casa del molino a mis clases en Madrid, sin ver otra cosa ni pensar en nada más, y sin resolver absolutamente nada, desgastándome en una aventura que, debía admitirlo, me mantenía a mí en vilo e intacta la obsesión que me atenazaba. ¿Me estaré volviendo loca?

No, no me volvía loca, lo comprobé durante los quince días que estuve de exámenes. Trabajé como nunca lo había hecho antes, con dedicación, paciencia y eficacia, sin dormir apenas y preparando textos o corrigiendo exámenes de mis cursos y del los del jefe del departamento, como si en ello me fuera la vida. Porque lo que quería era acabar cuanto antes y volver al único lugar del mundo donde, estaba segura, ocurrían cosas trascendentales e insólitas que conmocionaban mi alma aunque fuera al precio de un sufrimiento confuso pero profundo que tan pocas veces había conocido.

Tras su alegría al ver que había despedido a Adelita, Gerardo comenzaba a inquietarse, a inquietarse y a enfadarse. No entendía lo que me estaba ocurriendo y yo no podía contárselo porque bastante tenía con ocultar unos sentimientos que ni sabía de dónde procedían ni entendía por qué me tenían prisionera.

En los atardeceres o incluso durante las calurosas noches de Madrid, cuando agotada de tanto trabajar me sentaba en el balcón de mi casa, un piso en la calle San Bartolomé, y miraba a la gente caminar, gritar o charlar apoyados en los quicios de las puertas con esa desenvoltura que muestran jóvenes y viejos cuando se acerca el verano, me parecían extraterrestres; tan lejos estaban mis pensamientos y mis afectos de lo que los movía a ellos. Nunca me había sentido muy cerca de la gente, por eso no me gustaban las fiestas populares, las manifestaciones, los partidos de fútbol o las procesiones. Y eso a pesar de lo que había sido en tiempos el obligado ejercicio de mis ideas. Visto desde el presente, me parecía extraño que durante todos aquellos años yo no hubiera sido capaz de vencer esas aversiones, precisamente porque tenía tan claras las ideas y las defendía con tanto valor y entusiasmo. Ideas sobre la justicia, la libertad, sobre la igualdad de derechos. Ahora, y desde hacía tiempo ya, apenas pensaba en ellas, apenas hacía otra cosa que darlas por sabidas, adjudicándomelas no sé por qué motivo sin tocarlas ni enmendarlas ni revisarlas ni compararlas con las de los demás.

La evolución del país en la última década ya no me afectaba; el cambio de partido en el gobierno, menos aún. Yo, como tantos otros, me escudaba en la decepción, aunque ahora al cabo de los años, sin querer profundizar en ello habría reconocido que con ella justificaba la fría distancia que había tomado con la vida pública y con los hombres y mujeres que se dedicaban a la política. Una decepción que creía justa porque entre otras cosas nacía en una transición que se había hecho de forma muy distinta de cómo la habíamos esperado, una transición que había barrido de un plumazo la lucha contra la dictadura, que permitía seguir en sus puestos a los colaboradores y que había puesto de manifiesto la debilidad de la izquierda, en una apagada, cuando no inexistente, lucha contra la reacción. Y en ella me había anclado, barriendo de una sola vez mis viejos intereses.

Sí, yo también había luchado cuando estaba en la universidad durante la dictadura franquista, e incluso después, también fui a manifestaciones y corrí ante la policía. Pero ahora me preguntaba, ya sin amargura, ¿para qué?

Fue tras esos años cuando llegó, o tal vez nos inventamos, esa decepción que nos sirvió para, aferrándonos a ella, desentendernos de lo público, como si se tratara de una invención de los ganadores. Ya se sabe lo distinta que es la realidad de los sueños. No sólo ya no creíamos en los que habíamos ayudado a obtener el poder, sino que ni siquiera nos preocupaba que la derecha volviera a gobernar. Algunos de nosotros, ¿por qué no?, se pasaron a esa derecha que había sido su enemigo. Allí estaban en sus puestos sobresalientes, vestidos de marca y escalando los peldaños del poder. Yo no llegué a tanto, pero me quedé inmóvil sin defender ni atacar, reconcomiéndome en mi decepción, una forma como cualquier otra de pasarse al enemigo, hasta que los años pulieron las aristas del resentimiento y dejé de pensar en la política. Soy de los que prefieren que ganen los estúpidos antes que votar en unas elecciones. Ya casi somos mayoría.

A Samuel, mi marido, le había ocurrido lo mismo que a mí. O mejor dicho, fue él quien me transmitió o me inoculó el virus, o la lucidez, de la decepción, al tiempo que también él, y yo con él, olvidaba por inútiles tantas otras luchas como habíamos hecho nuestras en la universidad. Él estudiaba Derecho, pero aunque acabó la carrera, nunca ejerció. Tenía la fortuna personal de la herencia de sus padres, no tenía hermanos y quería ser pintor. Así me expuso su situación cuando yo volví de La Jolla, en California, cinco años después de haberme doctorado con una tesis en virología, dispuesta a continuar con la investigación en Salamanca, aprovechando el contrato de reinserción que me habían ofrecido tras mil inútiles intentos por volver a España. Diez años de estudios y de dedicación constante, sin embargo, se esfumaron sin que yo apenas me diera cuenta, y sin luchar tampoco contra Samuel, que entendía la pareja, el matrimonio incluso, él que tanto lo había denigrado, como una forma de vida que no admitía más pensamiento que la familia que se suponía que íbamos a crear.

«Y tú, ¿también pensarás en la familia?»

«No veo por qué ser pintor tenga que alejarme de ella.»

No recuerdo del todo cuáles fueron los argumentos que esgrimió para convencerme ni cuáles los míos para rendirme. No debieron de ser ni demasiados ni muy sólidos y, sin embargo, no habían pasado seis meses cuando me encontré con el anillo en el dedo y un contrato por un año de profesora ayudante, en la Facultad de Biología de la Complutense de Madrid había renunciado al contrato de reinserción para trabajar en Salamanca, había truncado el camino de la investigación que había comenzado en Estados Unidos y estaba decidida a hacer del pequeño apartamento de Madrid, que había sido de mis suegros, mi nuevo domicilio. No puedo echarle a él la culpa. No la tenía. Era como si yo hubiera dejado de ser la persona que era, como si mis cualidades y mis defectos se hubieran allanado, y mi pasión hubiera desaparecido.

¿Por qué no seguí? Tenía como pretexto que el contrato de reinserción, el que me permitiría seguir investigando, suponía vivir en Salamanca, y Samuel quería que viviéramos en Madrid, donde tenía a sus amigos y donde había vivido siempre excepto los dos cursos que estuvo en la Universidad de Barcelona, cuando nos conocimos y nos enamoramos. Aunque no recuerdo los arrebatos de amor que nos llevaron a casarnos, ni sé siquiera por qué precisamente nosotros, tan socialmente ácratas como habíamos sido, fuimos al altar. Todo está confuso en mi mente. Como confusos son los pocos meses previos a su muerte cuando, tras cinco años de vida en común, los dos ya éramos conscientes de nuestro escaso entendimiento y sabíamos que su enfermedad no tenía remedio. Se fue como había venido, sin dejar huella ni apenas memoria de sí mismo, ni tan sólo de la sombra de amenaza que suponía a todas horas la defensa a ultranza de lo que quería en cada momento. Como tampoco su ausencia supuso para mí una liberación. Y, sin embargo, había sido él quien había creado a mi alrededor un cinturón de soledad al que me había acostumbrado de tal modo que en ningún caso necesité romper. Tenía muy pocos amigos. ¿Cómo era posible que en tantos años, aún hoy, no tuviera más que conocidos, apenas un par de amigos en Madrid, la ciudad abierta donde cualquiera podía haberlo sido? Sí, es cierto, algún colega que pensaba pasar las vacaciones en la playa cerca de la casa del molino llamaría este verano también con la intención de visitarme, pero yo apenas tendría ánimo para responder y con cualquier pretexto le diría que cuánto lo sentía, precisamente en esos días iba a estar ausente, otra vez, quizá, no te olvides de llamarme si vuelves.

¿Reanudar el camino de la investigación cuando él murió? No sé cómo podría haberlo hecho, pero en cualquier caso fue entonces cuando mi padre se puso enfermo. Y, sin embargo, ahora al pensarlo sabía que no era ésa la razón. Pero ya era demasiado tarde: siempre me faltó coraje. No tenía problemas económicos porque había heredado de Samuel una pequeña fortuna que me ayudó a mantenerme en el camino de la seguridad y de la economía de esfuerzos. Además, tras varios años de ayudante, cuando había salido a concurso la plaza de profesor asociado de la asignatura de Biología General, me había presentado y la había sacado. Y profesionalmente no deseaba mucho más.

¿Cuándo llegó Gerardo? Al poco tiempo sería, y no me fue difícil sustituir a uno por otro, Gerardo era tanto mejor y pedía tan poco a cambio que yo interpreté mi propia decisión como un acto de modernidad. El amor, la pasión, ¿a quién le importaban entonces? No lo recuerdo, los hechos y las fechas de mi vida se confunden como si los viera a través de un cristal esmerilado. Tal vez porque los oculto, consciente de cuánto me dolería reconocer que esas capitulaciones iban a suponer la rendición incondicional de todos los demás objetivos que me había trazado en todos los aspectos de mi vida y de mí misma, llevada a cabo de una forma tan paulatina y tan poco traumática que sólo me di cuenta cuando ya no había vuelta atrás. Habían pasado muchos años, demasiados, sin rectificar la decisión primera, me decía ahora, y tal vez la musculatura y los tejidos de mi alma y de mi conocimiento, a base de no moverlos ni utilizarlos, se habían anquilosado de tal modo que ya no obedecían, y no me quedaba más que envidiar lo que de ningún modo podrían alcanzar. La edad no perdona, la edad nos arrebata lo mejor de nosotros mismos, ésa era mi justificación. Pero sabía que no era la edad la que me había arrebatado la pasión, el coraje y la vida, sino que, de haberlos tenido alguna vez, habían sido la cobardía y el ansia de seguridad las que habían elegido un paisaje en el que no podía fructificar más que la rutina. Me había convertido en una criatura de la costumbre y, ahora, sólo ahora, de pronto y por un camino impensable y desfasado, rocambolesco y contradictorio, descubría que lo que de verdad me habría gustado ser era una criatura de la imaginación.

No esperé al día siguiente de acabar con la corrección de los exámenes para volver a la casa del molino. Me fui aquella misma noche. Gerardo se había disgustado de tal modo al negarme yo a ir a Barcelona unos días, «para hablar, para que te quites ese incomprensible peso que te ha dejado la historia de Adelita», decía, que durante los últimos días de mi estancia en Madrid ni siquiera llamó. No me importaba, es más, apenas me enteraba.

Me fui con el pretexto de un trabajo urgente, tenía que hacer una selección entre los artículos sobre los virus que inducen tumores que había publicado a lo largo de los últimos años en el suplemento de salud de un periódico, corregirlos a la luz de los últimos descubrimientos y añadir alguno si hacía falta, para un libro que me había pedido la misma editorial que había publicado mi libro anterior, también de divulgación, también sobre infecciones virales. Así se lo dije en una carta, breve carta que le envié tras intentar en vano hablar con él por teléfono. No estaba o no quería ponerse. Creo que llegó a imaginar entonces que mi obsesión por ir a la casa del molino, ahora que Adelita ya no estaba, se debía a que había alguien en el pueblo o en las cercanías, o tal vez en la misma casa, que reclamaba mi presencia. Y como había una buena dosis de verdad en ello, no lo desmentí y me fui.

Recuerdo de mi llegada la soledad de la que fui consciente durante la larga la noche de San Juan, más evidente quizá por el bullicio luminoso del cielo sobre un paisaje tan familiar y tan conocido en el que por más que aguzara la vista no lograba ver ni una sombra, ni un movimiento bajo la higuera frondosa de la otra margen del valle.

Llegaron los primeros días de julio. Los campos segados se alternaban con el verde intenso de los chopos, de los cipreses y de las hojas de las vides en las viñas. El cielo era de un azul claro, diáfano, no del azul intenso de los atardeceres de Madrid, pero igualmente bello. Sin embargo, yo no lo veía. No tenía ojos más que para esa higuera que se había poblado con una frondosidad verde y potente que, de todos modos, no podría haber ocultado la figura del hombre que yo buscaba en ella.

No veía nada, no hacía nada, sobre la mesa mis artículos, junto con los papeles, los libros y el ordenador, comenzaron un proceso de inmovilidad que los llevó a confundirse con la propia mesa, como un inmenso bodegón que trascendía de su marco e invadía mi vida entera, inútil en su soledad, porque ni siquiera mis ojos le daban la vida.

Me había instalado en las habitaciones del piso alto de la casa donde estaba también el estudio que había sido de mi padre y que él llamaba siempre «el despacho.» Era una habitación que debía de tener un reclamo o un hechizo especial porque también a él le atraía, y se encerraba entre aquellas cuatro paredes de una ala de la casa, gélida en invierno, que se había empeñado en construir de cara al norte desoyendo los consejos de los albañiles, ignorando la sabiduría de la tradición y olvidando su larga experiencia en vientos tormentosos. «Da igual», decía mientras subían las paredes y se reía de él el constructor. «En los días claros me asomo a la ventana y hacia occidente veo los Pirineos nevados.»

Era cierto, la vista desde una de las ventanas era tan espectacular que, incluso cuando no había nieve, suspendía la respiración, pero aun así yo, y supongo que también él, me pasaba las horas muertas sin ni siquiera asomarme a mirarla. Ignorando los artículos que había de escribir para completar el libro, había encontrado un refugio, o me parecía que habría de encontrarlo.

La casa había quedado solitaria y desierta. No tenía ánimos para buscar otra guarda, porque antes había que emprender la remodelación de la vivienda que seguía con su porquería incrustada y sus papeles en el suelo, tal como la había encontrado aquel último día de la estancia de Adelita en la casa. Y pensar en ello me producía tal pereza que prefería renunciar a la guarda. Además, quedaban todavía tantos cabos por atar en una historia que no acababa de comprender, que la sustitución de Adelita a la fuerza me habría alejado de mi objetivo. Eso creía. Me las arreglaba provisionalmente con Marina, una mujer que venía del pueblo a limpiar, mantener las habitaciones aireadas y descargarme a mí, ocupada en otros menesteres, del cuidado de la casona, aunque yo, por más que sabía en qué había de centrar mi trabajo, vagaba por los paisajes más misteriosos de mí misma o de la historia inacabada que a su modo cada vez reclamaba más atención, una historia que mantenía desde el principio la pincelada de inquietud que se originaba en su núcleo profundo que, aún sin aparecer, irradiaba más veneno y más destrucción que un proyectil lanzado directo al corazón. Un núcleo de atracción y de zozobra que va deshojando las flores que lo envuelven, un agujero negro que sólo conocemos por las tensiones, las desapariciones y los conflictos que origina su inexplicable comportamiento, su ciego existir.

«Y ¿qué más?», se burlaba Gerardo el día que decidió llamarme, «¿qué más vas a inventar en esa historia que ya terminó? ¿Qué te ocurre? ¿Qué estas buscando, o qué ocultas?»

«Eso es lo que me ocurre, créeme», insistía yo y, procurando ver mi problema desde otro ángulo, añadía: «Es que no entiendo nada, mi inquietud radica en que no entiendo nada.»

«No hay nada que entender, déjalo ya.»

«Hay mucho que entender.»

«Hay un lío, lo reconozco, del que será mejor que te alejes. Has intentado defender a tu guarda, has descubierto que te engañaba, que se dedicaba a la prostitución...»

«Yo no diría tanto», protesté.

No me hizo caso:

«...buscar al culpable, y la historia se te ha escurrido como si quisieras pescar un pez con la mano. Y aun así cada vez hay más puntos negros, y cada vez te es más difícil descifrarla. Olvídala. ¿No te vas a poner tú sola contra la judicatura y la policía, no?»

A finales de mes incluso fue a verme y se quedó conmigo un par de días. Debió de encontrarme desmejorada, porque el susto se le dibujó en la cara.

«Estás mal, deberías llamar a un médico, hazme caso. Tal vez lo que tienes es una depresión.»

«Una depresión, ¿yo? Si no tengo motivo alguno.»

«Sí, tú, no hace falta tener motivo para estar deprimido. De hecho, se está deprimido al margen del motivo.»

Me llevaba a dar largos paseos que yo apenas disfrutaba, pendiente sólo de volver, de meterme en el estudio, con las persianas bajadas, las puertas cerradas.

«Acabarás debajo de la cama, ya verás. Sí, debes de tener una depresión, estoy seguro.»

Pero se fue, sólo estuvo aquellos pocos días de un largo puente y se fue. A mí me daba igual que se fuera o que se quedara. Gerardo era paciente conmigo, bueno y amable, y hasta inteligente. Pero ni él ni nadie podría sacarme de ese pozo en el que me encontraba.

«Pero ¿qué quieres?, ¿qué deseas?, ¡di algo!», repetía, aún furioso, antes de irse.

Y allí continué sin querer moverme durante todo aquel mes de julio y hasta por lo menos la primera semana de setiembre. Cuando salía del despacho, vagaba por el piso alto mirando sin ver los objetos, los libros, las lámparas, sin reparar que se iban llenando de polvo, un polvo leve que parecía haberse incrustado tenuemente en la madera, impermeable a los plumeros y las gamuzas que Marina pasaba con extremo cariño sobre ellos. El calor no me afectaba, ni el viento que a veces soplaba ardiente y hacía batir las persianas contra los marcos de las ventanas. Ni el sopor de los días de calma, la inmovilidad, el canto lejano de las cigarras. Es la muerte, es la muerte que me acecha, es la desolación, me decía, que como una mancha de aceite se extiende a mi alrededor y mancilla no sólo mis pensamientos y mis actos, sino el paisaje y la casa, los recuerdos y las esperanzas, como la capa de polvo, que no existe más que en el laberinto de mi conciencia torturada por una obsesión que ni siquiera soy capaz de definir.

Y cuando caía la noche, envuelta en el vaho de una casa deshabitada, sin ánimo de prender las luces, como habría hecho Adelita, entraba en el ámbito de la desolación y de la inquietud que me trastornaba y me enfurecía. Un yogur tomaba, desechando la tortilla de patata y cebolla que me aguardaba en el horno, e incapaz de vencer la pereza que me producía la sola idea de lavarme los dientes, una pastilla y a dormir, y me metía en la cama con el ansia de alcanzar el estado de somnolencia que habría de liberarme de la inquietud, ¿era inquietud? No, era apatía, una profunda apatía que me impedía reaccionar, largarme a otro lugar, llamar por teléfono a Gerardo, ir al cine, volver al trabajo o pasearme por la ciudad, llamar a los amigos. Y sin embargo, ahora tenía la sensación de que todos me habían abandonado a mi suerte. Y no es que no pudiera llamarlos y volver a la vida, sino que no sabía cómo hacerlo, no me habría atrevido a confiar a nadie, ni siquiera a mí misma —pensaba en los raros accesos de lucidez que se abrían paso en mi entendimiento—, lo que me estaba ocurriendo. Como si me hubiera ido tan lejos que ya no pudiera retroceder, aminorar el paso para encontrarme con el de ellos, como si ya no hubiera camino de regreso.

Lo que había ocurrido, había ocurrido y no había vuelta atrás. Así lo veía al levantarme, así me lo había dicho Gerardo. Tal vez lo que me torturaba era mi propio y absurdo comportamiento, antes y ahora. Esa forma de proteger a Adelita cuando se descubrió el robo, esa forma de aceptarla en contra de la opinión de Gerardo, que no hacía más que decirme: «Despréndete de ella, que se vaya. Qué te importa a ti que haya sido engañada. También ella te engañó a ti. Que se vaya.» Pero no lo había hecho, es más, la había aceptado y reconducido como emulando al padre de familia que recibe con júbilo al hijo pródigo, organiza un banquete en su honor, y mata un cordero para celebrar su vuelta. ¿En qué estaría pensando? ¿Era la humillación de haber sido engañada por dos veces, era el sentido del ridículo lo que me horadaba el pecho con ese dolor que me impedía respirar cada vez que volvía a pensar en todo esto? Todo el mundo riéndose de mí, los de las tiendas del pueblo que debían de saber lo que había ocurrido, los abogados que habían desaparecido, la policía que me había recibido con la media sonrisa de quien sabe que lo tiene todo ganado. La suficiencia, el ridículo, yo había sido la víctima. Eso es lo que yo le decía a Gerardo, pero mi dolor era más profundo y ni yo misma alcanzaba a conformarme con la explicación de que la higuera seguía vacía. No puede ser que sea ésta la razón de tanto desánimo.

«Y ¿qué más te da? Te han estafado, pero no es cierto que el mundo entero esté en contra de ti. ¿Por qué no dejas de torturarte? No recuperarás la joya.»

«Me da igual la joya, nunca la usaba.»

«Entonces quédate tranquila, aprovecha las semanas que te quedan de vacaciones, vayámonos de viaje, hagamos algo, no te quedes quieta como si ya estuvieras muerta.»

Esto lo dijo por teléfono y, tal vez con la intención de que la herida lograra lo que no habían logrado sus palabras, añadió a gritos:

«Estoy harto, no hay quien te aguante, ni siquiera tú misma sabes lo que tienes, lo que quieres, lo que necesitas, lo que te está pasando, así que aquí acaba mi papel. Cuando quieras me llamas. Adiós.»

Así estaban las cosas cuando, a mediados de agosto, Marina, la silenciosa Marina que acariciaba los muebles con el plumero, me comunicó que no podía venir más porque le había salido un trabajo en un hotel a jornada completa y que usted lo comprenderá, señora, usted en mi lugar haría lo mismo, ya sé que le dije que cuidaría de su casa pero compréndalo, señora. Decidí, pues, arreglármelas sola, al fin y al cabo también en Madrid vivía sola y nunca había tenido esta sensación de desamparo. Tal vez lo que me ocurre, pensé, es que tengo poco que hacer, tal vez ir a la compra, arreglar mi habitación, hacerme la cama, llenarían mi tiempo y dejaría de obsesionarme, me dije una mañana, convencida como estoy siempre de que cualquier plan, por vago y absurdo que sea, trae consigo la solución de buena parte del problema. El problema, si es que lo había, estaba en mí, no en Adelita, ni en los supuestos misterios que la envolvían. El problema era yo y ese nudo de angustia y celos que me envolvía. Lo demás no era sino un cúmulo de casualidades que se habían producido, de efectos en cadena que podían confundir y dar la impresión de que efectivamente había un misterio que descifrar. Eso pensé para animarme. Pero aun así no logré desprenderme de la apatía y seguía deambulando por la casa con cierta esperanza de que el tiempo pasara y no tuviera más remedio que volver al trabajo. «Tal vez tengan razón los días laborables», recordé. No estoy hecha para la fiesta, no estoy hecha para el ocio, no sé qué hacer con él.»

A veces, en los peores momentos, miraba los años que me quedaban de vida, como si tuviera poder para verlos en toda su exigua extensión, veinte, treinta, cuarenta, y encontraba placer y solaz en la recomendación que me hacía a mí misma: aguanta un poco más, te alcanzará la muerte, y ya no tendrás que lamentarte de haber sido o de no haber sido, de haber actuado o no, ni te morderán los celos y la envidia que no quieres reconocer, ni el menosprecio por tu pasado, ni te fundirás de angustia ante los vacíos bajo la higuera, en las mesas de los bares, en los restaurantes. No habrá entonces ni pasado ni presente ni menos aún futuro, todo se disolverá en el olvido. Aguanta un poco más. Del mismo modo que pasaron los años que has vivido, pasarán los que quedan, aguanta un poco más. La muerte te redimirá, la muerte te liberará. Y me dejaba mecer por el consuelo de la muerte. Un consuelo que se desvanecía, como todos los consuelos, en la mera repetición, en su propio envejecimiento.

Por la pereza que me producía la sola idea de hacerme la comida, me acostumbré a las latas de atún y a las de guisantes cocidos y al pan que me traía el jardinero por la mañana con el periódico, los tres días de la semana que seguía viniendo. Dormitaba a todas horas para sofocar el desánimo, no paseaba ni apenas me cambiaba de ropa. Llevaba siempre el mismo pantalón gastado y una camiseta, hiciera sol o comenzara a llover. Nadie me llamaba, nadie se acordaba de mí, ni yo me acordaba de nadie. Como cabía esperar, algunos amigos habían llamado al principio del verano y yo, efectivamente, los había despedido con evasivas. Y no habían vuelto a llamar, porque, ya se sabe, a los amigos hay que cuidarlos y yo no lo había hecho. No pensaba en ellos.

De hecho, no pensaba en nadie ni me daba cuenta de nada. Ni siquiera había reparado en que los días iban siendo más cortos, que el verano se agotaba y que un velo se esparcía por el campo y el cielo que no dejaba adivinar si haría buen tiempo al día siguiente o si comenzaría a llover.

En cuanto oscurecía me atrancaba en la casa, ajena a la luna y las estrellas que tanto me había gustado contemplar. En otra vida, me parecía ahora. Miraba durante horas la higuera, por mirar, porque había perdido la esperanza, del mismo modo que alguna vez, muy de tarde en tarde, iba al mercado o al pequeño restaurante pero no en busca de lo que ya sabía que no podía llegar. Pasaban los días con el único anhelo de que llegara la noche y sumergirme en aquellos sueños que yo había comenzado a convocar y a inventar, movida por el deseo apenas reconocido de un cuerpo largo y dorado como una espiga para repetir el sutil contacto de su pie contra el mío o de su mano sobre la mía que daban pábulo a infinitas variaciones y combinaciones, pero que, al cabo de tanta repetición, de tanta confusión, se habían convertido en pesadillas que se sucedían implacables cada vez que cerraba los ojos, como si fueran la oculta secuencia una vida más profunda que tenía su propia lógica y su propio devenir.

Cualquier ruido del exterior, el ladrido de un perro, el canto de una cigarra, un bocinazo lejano o la sirena de una ambulancia que se perdía en el horizonte, me desvelaba y suponía el fin de un terrorífico ensueño donde se mezclaban rostros dulces y cuerpos deformes, gritos de policías y camionetas grises, ladrones bizcos de rasgos conocidos y personajes de mi pasado convertidos en degenerados y viciosos seres que se lamentaban gimiendo en su viscosa transformación, me perseguían y me ultrajaban. Pesadillas en las que me sentía al mismo tiempo o alternativamente despreciada, vilipendiada, deseada y escarnecida, y que la memoria repetía al despertar para dejarme jadeando de deseo, de frustración y de angustia. Y aun así, cerraba de nuevo los ojos, obsesionada por volver al sueño y encontrarme con aquella mezcla de rostros, cuerpos y actitudes tras las cuales, como a la luz de un relámpago o del resplandor fugaz de una ventana al abrirse contra el sol, aparecería el hombre que no lograba encontrar en el ámbito de un tiempo y un espacio que había dejado de ser real.

Del resto del mundo no veía nada, y si lo veía no me calaba en el ánimo como otras veces, como otros años, a la manera de esa lluvia fina y compacta de la primavera que empapa la tierra sin abrir surcos ni hacer destrozos. No, ahora llovía a ráfagas, anticipando las ventoleras y tormentas de setiembre, pero yo ni vi llegar la lluvia ni la sentí, ni me di cuenta cuando se fueron las nubes cargadas, barriendo los campos hacia el ocaso, como tampoco reparé en los tijeretazos de los hombres que recorrían con sus cestos los corredores entre las vides. Y cuando se fueron al cabo de unos días y dejaron las ramas vacías lánguidamente esparcidas por el suelo bajo un sol mortecino que arrancaba tímidos destellos de las hojas doradas, tampoco me percaté de ello.

Será que estoy anémica, llegué a pensar al sentirme tan exhausta. «Señora», habría dicho Adelita, «deje que le tome la tensión», y con sus pasitos cortos y rápidos, «camina como si llevara patines», había dicho Gerardo el día que la conoció, habría ido a su casa y habría vuelto con el fonendoscopio, dispuesta a demostrar cuán lejos llegaba su sabiduría hospitalaria. Y yo habría sonreído con suficiencia y bondad, confiada como entonces. Pero el tiempo no vuelve atrás. «No puede ser que un acontecimiento doméstico, no es más que eso, te haya afectado tanto», la voz de Gerardo con un deje de sorpresa y al mismo tiempo de burla volvía como un reproche.

A veces era tan doloroso mi estado de ánimo que me escudaba en mi propia historia y, volviendo la vista atrás, me lamentaba del mal uso que había hecho de ella. ¿Qué vida he tenido? Me decía entonces mirando al pasado. Un padre, un marido, una carrera y ese Gerardo que se derrite de puro bueno. ¿Qué canción he cantado yo? Olvidé mi profesión, no me dediqué a la investigación como quería, no luché por lo que creía que era mi vocación y seguí los dictados de un marido al que ni admiraba, ni tal vez siquiera me gustaba. No he tenido hijos, no me han tentado las riquezas o el éxito o el poder, y no he conocido la pasión, repetía como si en la repetición hubiera de encontrar el consuelo. Jamás, ni siquiera cuando era joven, tuve el coraje que me hubiera hecho falta para hacer lo que me había propuesto. Y ahora ya es tarde, es tarde para todo. De lo único de que podría vanagloriarme es de haber llegado a la rutina del trabajo y, como mucho, a languidecer ante el paisaje o al mirar la luna llena, sin saber exactamente qué más hacer mientras me reconcomen mis propios pensamientos, incapaz de transmitir o de compartir o de despertar ningún sentimiento, ninguna emoción, más allá de las estrictamente formales.

Otras veces buscaba una causa física, algún síntoma de un mal oculto, el estómago, que según dicen provoca malhumor, o el hígado, que cansa el cuerpo y el alma, pero mi salud no tenía fugas, así que casi siempre acababa atribuyendo mis males a la depresión, sobre todo cuando en alguno de los frecuentes altibajos entre la ofuscación y la lucidez, mi inteligencia, que no sabía qué le estaba pasando, tenía sin embargo la vaga conciencia de que ese sopor que me envolvía, esa modorra preñada de inerte inquietud, era como el silencioso preludio de un seísmo, una espera inmóvil que a la fuerza había de desembocar en un estallido, como el de un forúnculo que necesita echar lo que contiene de putrefacción y dolor. O ¿sería esa quietud de mi alma el inicio de una situación que ya no habría de cambiar? ¿El inicio de una madurez que había coincidido con esos acontecimientos y que me había derrotado dejándome inquieta y pasiva para siempre? Tal vez, me decía con un hálito de esperanza, no era más que una simple crisis. Ya no tenía por qué temer la crisis de los treinta, ni la de los cuarenta. Ahora me acechaba, si acaso, la de los cincuenta. O la depresión. Y así volvía a recomenzar la rueda imparable de mis obsesiones y de lo que las provocaba. No tengo remedio, no tengo remedio, sollozaba en mi desespero.

Pero un nuevo e inesperado hecho habría de sacarme de ese absurdo pozo de desolación de forma tan rápida y concluyente que, de no haber estado tan pendiente de él, habría perdido por completo la fe en la legitimidad de mis emociones y sentimientos.

7

Una tarde miraba el campo sin verlo, desde la ventana, con esa melancolía tan distinta de la que sentimos a la hora plácida y azul que precede al crepúsculo o cuando reparamos en la inminencia de la llegada del otoño. Y de pronto vi subir por el camino una camioneta blanca, y detrás de ella, un coche. A medida que se acercaban pude leer las letras de los costados de la camioneta, «Máquinas de Coser La Puntual», y recordé en seguida que ésa era la marca de la máquina de coser que Adelita se había comprado. El coche que la seguía era un viejo Dodge azul marino, limpio y brillante, más elegante parecía precisamente porque era un modelo antiguo. Hemos llegado a un punto, reflexioné, en que todo lo antiguo nos parece mejor. Y mientras subían los vehículos me distraje dándole vueltas a cuánto amor había por las viejas casas de campo, por las ruedas de carro, por los azulejos descascarillados. Mi padre también había sucumbido a esa pasión por lo pretérito, de otro modo nunca se habría comprado esta casa rodeada de campos que ya nadie cultiva, con un jardín de césped verde que se traga, mejor dicho se tragaba, toda el agua del pozo.

Desde su muerte habíamos dejado de regarlo, en seguida se había secado y yo lo había sustituido por gravilla dorada. Ahora, tras tanto tiempo sin renovarla, la poca que quedaba dejaba clapas polvorientas que en verano se llenaban de hierbas y rastrojos. A mí no me disgustaba, pero recordé que a Adelita le horrorizaba. ¿Por qué no plantamos césped otra vez, como antes?, decía cada pocos meses; el jardín estaba precioso entonces, parecía un parque que rodeaba la casa y le daba más prestancia y más categoría. Y permanecía embobada ante el espectáculo que le deparaban el recuerdo y la imaginación. Tenía razón, pero el esmirriado pozo de la casa daba tan poca agua y era tan sensible a los períodos de sequía, que no había quedado otra opción que renunciar al jardín. ¡Qué ávidos estamos por hacer lo que hacen los demás, qué poco amantes somos de seguir nuestros propios gustos, de hacerle caso a nuestro criterio!, recordé que tantas veces me había dicho Gerardo. Si alguien comienza a sembrar césped, todos tenemos que hacer lo mismo, tengamos agua o no, vivamos en un país seco o no. Seguía dándole vueltas a la incongruencia de una casa de campo que, sin embargo, exigía jardines británicos en este país de sequías, desertizaciones e incendios, cuando me despertó de mi ensimismamiento un bocinazo que venía de la parte trasera de la casa, donde debían de haber aparcado los dos vehículos. Bajé la escalera y salí por la puerta de la cocina.

«Hola, buenas tardes», dijo el hombre que había salido de la camioneta y se acercaba dando vueltas al juego de llaves con una mano, mientras con la otra se arreglaba el cuello de la camisa para que no se lo escondiera demasiado la chaqueta que se acababa de poner. Detrás de él había bajado del coche su compañero, un poco mayor pero igualmente vestido con pulcritud un tanto antigua, como el modelo de Dodge, traje de rayadillo azul pálido, camisa de hilo azul marino, pañuelo de seda al cuello y mocasines marrones. Eran evidentemente amigos o conocidos o colegas. Los dos sonreían.

«Usted debe de ser la señora», dijo el más joven alargando la mano.

«¿Qué señora?», pregunté.

«La señora de la casa.»

«Soy la señora de la casa, sí. Y ustedes, ¿quiénes son? ¿A quién buscan?»

«Buscamos a Dorotea.» Había cierto desafío en la voz suavizado por la sonrisa.

Me quedé un poco cortada, pero finalmente respondí: «Dorotea ya no está aquí.»

«¿No?» Sonrió ya francamente el mayor. «¿Se ha ido?»

«No está aquí ya», repetí con voz neutra.

«¿No me diga que la ha puesto de patitas en la calle?» Había torcido la cabeza y me miraba casi de reojo con una media sonrisa.

«Piense lo que quiera». Mi voz era cada vez más seca.

«¿Por puta?», preguntó de pronto el joven con curiosidad. «¿La ha echado por puta?»

Hubo un momento de silencio. Luego, sin darme tiempo a responder, retomó la palabra el remilgado caballero de la chaqueta de rayadillo:

«Si quiere la llamamos Dorotea y si lo prefiere la llamamos Adelita. A nosotros nos da igual, nosotros conocemos a las dos», dijo sonriendo como si presentara sus credenciales. «Nos da igual la una que la otra. Conocimos primero a Adelita, y al poco tiempo conocimos también a Dorotea. O sea que, ya le digo, nos da igual.»

Me miraban buscando complicidad. Tenían un aire simpático. Devolví la sonrisa.

«No, no la eché por puta», reconocí, «sino por ladrona y embustera.»

«¡No me diga!» La sorpresa parecía sincera.

De pronto recuperé el ánimo. ¡Oh!, esa curiosidad que reaparecía ahora, tantas veces escondida para volver sin avisar con fuerza mayor. Era como si el mundo a mi alrededor hubiera cobrado vida y se hubiera puesto en movimiento. Una levísima ráfaga de aire me acarició la cara, me llegó el penetrante aroma del jazmín y descubrí en el cielo una escueta tajada de luna blanca. Sentí que el calor me llenaba las mejillas, como si me hubiera azorado ante aquellos dos hombres que, al menos uno, podía ser mi hijo, y me di cuenta de que en la más lejana profundidad de mi entendimiento se había prendido una lucecita, suave, temblorosa:

«¿De qué la conocen?» Ya no había malhumor en mi voz.

Se rieron mirándose.

«Bueno», dijo el joven, «es una historia muy larga. De hecho la conocimos hace por lo menos cinco años, cuando todavía vivía aquí un señor mayor que», me miró como si quisiera adivinar, «debía de ser su padre, ¿no?»

«Sí, era mi padre», admití.

«Nosotros vendemos máquinas de coser», dijo el mayor, «vamos por las casas y hacemos propaganda de las máquinas de coser y luego las entregamos, y cobramos y hacemos lo que haga falta.»

«Eso, todo lo que haga falta», rió el más joven. «Y más aún. Somos expertos en contentar a nuestras clientas.»

Estábamos de pie, yo un poco cohibida, pero no había tensión entre nosotros. Al contrario, se diría que nos habíamos caído bien.

«Permítame que me presente», dijo el mayor. «Me llamo Segundo Cáceres y éste es mi amigo y colega Félix Pallarès. No, no se moleste», dijo alargando la mano para saludarme, «sé quién es usted. Usted es Aurelia Fontana, profesora de biología o de virus o de microbios, algo así, en la Universidad de Madrid. No sé en cuál, la verdad, pero sé que es profesora.» Y en seguida, adquiriendo un aire jocosamente ceremonioso y engolado, añadió: «Somos los dos representantes de las Máquinas de Coser La Puntual y estamos a su servicio para lo que nos quiera mandar. Por cierto, ¿ya tiene máquina de coser?»

Me eché a reír.

«Sí, ya tengo máquina de coser, pero aunque no tuviera no creo que sea la clienta ideal. Nunca la he usado.»

«Siempre se puede empezar y pasar a formar parte del club de usuarias. Le daríamos gratis servicio posventa y le enviaríamos una preciosa revista a todo color. No sabe usted la felicidad que se deriva de una buena máquina de coser, y las máquinas de coser La Puntual...»

Le interrumpí:

«Entren, por favor, entren y tomen un café conmigo.» Y seguí riendo con ellos.

Todavía no sé por qué los invité. Además de ese curioso desparpajo, tenían un atractivo basado en la simpatía y la confianza. Si era efectivo con las mujeres que serían sus posibles clientas, ¿por qué no tenía que serlo para mí si tenían el añadido de lo que podían saber de Adelita? O tal vez también había influido el hecho de que llevaba días y semanas de aislamiento y soledad. ¿Y si ésta fuera la señal de que habían terminado?, me dije llena de esperanza. Quizá estoy saliendo del pozo. Y aunque no era mi estilo permitirme esas confianzas, me sentí contenta por primera vez en muchos días.

Félix, el más joven, y Segundo, el mayor, eran en efecto vendedores de máquinas de coser. Llevaban años trabajando juntos y desde primera hora de la mañana recorrían las calles de las ciudades y pueblos y los caminos y carreteras de toda la zona que les estaba asignada por la central, en busca de ventas. Mostraban los prodigios de la máquina de coser La Puntual, que además bordaba y zurcía y hacía remiendos y dobladillos, ofrecían a la clienta las condiciones de venta a plazos y, como ya me habían anunciado, daban además un excelente servicio posventa. La compradora o el comprador podía elegir entre domiciliar los pagos en el banco o pagar los plazos en metálico, previa aceptación de unas letras que los propios vendedores les pasaban al cobro en mano dos días antes del vencimiento. Si no pagaban, las llevaban al banco a que las ejecutaran. Salían juntos de la urbanización «Mar y montaña», en las afueras de Vilassar de Mar, en el Maresme, donde vivían; hacían juntos las visitas y juntos volvían por la noche a casa. Así llevaban seis años.

Todo esto lo supe mientras ellos, sentados ante una mesa del salón, seguían mis idas y venidas preparando el café y buscando unas galletas o unas chocolatinas que darles. Serán rancias, pensé cuando encontré un paquete que debía de estar allí desde hacía meses, serán rancias o estarán reblandecidas. Así que decidí darles un licor. Saqué whisky, coñac, ginebra y vodka. Aún hoy, cuando pienso en aquella tarde no acabo de comprender qué es lo que me llevó a ser tan obsequiosa. Estaba contenta y me habían entrado de pronto muchas ganas de escuchar y de hablar. Así que en cuanto el café estuvo hecho lo llevé a la mesa y me senté con ellos. Abrí la puerta que daba a la terraza y dejé que el aire ventilara aquel ambiente enrarecido del salón que ya no recordaba cuándo se había abierto por última vez. Más allá de las baldosas, la tierra reseca había comenzado a despedir un aroma a espliego, o tomillo, o quién sabe si a salvia. Tal vez no olía más que a los rastrojos que tras la siega y sin una gota de lluvia se habían convertido en paja seca, pero yo, sin comprender la naturaleza del cambio que se había operado en mí, aproveché sin analizarlo ese renacer de los sentidos que en tantos momentos había creído no sólo apagados, sino definitivamente muertos. ¡Qué poca cosa hace falta para reaccionar!, me decía mientras los oía reír, qué fácil es, pero al mismo tiempo ¿cómo descubrir lo que provoca en nosotros el cambio? Yo no sabía aún a qué se debía el mío y me costaba aceptar que se hubiera producido sólo por la presencia de esos vendedores.

Segundo, el mayor, me estaba haciendo una pregunta.

«¿Cómo dice?, discúlpeme, estaba distraída.»

«Le preguntaba por Adelita. Nosotros no sabíamos que se dedicaba al robo.»

«No diría yo que se dedicaba al robo, he dicho que me robó. Me robó una joya, de esto estoy segura», dije con convicción, como si ellos hubieran ya tenido noticia del robo y del sobreseimiento de la causa, «porque incluso lo confesó cuando la llevaron al cuartel de la Guardia Civil.»

«Y ¿qué pasó?»

«Pues no sé qué decirle...»

«Oiga», me interrumpió Segundo, que ya se había tomado un vasito de whisky y se estaba sirviendo el segundo, «¿no le importa que nos tuteemos? Me parece tan raro estar aquí tomando copas y llamándonos de usted.»

«Claro que no», dije, «claro que no me importa.»

Mi familiaridad era más extraña aún que la suya.

«Sigue, pues, Aurelia.»

¡Qué fácil! pensé, qué fácil le ha sido, como si me hubiera tuteado toda la vida, pero dije:

«Ella vendió la joya, o dijo que la había vendido a un joyero de Gerona y este joyero...», me detuve, «... ¿de qué os reís?», quise saber, porque se estaban riendo los dos. «¿He dicho algo gracioso?»

Y contestaron a coro:

«...fue a la policía con el carnet de identidad de la chica...»

Los interrumpí:

«¿Cómo lo sabéis?»

«¿Puedo servirme otra copa?», preguntó Félix.

«Sí, claro», dije, pero lo que quería es que acabaran lo que habían comenzado. «¿Cómo lo sabéis?»

«Es un viejo truco. Se ponen de acuerdo el joyero y el policía y el policía no avisa a la persona que tendría que avisar, a la que le han robado, con lo cual y si hay suerte esa persona no se entera del robo ni, por tanto, lo denuncia hasta que ya es tarde, hasta que ha pasado el período de tiempo que establece la ley, una vez finalizado el cual el joyero ya puede vender tranquilamente la joya. Luego se dividen las ganancias.»

«Ignoraba que fuera un truco tan extendido.»

«Tal vez no esté tan extendido, pero fíjate que nosotros dos ya lo sabíamos.»

Estaba confusa, siempre había creído que el policía de la mancha en la cara, el de Gerona, no me había informado por desidia, por descuido o por olvido, y porque era un irresponsable. El hecho de que ellos lo vieran como una prueba de corrupción establecida me dejó perpleja. Aún insistí:

«Pero la policía...»

«Hay toda clase de policías, claro, pero no tienes más que leer los periódicos para enterarte de los chanchullos que se llevan con los robos, con las joyas, con las mafias, sean de tabaco, de drogas o de inmigrantes. ¿No te parece raro que la policía no descubra un camión en el que viajan treinta inmigrantes más que de vez en cuando? ¿No te parece raro que sólo se detenga a los camioneros que entran marroquíes y nunca, por ejemplo, a los que entran a gentes del este de Europa? Y los que llegan por el aeropuerto, que son la mayoría y todos organizados por mafias, ¿por qué pasan sin dificultad? La policía a la fuerza tiene que saber y, sin embargo, no actúa. Y ¿qué me dices del tráfico de drogas que hay en las cárceles, por ejemplo? ¿Les caen del cielo a los presos?»

«Pero aquello no era la cárcel, era una comisaría.»

«¿Te avisó el policía de que el joyero había ido a decir que una mujer que trabajaba en tu casa le había vendido una joya que valía..., ¿cuánto valía la joya?, ¿era muy valiosa?»

«Muy valiosa», reconocí.

«¿Lo ves? Y ¿cuándo te dijeron que había ido el joyero con el carnet de identidad de Adelita?»

«Cuando fui a denunciar el robo de la sortija a la Guardia Civil. Un mes y medio después del robo, según las fechas que ellos mismos me dieron.»

«¿Estás segura?»

«Sí que lo estoy, porque recuerdo que fui al cuartelillo de la Guardia Civil uno o dos días antes de año nuevo y, según el sargento, la venta de la joya se había producido el 11 de noviembre, que es el día de mi cumpleaños. Por eso me acuerdo. Luego fue el mismo sargento el que me envió a Gerona, que es donde Adelita había vendido la joya, y allí fue el propio comisario de policía el que lo corroboró.»

«¿Qué te dijo?»

«Nada especial. Se excusó porque no había sabido encontrarme, dijo que me había llamado una vez y que yo no estaba, pero reconoció que tendría que haber insistido, que a veces las cosas no son tan fáciles de arreglar como parece, que harían lo posible por recuperar la joya, cosas así.»

«¿Te ha vuelto a decir algo? ¿Te ha llamado?»

«No, no me ha llamado. Y después se me ocurrió denunciar a la policía, por ineficacia, por descuido, pero al final no lo hice.»

«¿Por qué?»

«Pues porque, como yo no sabía muy bien cómo se hacen estas cosas, busqué a un abogado que lo hiciera por mí, pero de los tres que visité ninguno quiso hacerse cargo del caso.»

Saltaron los dos a la vez de sus asientos, exaltados, casi dando saltos.

«¿Lo ves? ¿Lo ves? ¿No lo comprendes?»

«¿Qué tengo que comprender? ¿Qué tienen que ver los abogados con la policía y el robo?»

«Pues que, primero, los abogados no quieren llevar un caso en el que hay que denunciar a un policía, porque no quieren y porque, además, algunos tienen sus motivos, y segundo, porque la policía conocía y defendía a Adelita.»

«¿A Adelita? ¿De qué la conocían? ¿Por qué habrían de defenderla?»

Todo aquello se iba complicando y, por las caras risueñas de los vendedores, que bebían tranquilamente sus whiskys, me di cuenta de que sabían mucho más de lo que decían. Porque no paraban de reír, de hacerse guiños, de echarse hacia atrás con la copa en la mano como dando a entender lo claro que estaba, aunque a mí ni me parecía claro ni me hacía gracia tampoco.

«Bueno, ¿qué estáis tramando?, o ¿qué estáis ocultando?»

«Verás», dijo Félix como si me ayudara a pensar, «¿qué te hemos preguntado nada más llegar?»

Dudé:

«No sé» dije, «que si había echado a Adelita por puta», lo que más me había llamado la atención.

«Eso, muy bien. Y ¿por qué crees que lo decimos?»

«¡Yo qué sé! Porque tal vez seáis vosotros alguno de los que requiere los servicios de la agencia.»

«¿Qué agencia?» saltaron los dos a la vez, muy interesados.

«¿No sabéis de qué os hablo? La agencia, una agencia que le proporcionaba clientes a Adelita. O la que, en principio, debía de proporcionárselos, pero parece que los propios clientes acabaron prescindiendo de ella y llamaban directamente a Adelita, que ya tenía establecida su propia red de contactos. Dorotea era su nombre de guerra.»

«Anda, con la Dorotea. Esto sí que no lo sabíamos. Vaya jornada laboral.»

«Yo creía que también vosotros habíais coincidido con ella por este sistema. ¿Cómo sabéis que se llama Dorotea si no?»

Félix se sirvió otra copa y me hizo señal de ponerme una a mí.

«Sí», dije, «creo que la voy a necesitar.»

«Eso, la vas a necesitar, te lo juro.» Y volvieron a reírse los dos.

Félix cogió un cigarrillo y, sin encenderlo, se lo iba pasando por los labios y por debajo de la nariz al tiempo que comenzaba una especie de discurso:

«Verás, nosotros vamos por las casas de los pueblos o de campo, pero también por los pisos en las ciudades, y vendemos máquinas de coser. Hasta aquí está claro, ¿no? Bueno pues, como somos amables y simpáticos, hacemos amistad con las mujeres que nos compran.»

«Y no sólo amistad», dijo Segundo. «De hecho, muchas veces llegamos incluso a una gran intimidad. ¿Me entiendes? ¿Sabes a qué me refiero?»

Se les hacía difícil decirme estas cosas, era evidente, hablaban a golpes como si no dispusieran del lenguaje adecuado, como si, así debía de ser, sólo hubieran hablado de estas experiencias con otros hombres.

«Creo que sí, creo que te entiendo», lo tranquilicé.

«De la misma manera que establecemos una red de ventas, también tenemos nuestra red de, llamémosle, amistades.»

«¿De verdad?» Simulé una sorpresa mayor de la que tenía.

«De verdad. No te lo digo por presumir, que podríamos, ¿no es cierto, Félix?» Y el otro asintió. «Te lo digo para contarte que fue así cómo conocimos a Adelita. Al principio nos dijo que se llamaba Adelita, pero cuando comenzamos a ser más amigos nos pidió que por teléfono la llamáramos Dorotea. Y así lo hacíamos. Nosotros estábamos convencidos de que era una estratagema para despistar a la señora de la casa, tú», y se detuvo mirándome, «lo que son las cosas de la vida.»

«Bueno, continúa.»

«Pues eso, no sabíamos que Dorotea usaba este nombre para los clientes de la agencia, porque nada sabíamos de la agencia. Y si al llegar preguntamos si la habías echado por puta no lo dijimos por lo que hacíamos con ella.»

«¿Ah, no? Entonces, ¿por qué?»

«Calma, calma. ¿Tú tienes prisa?»

«Yo no», dije, «yo no tengo nada más que hacer que estar aquí escuchándoos. Y, ¿vosotros?, ¿no tenéis que trabajar?»

«Nosotros ya hemos acabado por hoy, veníamos a ver qué era de Adelita o de Dorotea, porque llevamos tiempo sin saber de ella. Si tú no tienes prisa, nosotros tampoco.»

Se sirvió más whisky y continuó:

«Pues verás, también Adelita pasó por la piedra, o pasamos nosotros, vete a saber, y además da igual.»

«Pero...», dudé.

«¿Sabes qué pasa?», dijo Segundo viendo la cara de escepticismo que yo ponía, «¿sabes qué pasa? Que llegas a una casa como ésta, fuera de la circulación, como quien dice, y encuentras a una mujer que no tiene en qué distraerse ni divertirse, con un marido que en el mejor de los casos va y viene sin hacerle caso. Pues oye, un poco de alegría no le viene nada mal. Esto es lo que ocurre.»

«Así que un día llegasteis aquí y conocisteis a Adelita y...»

«Eso es, así sucedió. Pero no por eso la llamamos puta. Porque no lo hacíamos como una transacción ni como un negocio. Quiero decir que no pagábamos. Era por puro placer.»

El whisky me daba confianza:

«¿Así, sin más, llegabais y os ibais a la cama?»

«Bueno, uno tiene sus artes de seducción.» También a ellos los ayudaba el alcohol. Tenían los ojos brillantes y se veían muy felices de poder hablar de sus andanzas. «Tú ya ves cuándo puedes y cuándo no puedes ir más lejos. Hay mujeres que ni siquiera te apetecen, hay otras que aunque te apetezcan a ti, a ellas ni se les ocurre tal cosa, pero aun hay otras que sólo con la mirada ya te dicen que están dispuestas. No tienes más que ponerte en marcha y ya está.»

«¿En la misma casa o quedabais para luego?»

«En la misma casa, en su cama, en la sala, donde más nos gustara.»

«Pero si el marido de Adelita estaba siempre en casa, apenas trabajaba», dije.

Esta vez era sólo una sonrisa, temerosa, apagada casi. Segundo tenía incluso el gesto de querer pasar por alto la historia de Adelita.

«Sí, es cierto, está en casa siempre porque está enfermo, muy enfermo, eso dice ella, claro, pero a veces no estaba, a veces...»

Lo interrumpió Félix, dirigiéndose a él, decidido:

«Si se lo vamos a contar, se lo contamos todo. Y si nos echa, que nos eche. Mejor que lo sepa, ¿no?»

«Sí, tal vez, como quieras», concedió Segundo.

Con más desparpajo del que hacía falta, como para darse ánimos, dijo Félix:

«Con Adelita nunca tuvimos problema, teníamos esta casa entera a nuestra disposición», hizo un gesto de semicírculo con la mano y esperó a ver mi reacción.

Yo me había quedado sin habla. Lo que me costó un buen rato no fue, como creían ellos, decidir si los echaba o no los echaba, sino cómo lograría que continuaran hablando. Tragué saliva.

«No me lo creo», pero lo dije con demasiada vehemencia.

Había todo un mundo que se movía en paralelo al mío del que yo no me enteraba, ¿qué más me quedaría por saber? Callábamos los tres y ya creí que ése sería el final de nuestra conversación, porque en ese mismo instante se había creado una corriente de tensión. Procuré ocultar mi turbación, incluso mi indignación todavía sin delimitar ni definir, y continué con toda la naturalidad que pude:

«¡Qué cara!», dije, dándome palmadas en la mejilla y procurando sonreír como si aquello no me afectara. «¡Qué cara!» La sonrisa ya salía más natural. Dije entonces: «Y en otros casos que no teníais tantas facilidades», decididamente me reí y esta vez ellos conmigo, «¿no teníais miedo de que viniera alguien, el marido, por ejemplo?»

El peligro había pasado. Los dos estaban tan aliviados que siguieron hablando incluso con mucho mayor entusiasmo que hasta entonces, y con más confianza, como si yo hubiera pasado una prueba y ya pudieran considerarme de los suyos. Al fin y al cabo, pensé con sorna, de un modo u otro habíamos compartido la casa. Ahora podía yo saberlo todo, con detalles incluso.

«Ellas saben. Claro que siempre hay imprevistos. Recuerdo un día en que estábamos...», ¿no se atrevía a continuar o buscaba las palabras?, «pues eso, estábamos... en la cocina es donde estábamos, sobre la mesa, ya me entiendes, cuando de pronto se oye la puerta...» Como si contara el argumento de una película por centésima vez, sabía detenerse para mantener la emoción en el momento en que el marido estaba a punto de entrar, se reía de sí mismo al contar cómo tuvo que correr a esconderse con camisa y sin pantalones en un hueco detrás de la nevera, y llegaba al colmo del paroxismo cuando explicaba el horror de asistir a las desaforadas ansias eróticas que había suscitado en el marido encontrar en la cocina a su mujer desnuda a media mañana de un día laborable. «Y para colmo», reía, «sobre la misma mesa en que un minuto antes estaba haciendo lo mismo conmigo.» La contención con la que hablaba parecía quitarle salsa a la historia, a juzgar por la expresión ajena de Félix, que se entretenía en mirar las aguas de su licor en el vaso. O tal vez había oído tantas veces la historia que ya no le hacía el menor efecto.

«¿Y el otro qué hacía mientras tanto? Decís que siempre ibais juntos.»

Se echaron a reír, estaban siempre al borde de la risa. Todo aquello tenía un tono lúdico tan desenfadado que ni siquiera yo, después de haber visto mi casa convertida en un burdel, me sentía violenta.

«Pues, el otro mientras tanto esperaba.»

«Ya.» Tomé otra copa, cada vez la necesitaba más.

«No creas que se trata de forzar a nadie, no. Para estas mujeres la situación es ideal. No hay peligro, casi nunca, por lo menos», rectificó, «porque vamos a horas en que los maridos están trabajando. Tampoco hay compromisos que distorsionen la vida familiar, porque nosotros no volveremos hasta al cabo de un mes y si quieren repetimos, y si no quieren, no. Somos muy civilizados y ellas lo hacen si quieren y si no les ha gustado no repiten.»

«Pero les gusta. Claro que les gusta, como a nosotros, que también nos gusta.»

Oía sus voces pero ya no sabía cuál de los dos hablaba. De hecho, el dúo era tan perfecto que se turnaban para completar una frase.

«Es una organización perfecta», dije.

«Sí que lo es, porque al mismo tiempo que trabajamos, nos deleitamos.» Reían los dos y bebían y continuaban hablando: «No creas que mientras estamos con una chica nos perdemos otra venta, no, no es eso, nos ganamos muy bien la vida porque trabajamos duro. Vamos a cobrar cada mes el recibo, o cuando nos llaman porque hay algún desperfecto en la máquina.»

«A gusto de todos», dijo Félix, y llevado de su entusiasmo, me enseñó una agenda con las visitas de cada semana, por lo menos a seis meses vista.

«Es una buen organización», repetí. No sabía qué más decir.

«Claro que lo es, las mujeres aceptan esta organización porque ellas también son organizadas. Te dicen la mejor hora del día para ir, se lo hacen venir bien, son una delicia. Y si hay dificultades, encuentran una solución para todo. Recuerdo una chica de Masiellas, un pueblo pequeño del interior, que fue ella misma la que se ofreció. Dijo que no tenía dinero para comprarse una máquina, me lo dijo a mí, que había subido a su casa, y que si yo quería... pues eso, cada mes al ir a cobrar, pues a lo nuestro. Pero yo le dije que éramos dos, así que ella me preguntó dónde estaba el otro. Yo le dije que esperaba abajo. Pues que suba, dijo y a lo mejor lo podemos arreglar. Subió Segundo, se miraron, se gustaron y cerramos el trato. Fue una de las mejores clientas que jamás hemos tenido, no falló ni un plazo. ¡Miento!», dijo de pronto, «¡miento! En el mes de agosto se iba de vacaciones con su marido, empleado en la farmacia del pueblo, y al no poder pagar en especie nos pagó en dinero. Era un ángel.»

«Sí, era un ángel, pero no la hemos vuelto a ver. Tal vez tendríamos que hacerle una visita.»

Era una conversación muy entretenida, pero yo quería que me hablaran de Adelita, o de Dorotea. Y, una vez más tranquilizada, insistí:

«¿Qué más pasó con ella? Si no es por acostarse con vosotros, ¿por qué la llamáis puta? ¿Qué es lo que me tenéis que contar?»

«Pues sí, algo hay que contar, es cierto. Verás, el caso de Adelita se complicó, porque un día vino con nosotros otro vendedor también de la casa, quiero decir, de las máquinas de coser, y en seguida nos desbancó.»

«Y ¿por eso la habéis llamado puta? ¿Porque se fue con el otro?»

«No, no es por eso. Espera, espera, ten paciencia, mujer. Resulta que ése que nos desbancó, un tipo que se llamaba Jerónimo, era un vendedor como nosotros muy alto y muy guapo, que se había dedicado desde siempre a seducir a las chicas...»

«...y a vivir de ellas», le interrumpió Félix.

Yo tenía los ojos fijos en ellos, atenta sólo a disimular mi conmoción.

Segundo continuaba:

«Y como Adelita se enamoró perdidamente de él, cayó en sus manos y ya no pensaba más que en si venía o si no venía. Pero Jerónimo era un cínico, te lo juro, te lo juro por Dios», repitió viendo mi cara de horror, «era un verdadero chorizo.»

«No sé por qué dices era, era y sigue siendo, esté donde esté, porque éste lleva ya demasiados años en el oficio. No te puedes imaginar la maña que se da, cómo enloquece a las mujeres, y cómo las vence y las somete. Por más que te lo diga no te puedes hacer una idea.»

«Déjame que te cuente lo primero que le hizo a Adelita», lo interrumpió Félix. «Déjame que te lo cuente.»

Yo estaba con el corazón en un puño, los insultos eran como puñaladas, como heridas que me infligían, como si fuera a sabiendas, más dolorosas por más secretas, por menos sabidas, por más inesperadas.

«Cuando Adelita cayó en sus redes, que cayó, no puedes figurarte hasta qué punto, nosotros ya le habíamos vendido una máquina de coser y bordar, un modelo carísimo y sofisticado que sólo compran los profesionales, porque ella siempre quería lo mejor. Ya había firmado las letras de los plazos cuando llegó Jerónimo, nos pidió que le traspasáramos la venta y así sería él el que fuera todos los meses a cobrar. Lo hicimos, pero mira cómo es, que se fue a decirle a Dorotea que las letras se habían perdido y que le tenía que firmar otras. Pero además, como él no pobría haberlas descontado sin un aval, le dijo que alguien tenía que avalárselas porque si no tendría que devolver la máquina, y entonces ella consiguió el aval del dueño de un restaurante donde había trabajado, antes de estar en tu casa.»

La gracia que les hacía la estafa no parecía haber decrecido con el tiempo. Reían a carcajadas, que acompañaron con otra ronda de whisky. La botella estaba casi vacía. Para esconder mi confusión, me levanté con el pretexto de ir a buscar otra y traer un poco de hielo. Las primeras copas las habían tomado con calma, a sorbitos, acompañando el café, pero las últimas las bebían de golpe, al estilo del oeste, decía Segundo. Levantaban el vasito lleno, decían «yo en tu lugar no lo haría, forastero» y se echaban el whisky al gollete de una vez, con la cabeza hacia atrás y riéndose al final como dos niños. Y seguían hablando y descubriendo informaciones que, yo bien lo adivinaba, no habían hecho más que comenzar, informaciones que no me llegaban todas de una vez, sino que, como si hubieran recibido la orden de andar con cuidado, soltaban gota a gota, a pequeñas dosis, noticias sobre Adelita y sobre el hombre del sombrero, y luego otra y otra, como anticipando la lluvia torrencial que no tardaría en desencadenarse. Pero entretanto, esas gotas mezcladas con sus carcajadas y con su simpatía y hasta con su ternura, atemperaban el golpe. Se sirvieron la última copa de la botella y se tomaron riendo su «forastero». Y yo hice lo mismo con el ansia de que dejara de dolerme el agujero de angustia que otra vez se iba formando en un lugar incierto entre el estómago y el corazón.

Cuando volví con la botella, un cuenco con pistachos y

almendras y otro con aceitunas, los vasos grandes y un cazo con los cubitos de hielo, me recibieron alborozados.

«Eres una mujer estupenda», dijo Félix, «magnífica.»

Yo no había bebido tanto como para envanecerme, pero lo decía con tanta cortesía, con tanta amabilidad, que sus palabras y sobre todo su presencia, por borrachos que comenzaran a estar los dos, me tranquilizaban. Durante mucho rato aún, hasta que, bien entrada la noche, cuando con la botella nueva más que mediada decidieron irse, fui viviendo los hechos que se habían producido en mi propia casa —¿durante dos años?, tal vez tres o incluso quizá cuatro, dudaban, o cinco—, es más, a veces todo lo que me contaban encajaba tan bien con los cabos que habían quedado sueltos, que tenía la impresión de ir rellenando con las piezas que me daban los espacios vacíos que había dejado el puzzle de mi historia.

Yo los interrumpía pocas veces, ellos se pisaban o se detenían para soltar una carcajada, y al final ya ni siquiera me miraban para ver el efecto que me hacían sus palabras. Yo también bebía, aunque no a la velocidad de ellos, tal vez por esto el ambiente siguió siendo cordial hasta el último minuto y aunque un par de veces yo les había preguntado cómo harían para conducir con tanto alcohol en la sangre, no le dieron importancia y en pocas palabras me vinieron a decir que no pasaba nada, que estaban acostumbrados y que antes de soplar no tenían más que hacer unas cuantas inspiraciones muy hondas. Con eso no subía el marcador, lo habían comprobado. «O una buen propina», remachó el otro. «Los conocemos a todos.»

Para Adelita o para Dorotea, Jerónimo había sido el gran amor de su vida, decían ellos, y se reían también no sé si porque casi no hablaban sin soltar una carcajada o porque la vista de Adelita con su cuerpo menudo junto al altísimo de Jerónimo era en sí misma un motivo de risa.

«Adelita sólo vivía para Jerónimo, lo llenaba de regalos, que luego él nos enseñaba, agujas de corbata, gemelos, pitilleras de plata, regalos antiguos, pero buenos, no vayas a creer. Pero también camisas, y pañuelos de seda y prendas de vestir...»

Esta vez sí los interrumpí con cierta cautela para aclarar lo que más me interesaba.

«¿Y crees que ese Jerónimo», dije, afectando distancia, «ese Jerónimo, ¿estaba enamorado de ella?»

«¿Jerónimo? ¿Jerónimo, enamorado? Pero ¿qué dices? Jerónimo nunca ha estado enamorado de nadie, sólo de sí mismo. Pero las mujeres no lo ven, ni lo saben, es más, ni lo quieren saber, caen rendidas a sus pies, porque las cuida y las mima como si fueran lo único que existe para él en este mundo.»

«Así es como les saca el dinero», añadió Segundo.

«Pero si Adelita no tiene, no tenía dinero.»

«No tenía pero lo podía producir. Y mucho. Y él controlaba.»

«¿Qué quieres decir?»

«¿Se lo decimos? ¿O no se lo decimos?»

«Se lo decimos, sí, ya, qué más da. Mejor que lo sepa.» Yo estaba en ascuas. «De todos modos, te lo pensábamos contar.»

«¿Qué es lo que tengo que saber? Anda, cuéntame lo que sea.»

«No te gustará, aunque es muy divertido. ¿Sí o no?» Era Segundo el que hablaba esta vez, y Félix le aprobaba bebiendo a pequeños sorbos su whisky y dando cabezaditas de asentimiento.

«Sí», dijo al fin, «es divertido, tal vez para ella no tanto, pero cuéntaselo de todos modos, por partes mejor.» El nivel del whisky seguía bajando pero a mí no me preocupaba; al contrario, me parecía que cuanto más bebieran más largarían.

«Al principio, Jerónimo se contentó con cuatro cosas que ella debía de coger de tu casa.»

«¿Como qué?» interrumpí. «Yo no he echado nada de menos.»

«¡Yo qué sé!, algo sacaría, porque de lo contrario la hubiera dejado en seguida. Pero luego la cosa se le puso mal, porque el truco de las letras con el que engañó a Adelita, o cualquier otro tipo de estafa, debió de repetirlo en más ocasiones. Creo que tenía alquilado un almacén en alguna parte de esta zona donde guardaba las máquinas de coser que entregaba a las clientas, pero al cabo de unos días con el pretexto de que tenían un defecto se las iba a buscar y las volvía a vender, y cosas así. Pero claro, aunque él daba teléfonos cambiados, la empresa acabó enterándose y lo echaron, pero nunca pudieron recuperar el material. Y lo denunciaron, y entonces él se escondió, creo que se fue a Andorra unos meses, aunque luego volvió. Recientemente, otras empresas para las que también trabajaba lo denunciaron y ahora ha tenido que esconderse otra vez. No tengo ni idea de dónde está.»

«Bueno, y eso, ¿en qué me afecta? O ¿en qué afecta a Adelita?»

«Cuéntaselo», insistió Félix. «Cuéntale, cuéntale.»

«Por partes, de lo contrario me olvidaré alguna cosa.» Se arrellanó en el sillón, encendió un cigarrillo, se quitó la chaqueta con un gesto que quería ser refinado. «¿Puedo?», dijo, señalándola, y comenzó a hablar: «El que puso en contacto a Adelita con el joyero fue Jerónimo, él lo conocía bien, y también conocía al policía de Gerona. Debieron de montar el asunto entre los tres, a ella le dieron una pequeña parte y se dividieron el resto, pero Jerónimo, además, debió de cobrarse buena parte de lo de Adelita. Al fin y al cabo, había sido él el que la había convencido de que robara la joya y él el que la llevó a la joyería, ¿me sigues?»

«Sí, hasta ahora, sí.» Todos mis sentidos estaban en suspenso, algo me decía que todavía no me había llegado el momento de descansar, en el horizonte aparecía la mancha de una tormenta lejana que iba tomando cuerpo y se acercaba. No podría haber dicho si era una tormenta de agua, de viento, de arena, o una simple plaga de langostas, tan negra era la mancha. Pero al tiempo que la zozobra iba creciendo, sentía la excitación de la curiosidad y pienso ahora que me fui regodeando en la ignominia que surgía de la historia, en el perfil o el retrato de ese hombre cuyo cuerpo creía conocer sin haberlo visto ni tocado. Nunca me había preocupado de otra cosa y ahora, al irse desvelando la naturaleza de su carácter, no me afectaba la carga de inmoralidad que iba apareciendo, al contrario, la tomaba como un rasgo de su personalidad o de su forma de manifestarse, pero sin darle más importancia que a la de una característica meramente superficial, como si hubiera sido tartamudo o zurdo, o tuviera que usar gafas para leer.

Pero al mismo tiempo su conducta, por ignominiosa que fuera, o precisamente por ello, me seducía como había seducido a Adelita y a tantas otras, según decían esos dos, porque tenía el fascinante atractivo de la procacidad y de la maldad unidas a la golfería. De la maldad en sí misma, pero también de la que infligía precisamente al ser que lo amaba, y de la misma naturaleza del que llevaba a ese ser a someterse y a soportar con mansedumbre todas las ignominias y a obedecer todas las órdenes por nefastas que fueran para la propia estima, si es que se conservaba aún. Yo también, reconocía, como Adelita en su momento, incluso ahora mismo, me habría dejado seducir por él y, probablemente como ella, me habría deleitado en el daño que me hubiera hecho, en el dolor que me provocara. Lo reconocía por la excitación que se iba apoderando de mí y por el extraño placer que encontraba en las explicaciones de los vendedores. Y porque no me arredraba, quería saber más, llegar al fondo si es que fondo había en ese insondable pozo de negra oscuridad.

«¿Todo esto ocurría antes o después de que lo echaron de la empresa?»

«Antes, mujer, todo ocurría en paralelo, él trabajaba en la empresa, estafaba a las clientas y se montaba, además, sus negocios.»

«¿Así que era él el que estaba en contacto con los delincuentes? ¿El que obligaba a Adelita a robar? ¿Eso es lo que me queréis decir?»

«Eso es. Tal vez fue él mismo el que obligó a Adelita a ir a la agencia. Lo de la agencia es nuevo para nosotros, así que no podemos decirte exactamente cómo fue, pero conociendo la naturaleza de sus relaciones, y de todas las que tuvo anteriormente, que esto sí lo conocemos, lo más probable es que él la obligara y ella después le diera el dinero a él. También sabemos que él reunía a una serie de gente y organizaba con cierta frecuencia, eso... ¿por qué no llamarlo por su nombre?, camas redondas, orgías por todo lo alto, a las que asistían hombres muy influyentes, e incluso empresarios, jueces y políticos.»

«Y a Adelita, ¿la obligaba a ir? No puede ser, no puedo imaginarme una cama redonda con Adelita en ella.» Era como un marasmo de acusaciones y desvergüenzas que turbaba mi conciencia. Y celos, envidia, mala voluntad, eso sentía hacia Adelita también.

«Pues así es. Nosotros estuvimos en dos o tres.» Más risas conjuntas. «Tenía tales artes para conseguir que sus mujeres hicieran lo que él quería, que las convencía de que eran lo más bello, lo más atractivo, lo más deseable, y saber y comprobar que otros hombres las deseaban y se morían por su amor, cuando el verdadero amor le estaba reservado a él, le excitaba. Eso les decía, nos lo contaba él mismo, incluso delante de Adelita, que sonreía, adulada y feliz.»

Qué turbulencia la que se había formado en mi interior, qué angustia, pero qué voluptuosidad al mismo tiempo; como la de ellos, quise creer, viéndolos tan enardecidos, sólo que más etérea, más irreal, más solitaria.

«Podría decirte quién había. Varias mujeres, alguna incluso muy hermosa, pero no creas que era la más solicitada. Adelita era la más solicitada, no sé cómo lo hacía.»

«Pero si es más ancha que larga», no pude evitar la crueldad provocada por un feroz resentimiento que me impedía matizar mis palabras y distinguirlas del artificio.

«Pero una vez desnuda, ese cuerpo lleno de neumáticos, carnoso y a la vez fuerte, pequeño pero poderoso, podía ser tan deseable como una mujer de una pintura de Rubens.»

«Y tú, ¿cómo sabes tanto de Rubens?», mi voz se había vuelto agresiva.

Segundo reaccionó bien:

«Yo soy pintor, bueno soy pintor en mis ratos libres. He hecho varias exposiciones, no en salas muy importantes, pero vendo bastante. Y he estudiado a los grandes maestros. Sí, aunque te parezca sorprendente, Adelita tenía el atractivo de un cuerpo de Rubens. Yo no sé si los demás pensarían lo mismo, ni siquiera sé si saben quién es Rubens, pero te juro que en aquellas fiestas, ella era la más deseada. Y lo sabía. Ella estaba convencida de que era por su persona por lo que Jerónimo lograba convocar a tanta gente y eso la llenaba de orgullo, era como si se hubiera convertido en la persona que él le decía que era. Siempre que podía te contaba lo atractiva que era y lo mucho que su cuerpo exaltaba al concejal de urbanismo, el que, según decía, le juró que le recalificaría el terreno donde ella tenía su casa. Eso creía ella, y de eso vivía, y la verdad es que le habría arreglado la vida.»

«¿Se lo recalificaron?», una pausa en el galope de la sensualidad y el pasmo.

«Que yo sepa, no, ya te digo que llevamos meses sin verla. Le habría venido muy bien, pero si lo hubiera conseguido, Jerónimo la habría engañado otra vez. Porque era él el que tenía que cuidarse de construir, y al final el negocio lo habría hecho él y para él.»

«Y ¿estás seguro de que era él quien la obligaba a ir?»

«Segurísimo. Pero Adelita no sólo iba a las fiestas, llamémoslas así. Era ella la que las organizaba, bueno, no la que invitaba, que eso lo hacía Jerónimo. Él lo controlaba todo y era el que conocía a los que iban, ella se ocupaba de la comida, la bebida, preparaba las camas, todo.»

«¿Y dónde?», pregunté sin reflexionar.

Pero en el mismo instante en que oí mi propia voz, supe la respuesta. ¿Cómo no lo había visto antes? ¿Cómo no lo había comprendido el día que llegué y me encontré la casa tan revuelta? Pero ¿cómo podía haber imaginado una cosa así? De pronto, toda la cruda realidad que no había querido o no había sido capaz de ver apareció no como una imagen de la fantasía ni con la vaguedad de la imaginación, sino con la legitimidad de la propia rememoración, del mismo modo que lo vería si yo hubiera participado en la fiesta, como ellos, que ahora seguían hablando y se quitaban la palabra de la boca.

A partir de entonces intervine pocas veces, ¿qué podía decir?, preguntaba y luego callaba y los oía como un telón lejano, como un decorado que importaba poco. Pero eso añadía entidad a unos personajes que iban surgiendo del fondo de la historia para ocupar su lugar exacto, personajes que iba reconociendo por el papel que se les había adjudicado en ella.

¿Policías en mi cama? Un hombre con una gran mancha roja en la mejilla y aquel atildado caballero de gafas de oro sin montura, siempre vestido, con americana y corbata, que se negaba a desnudarse delante de los demás. O el otro, con la barriga, el secretario del concejal... Jerónimo, ¿en la puerta cobrando? Que no, mujer, que estas cosas no se hacen así. También un concejal del Ayuntamiento de Toldrá: el que le tenía que recalificar... Ah, sí, también el de Barcelona. ¿Era un magistrado? ¿El que le arregló lo del juicio? No sé, era amigo del abogado de Palamós: aquel hombre gordo y muy mayor, ¿recuerdas? No, éste no volvió, dijo que no le gustaban esas orgías. Se quedaba solo. Jerónimo lo organizaba, conocía a todo el mundo, había montado... y eso es lo de menos. ¿Droga? No sé, droga no sé, pero... Tal vez sí, porque el marido, enfermo, nunca salía. En mi cama, con mis sábanas y mis licores. No, nunca he estado en una cama redonda. Yo sí, varias veces; el año pasado por lo menos en cuatro, o tal vez en cinco. Ah no sé, no sé si se hicieron fotos. No sólo en tu cama, en todas. No lo sé, no sé si estuvieron los abogados que dices.

Era todo muy secreto. Nosotros porque éramos amigos de Jerónimo. Tampoco lo sé, el marido no se movía de casa. Lo sabía, seguro que lo sabía, lo sabía él y lo sabía todo el pueblo, lo sabía todo el mundo. ¿Que qué secreto? Yo qué sé. No se podía decir a nadie. Hasta el alcalde lo sabía. La recalificación del terreno, eso es lo que le dijeron a ella, recalificar el terreno. ¿Cómo no lo iban a saber? Y éste también, sí, el que se hizo rico con lo que le cayó de la Comunidad Europea. No sé lo que era. Eran burros, criaba burros. Tal vez sí: era la Generalitat, que quería salvar los burros catalanes, y patrocinaba la cría. A lo mejor sólo eran clases para inmigrantes, no me acuerdo. ¡Ah, claro!, las chicas debían de venir de la agencia, claro, claro que sí. Siempre me pregunté de dónde salían. Comida y bebida, y lo que hiciera falta. Droga, no sé, ya te digo. Algún porro, sí. Bueno, pues muchos; yo no fumo porros. ¿Heroína también, y coca? No lo sé, no los días que yo estuve. No sé, no sé si también lo de la coca pasaba por ella. Él sí, él lo organizaba todo. Frío. Eso era: frío. Por el dinero sólo vivía. Le daba igual la estafa de una miserable letra de una máquina de coser que cobrar cantidades millonarias por extorsión. En juego, sí; era jugador. Al Casino de Perelada o a Francia se iba. Nunca tenía bastante, nunca. Droga, dices, ¿eh? Yo no creía. Sí, tal vez eso no fuera más que la punta del iceberg, no sé, la verdad, yo no lo sé.

Tal vez por consideración a mí o por pudor, o porque lo daban por sabido, no añadieron más detalles, no hablaron de su papel en la orgía, ni se entretuvieron en una pelea que, al parecer, hubo uno de los días, en la que alguien, no dijeron quién, había amenazado a otro con una pistola. Demasiado alcohol, dijeron, demasiado alcohol. Pero todo había quedado en nada. ¿Estarían desnudos ya? ¿Dónde se deja la pistola cuando uno se desnuda? ¿Como en las películas del oeste? Salen corriendo siempre abrochándose el cinturón de la pistola. ¿Se llama cartuchera?

Veía los movimientos en la casa, las subidas y las bajadas, la ocupación de las habitaciones y mi cama repleta de hombres y mujeres. Mi cama, mi cama... ¿Cuánta gente habría pasado por mi cama? Una sensación de asco me llenó la boca y me dejó acartonado el pensamiento: cómo habrían quedado las sábanas y el colchón. ¡El colchón! Apenas podía pensar; sólo era consciente de las vueltas que daban esos hombres y mujeres en mi cabeza; los traficantes o los negociantes o los políticos o quien fuera, que se habían apropiado de mi casa para montar orgías en sus horas libres. Veía la casa iluminada, con música, lejos del pueblo, sin testigos y con la connivencia de la policía. Claro que la policía no había investigado, claro que el juez había desestimado mi denuncia, claro que nadie quería ocuparse de mi caso, claro.

El alcohol y la estrafalaria situación en que quedaba yo misma, con mi sorpresa a cuestas, me iban dejando sin habla casi, pero no hacía falta que me preocupara por hablar más, por disimular. La fiesta había acabado. Ellos, vencidos al fin por el alcohol, se levantaron lentamente, pidieron un vaso de agua para acallar el fuego de la bebida, o el de la memoria. Con sus Adelitas y sus Doroteas, y sus redes de prostitución y delincuencia, con las que habían compartido momentos deliciosos sin apenas violencia ni agresividad, lo justo para seguir riendo. Reír a todas horas: eso es lo que importaba. Reír en el coche, en la cama, en la calle. Reír y fornicar siempre. ¿Reirían en su casa? ¿Reirían y se divertirían sus mujeres con otros vendedores que llamaran a la puerta mientras ellos recorrían el país en busca de una nueva mujer, de una nueva conquista, de una nueva risa? ¿Así era el mundo que yo no conocía? El sexo reinaba durante el día y durante la noche, y yo entretanto en Madrid, trabajando.

Hay personas para las que el sexo es una mera condición de la pareja que se disfruta el tiempo que dura, y no se piensa más en él hasta la próxima vez, como si fuera un mundo estanco, como lagunas en el territorio de nuestra vida. Pero hay mil mundos ocultos bajo la tierra que pisamos; tal vez lo obvio, lo que está a la vista, no sea más que una convención que necesitan el poder, el dinero, la moral, para poder subsistir mientras cada cual siga haciendo lo que más le guste; pero en otro ámbito, entrando a formar parte de una trama de organizaciones que engloba la orgía, el tráfico de drogas, el de armas, ¿por qué no? Para mí, esa red, esa pequeñísima red de sexo entre influyentes amigos que se conceden mutuamente prebendas, era la única; pero para ellos, ¿lo era también? ¿No sería sólo una entre las miles que se extienden por todo el país, por la tierra entera? Un lugar que está por debajo del mundo convencional de los famosos, los ricos, los poderosos y de todos los que los rodean, un lugar que no se ve pero al que acuden aunque renieguen de él, me había dicho más o menos Adelita. Y era cierto: había otro mundo que daba respuestas distintas a las pasiones y las obsesiones que nadie quería reprimir, sino por el contrario, provocar, exagerar y magnificar, pero siempre en la oscuridad, para no ser reconocidos, para no ser castigados por las leyes que ellos mismos promulgan.

Se fueron diciendo que volverían. Se fueron cada uno en su coche, abriéndose camino los faros en la noche negra que había quedado borrosa tras el velo de la bebida. Los vi torcer con cautela hacia el camino vecinal y aún pude seguir el rastro de los faros entre los árboles hasta la carretera general. Después entré en la casa que olía a tabaco y con la indiferencia que da la borrachera apagué las luces, abrí las ventanas y puertas del salón, y me dejé caer en el sofá sin ni siquiera pensar en lo fácil que le habría sido al enemigo que me rondaba como un fantasma, viniera o no en una camioneta gris, entrar por las puertas que había dejado abiertas.

Mañana amanecerá otra vez, mañana pensaré en todo esto, mañana no me dolerá tanto la cabeza, mañana compraré otro colchón.

Alejada como me sentía de los peligros que me acechaban, e incluso de aquellos dos hombres que acababan de irse habiendo soltado su desconcertante carga de acusaciones, me dormí entre cuerpos desnudos, enlazados y amontonados, riéndose a carcajadas de mí, ese ser de otra especie, de otro mundo, que había caído por azar entre ellos y que los contemplaba acurrucada en un rincón del cuarto, vencida por su imposible tristeza y soledad. Pero un instante antes, cuando todavía era consciente del traqueteo del alcohol en mi cerebro y me hundía en el estado angustioso que precede al sueño profundo de quien ha bebido más de lo que puede soportar, una reflexión surgió del marasmo de palabras e imágenes, tan prístina, tan evidente, que se prolongó solapándose con las alucinaciones y quimeras de la noche e, impertérrita, vino a hostigarme al despertar. Así que esos dos tipos vulgares entran en las casas con su desenvuelta simpatía, sus risas y su desparpajo, les hacen todo tipo de proposiciones deshonestas a las tranquilas amas de casa, acaban revolcándose con ellas en la cama, en el suelo o en la mesa de la cocina, y en cambio a mí, a pesar de estar sola en este caserón, de ser alta, delgada, culta y elegante, y guapa aún, y de haber bebido y reído con ellos, ni siquiera con cautela se les ha ocurrido dirigirme, ni de palabra ni con la mirada, la más leve insinuación. Y Adelita, baja y gorda, con pinta de pelotari, cara ancha y el triste peinado de ricitos que le cubre las orejas participa en orgías y es deseada por todos los hombres, mientras que a mí, ellos, los vendedores y, al parecer, los demás hombres del mundo, cuando les abruma el deseo y la pasión, ni siquiera me ven, soy transparente, no existo.

Así dormí hasta la madrugada, pero había de ser una noche sin reposo, porque cuando, vencida aún por el sopor, reanudé el sueño pesado y angustioso con los berridos y los lamentos de tantas agonías eróticas ardiendo en la corteza de mi cerebro, emergió de la conciencia suspendida la figura de un anciano inmovilizado en la silla de ruedas, cubiertas las afiladas rodillas con una manta de cuadros, vidriosos los ojos de pavor como si se diera cuenta de que estaba condenado a contemplar ese espectáculo de procacidades durante toda la eternidad.

Un leve sobresalto al caer por la acera donde me encontré de pronto caminando me hizo cambiar de postura.

Desapareció la imagen, pero un interrogante amargo había quedado colgado de su estática brutalidad como un hilo en la tenebrosa conciencia que de nuevo se abría paso entre los jirones del sueño: ¿Habría sido mi padre en su inercia física y emocional, en su condición de vegetal, un testigo recurrente de aquellos descalabros, un aliciente morboso para los orgiásticos?

Se fundían y confundían en mi mente tantas imágenes, deseos, inquietudes y desvelos que, agotada por ese torbellino, cuando el amanecer se abría paso en el cielo fatigado de la noche, me dormí sumida esta vez en el silencio y la tiniebla.

8
***

Me despertó la luz del día como un golpe de aversión. Con las puertas y ventanas abiertas, tenía la impresión de haber dormido al raso. Hacía viento y, como una señal de mal agüero aprendida en el cine, ondeaban amenazadoras las cortinas y el cielo vagamente encapotado tenía la luz fría y blanca que precede a la tormenta. Mi cabeza pesaba de tal modo que los párpados se negaban a incorporarse y cada músculo de mi cuerpo transmitía su movimiento al cerebro, dibujando insoportables líneas de dolor.

No estaba acostumbrada a beber, ni siquiera en los últimos tiempos con Gerardo, que no sabía prescindir del vino en las comidas y tomaba siempre una o dos copas antes de cenar. Yo aceptaba la mía, más por acompañarlo que por gusto, pero casi siempre la dejaba a la mitad. «No sabes encontrarle placer a la copa de la tarde, me recriminaba.» No sabré, pensaba yo. Nunca había bebido, y menos en las cantidades del día anterior, una copa y otra y otra, ellos hablaban y yo los oía o preguntaba al tiempo que iba apareciendo el panorama del desenfreno que tenía lugar en mi propia casa y en ella se repetía y se multiplicaba. Y ahora, ese malestar, esos dolores repentinos que perseguían cualquier gesto, unidos a la desgana, a la insoportable resaca, me atenazaban el pensamiento con tanta insistencia que, contrariamente a la sorpresa y a la repugnancia que me habían provocado la tarde anterior y a las recurrentes pesadillas de la noche, no lograba que las confidencias de aquellos dos vendedores me impresionaran. Aquella larga conversación se me presentaba ahora como una vaga y lejana memoria despojada de la inapelable rotundidad de entonces, del dramatismo con que yo creía haberla oído. Como si no fuera capaz de percibir sentimientos ni emociones o hubiera perdido la capacidad de analizarlos. Ni siquiera, echándome atrás en el tiempo, me era fácil rememorar el estado de ánimo que me había sumido en la apatía y el decaimiento durante tantas semanas. ¿Será cierto lo que defienden los bebedores, que una buena borrachera limpia el alma como un viento del norte, y que la resaca nos envuelve y esconde lo más doloroso, como si el pensamiento inmerso en ella perdiera toda capacidad que no fuera la de la conciencia de su propio malestar, invalidando así los demás contratiempos del alma?

Sentada en el sofá, apenas tenía ánimo para levantarme, temerosa como estaba de que cualquier movimiento trajera consigo un dolor nuevo, un quebranto de cualquier músculo agazapado y desconocido. Yo sola con esa inmovilidad y ese temor, y a mi alrededor un inmenso campo desierto.

Sólo hacia el mediodía, después de una larga ducha de agua fría, de haber adecentado mi aspecto, de haber procurado recomponer el salón, despacio, no fuera a torcerse la línea de dolor en el occipital, cuando ya el sol había abierto un boquete entre las nubes, y aquel viento de la mañana apenas había quedado en una brisa leve que se empeñaba en limpiar el aire, sólo entonces comencé a darme cuenta cabal de la información que había recibido. Sin embargo, mi entendimiento se resistía aún a aceptarla, no porque le costara creer lo que habían contado los dos vendedores desconocidos con los que había pasado la tarde y buena parte de la noche en aquella impensable francachela, sino porque seguía sin lograr darle el contenido preciso, como si lo viera sin relieves ni protuberancias, un mero dictado gramatical de los hechos.

No es posible, no puede ser verdad que todo esto haya ocurrido durante meses o años en mi propia casa sin alterar el orden de mi vida. No tengo por qué hacer caso a esos locos a los que nunca había visto y que tal vez no han hecho más que inventar y fabular para reírse de mí. Quizá me engañaron y eran simples clientes de la agencia que venían en busca de Adelita o de Dorotea, y que con las copas construyeron una historia. No tengo por qué creerlos, no puede ser cierto.

Sin embargo, cuando poco a poco se fue aclarando la confusión que me obnubilaba, cuando comencé a calibrar de qué podían conocer tantos datos, de dónde habían sacado tanta información que se acoplaba perfectamente a los espacios en blanco de la historia, concluí que tal vez hubieran exagerado, pero del mismo modo podía aceptar que, por consideración a mí, habían minimizado o incluso eludido detalles infinitamente más escabrosos que la escueta mención de aquella red de prostitución y negocios sucios, según dieron a entender, evitando en todo momento descripciones y anécdotas que habrían dado más verosimilitud a los hechos. Sí, alguna imagen concreta llegué a arrancar de sus palabras, pero muy pocas: el desnudo de Adelita que compararon a un Rubens, aquel caballero de gafas sin montura que se negaba a desnudarse delante de los demás, la mancha roja en la cara del hombre gordo... Sentada a la mesa de la cocina, con una segunda taza de café y una aspirina que habían de acabar de borrar la jaqueca, fui pasando revista a esos personajes que recuperaba la memoria, desgajándolos de aquel zafarrancho de cuerpos que esa misma mañana, antes de entrar en la ducha, habían aparecido en mi cama.

Subí a la habitación otra vez: allí estaba, mi cama ahora

tan impoluta, tan blanca, con su colcha de algodón, de flores y lazos en relieve como dibujos repujados en su textura, que hacía años había comprado en Portugal, una colcha casera y doméstica a la que no le faltaba más que el aroma del espliego que Adelita guardaba en bolsitas de organdí y ponía en los armarios de la ropa blanca. La habitación entera a la luz de la mañana irradiaba paz y sosiego, la ventana bordeada de flores de buganvilla se abría al paisaje bucólico del campo recién arado, las moreras tras ella comenzaban a dorarse y a lo lejos las viñas rojas sobre las lomas reclamarían a mediodía el tañido de las campanas. Volví la vista al interior: las dos mesitas de noche, una a cada lado de la cama, antiguas, de madera pulida, la cómoda con las fotografías de mi padre y de mi madre, mías incluso en la infancia, las cajitas de porcelana, las palmatorias, los cuencos de ébano, todos esos objetos tan familiares, ¿dónde los ponían?, o ¿ni siquiera los veían? ¿No se habría llevado Adelita algún objeto o un marco de plata que yo ni había echado de menos? Dejé vagar el pensamiento recreándome en el aspecto apacible de mi dormitorio como si contemplando la verdad de su presente pudiera desvelar el cúmulo de historias que guardaban las sábanas, las alfombras y las paredes, o las agazapadas imágenes que en algún rincón esperaban mi propio convencimiento para mostrarse en todo el esplendor de su perturbadora grosería.

Recorría las habitaciones de la casa como una sonámbula, buscando indicios que de alguna manera me remitieran al uso que de ellas había dado Adelita mientras yo daba mis clases en Madrid, como si quisiera horadar la realidad y penetrar en otra más profunda que se me había escamoteado y que sin embargo allí estaba, allí tenía que estar si es que de verdad había ocurrido lo que me habían contado. Esta casa, sus habitaciones, el salón, la cocina, todo había sido invadido muchas veces por un ejército de desenfrenados vividores que debían de conocerse de sus negocios, ¿por qué no de las mafias que controlaban o a las que pertenecían?, que venían a mi propia casa, con una serie de mujeres que les proporcionaba la agencia. ¿Por qué en mi casa? ¿No había otro lugar en toda la provincia? No sólo aquí, me había dicho Félix, hay otros muchos lugares, en la provincia, en el país, en el mundo entero, hay una malla gigantesca de cuevas tan ignoradas como ésta que cubre todo el territorio. Que no se vean no quiere decir que no estén.

Volvía a mi cuarto forzando la imaginación para ver en la vigilia lo que el sueño me mostraba de noche. Durante muchas horas no lo lograba, como si me faltaran elementos y mi fantasía se hubiera vuelto llana como un desierto, pero, poco a poco y sólo muy de vez en cuando, aparecía borrosa aún la cara de Jerónimo, de mi hombre del sombrero negro, desprendidos de ella todos los inmundos calificativos que la inteligencia me proponía y yo me negaba aceptar. Como si sus actividades que a la fuerza escondían robos, extorsiones, fraudes, sobornos, prostitución, según yo misma podría haber reconocido de haber querido o de haber tenido el valor para ello, no hubieran sido más que negocios, simples negocios sin valoración de ningún tipo, ni siquiera moral, cosas de hombres, de la profesión a la que se dedicaban, como los otros participantes, seguramente honorables padres y maridos que en familia guardarían celosamente su secreto.

Aparecía con su sonrisa. Él, al que apenas había visto sonreír. Él, que precisamente nunca formaba parte del grupo aunque de él dependía y a él se remitían los demás en busca de información, de quejas, de programas y de fechas. Pero esa sonrisa y su talante de hombre eficaz, lejos de desentonar, se adecuaban al ambiente de placidez familiar y amorosa de aquel dormitorio celestial, tal vez porque así, solo como estaba y envuelto en el aura de la memoria, adquiría el aire sensato de una estampa de devocionario. Aquella noche, sin embargo, en el interregno entre la vigilia y el sueño, cobró vida y se transformó, dejó de ser estática y vestida su imagen, y en la amalgama de cuerpos que había cubierto la cama impoluta, lo vi desprenderse de todas aquellas mujeres en las que estaba arropado —también de Adelita, que, en efecto, tenía las redondeces de un Rubens—, y acercarse al rincón donde yo me había refugiado, y ante la mirada socarrona de las demás mujeres alargó una mano, tomó la mía, y me ayudó a levantarme. La fantasía, mi pobre fantasía, se deshacía en ese instante como si no hubiera final, ni continuación, y por más que yo insistía y me debatía en la pequeña historia de nuestro encuentro, no sabía yo misma cómo continuar. Y de nuevo comenzaba desde el rincón del cuarto, mirando, cada vez más fascinada, el espectáculo que ya no me sorprendía sino que me atraía casi tanto como el hombre que una vez más se acercaba y me tomaba de la mano.

Fue al día siguiente a esa hora en que el atardecer se hunde sobre la tierra y se apoderan de ella las sombras, cuando tras dar vueltas por la casa, decididamente ensimismada, me asomé con nostalgia a la ventana del estudio y, como si fuera un elemento más de mis quimeras, descubrí la silueta de su cuerpo igualmente inaccesible plantada frente a la higuera, con las piernas separadas y los brazos caídos a lo largo del cuerpo. La luz, la poca luz que quedaba, le había robado a la imagen su volumen, de tal modo que, en su inmovilidad, parecía un muñeco de papel que pudiera volar al menor soplo de aire. Estaba de frente, mirando hacia mi casa, y aunque no podía verme porque yo permanecía en el oscuro interior del estudio y la distancia no podía apaciguar el brillo del cristal, tenía un aire desafiante porque a la fuerza debía de saber que yo lo espiaba desde mi atalaya. Me sonrojé como si se encontrara a mi lado. ¿Qué me está queriendo decir?, se preguntaban los latidos de mi corazón, reconociendo mi incompetencia para entender el mensaje que parecía enviarme con la inmóvil postura de su cuerpo dirigido hacia la casa.

De pronto levantó el brazo como si saludara, o como si me hiciera una señal. ¿Era a mí? Si no era a mí, ¿a quién podía ser?, porque yo era la única persona que había en todo el valle hasta donde alcanzaba mi vista. ¿A quién saludaba, pues? Sí, me saludaba a mí, me hacía una señal. O ¿habría alguien más que yo no veía? Quizá no era un saludo, sino el simple movimiento de alargar el brazo para coger un higo. Ya no quedan higos. ¿O era un movimiento para retirar una chaqueta, un pañuelo, una bolsa que hubiera dejado colgando de una rama? Lo mantuvo de todos modos en alto un buen rato, sin balancearlo ni gesticular, y luego se dio la vuelta y desapareció tras la casa de los vecinos, que salían en aquel momento hacia el camino todos juntos, tres o cuatro personas. Debieron de mezclarse o saludarse porque sí vi que se detenían un momento, pero la oscuridad me impedía distinguir unas sombras de otras y no pude saber si mi hombre se había ido con ellos o por el contrario seguía tras la casa esperando el momento propicio para salir. ¿Para salir, atravesar el valle y venir? Claro. ¿Qué se lo impide? ¿Por qué no viene, pues? ¿Por qué no se acerca?

Su desaparición me sonaba ahora a indiferencia y a menosprecio, y el movimiento del brazo había perdido la remota posibilidad de que fuera en efecto una señal, como la que yo le vi hacer a Adelita en ese mismo lugar. Debe de saber que Adelita ya no está aquí, así que no es a ella a quien hace señales. Y si es en efecto a mí, si aunque no puede verme, sabe que yo en cambio sí lo estoy mirando, ¿por qué no viene? No es el miedo lo que lo retiene, ni la timidez, ni la sensatez, ni el temor a encontrarse con alguien, sabe que estoy sola, lo ha sabido siempre. Sabe incluso que lo espero. No viene, pues, porque no me ve. Le ocurre lo mismo que a los vendedores; toda una tarde hablando, riendo, bebiendo, pero no me veían. Me vuelvo transparente, invisible para ellos, cuando entro en ese mundo suyo. Tal vez Adelita tenía razón, con aquella teoría de la impenetrabilidad de nuestros mundos, aunque no debido a la riqueza y el poder de los unos respecto de los otros como ella creía, sino porque a ellos, los otros, los distingue la posesión de algo más profundo, más elemental también, pero infinitamente más efervescente, cuyas reglas secretas desconozco.

La sombra de un ultraje planeaba sobre mi alma, una oscura tiniebla que fue aumentando como aumentan los miedos alimentados por sí mismos, que me dejó vagando de nuevo por la casa, con las luces apagadas y acosada por los ruidos de la noche a los que por veces que creyera haber dominado y olvidado acababan siempre reapareciendo con una transparencia mayor. Y, sin embargo, ni esos ruidos, ni el ultraje, ni el reconocimiento de mi condición me impedían asomarme a la ventana, a la negra noche, volcada a la esperanza, que no por improbable dejaba de mostrarse en toda su dolorosa intensidad. Eran más de las tres de la madrugada cuando me dejé caer en el sofá y me venció el sueño.

Por un resto de lucidez que debía de quedarme en la conciencia sensual, u olfativa al menos, al día siguiente fui al pueblo a encargar colchones nuevos para mi cama, y para las camas de las dos habitaciones de invitados que había en la casa, una de las cuales había sido la mía en vida de mi padre. Dos chicos me los trajeron aquella misma tarde y se llevaron los colchones usados, contentos de poder aprovecharlos o venderlos porque parecían nuevos, ya que las orgías no habían dejado rastro en la prístina placidez del descanso que pregonaban, o Adelita lo había borrado.

Una operación, la de la sustitución de los colchones tras la desaparición de la resaca, que tal vez porque no estaba acostumbrada a ella, se prolongó mucho más de lo previsto, y hasta después de tres largos días no pude considerarla terminada. Claro que había iniciado una limpieza a fondo que no me dejaba libre más que unos pocos minutos para prepararme algo de comer. Al cuarto día ya volvía a dormir en mi cama con sus sábanas de hilo y su colcha blanca recién lavadas y planchadas. Tenía ese cansancio que dejan las grandes limpiezas porque había pasado muchas horas fregoteando suelos y cristales, enviando al tinte cortinas y alfombras y lavando toda la ropa blanca que pude encontrar, con tal ahínco y tal ansia de que desaparecieran los ocultos vestigios de los descalabros que allí se habían cometido que me dolían ciertos músculos que, al parecer, no se activan más que con el trabajo doméstico.

Volví a hacer todas las camas y dejé a punto las habitaciones, un ejercicio completamente inútil porque nadie había de venir ni tenía el menor interés en mantenerlas dispuestas como en otro tiempo, la casa preparada para recibir a mis amigos, pocos, es cierto, pero presentes ciertos fines de semana del verano cuando Gerardo se ocupaba de nuestra vida social, y que ahora al pensar en ellos me parecían lejanos e irreales. Igual que Gerardo, cuyo recuerdo apenas aparecía en mis pensamientos y que cuando por azar lo veía asomarse porque lo convocaba una palabra o una imagen, lo rehuía y lo barría sin piedad como si fuera la memoria de un enemigo, la única persona que podía interrumpir o desviar el camino que irremisiblemente y casi a ciegas había emprendido. O quién sabe si guiada por una fuerza desconocida, que ella sí sabía adónde me llevaba.

Al quinto día me levanté más decidida. Cogí el coche y enfilé la carretera de Gerona. La mañana tenía esa lánguida luz que anuncia la llegada de temperaturas más bajas. No había nubes, pero el cielo desvaído tenía un aire de inconsistencia, casi de provisionalidad de los días de setiembre, cuando ya nada parece asegurar la permanencia del buen tiempo. El campo había perdido la uniformidad del verde poderoso del verano y se deshacía en tonos dorados, amarillos y granate, y el verde que quedaba estaba descolorido en espera de lluvias que no habían vuelto a caer desde hacía más de un mes.

Cuando llegué a la comisaría de Gerona me salió al paso un policía. Le pregunté si podía ver al comisario y me rogó que me sentara y que esperara. La sala estaba llena, pero logré un hueco libre, apoyé la cabeza en la pared y procuré concentrarme en la memoria que guardaba del comisario. Lo recordaba muy bien, me había dado confianza, el desgraciado, el estafador. Era él quien había hecho desaparecer la notificación del joyero. Veía aún su cara bicolor que me obligaba a mirarlo a los ojos para que no se diera cuenta de hasta qué punto me repugnaba y me atraía la enorme mancha de sangre que le cubría la mejilla, y él me devolvía la mirada igualmente directa, creando entre los dos una corriente de franqueza y de sinceridad que, ahora lo veía, se fundamentaba precisamente en esa mancha roja o morada, casi negra en algunas partes, a la que yo hacía esfuerzos por no mirar. Llevaba más de media hora viendo entrar y salir gente del pasillo del fondo, donde estaba el despacho del comisario que conocía del día de la denuncia del robo, y me entretenía pensando qué le diría. Podía preguntar con candidez cómo es que habiendo él reconocido que la joya se había robado y que el joyero había llevado una fotocopia del carnet de identidad de Adelita, se había sobreseído el caso. No, mejor aún, lo que podía decirle es que no sabía que conocía mi casa tan bien, así, a bocajarro. O tal vez sería mejor intentar un golpe bajo comunicándole que conocía al juez amigo suyo que lo acompañaba en sus correrías. O...

«¿La señora Fontana?», tenía frente a mí al policía de la entrada.

«Sí», dije, «soy yo», y me levanté dispuesta a seguirlo.

Cuando entré en el despacho, el mismo que ya conocía, me di cuenta de que algo había cambiado. Daba la impresión de estar más lleno, de no tener aquella vacuidad que entonces me había impresionado tanto. Los muebles también me parecieron otros. Había frente a la mesa del despacho, llena de papeles, un par de butacas y en el rincón más alejado un sofá de cuero negro, dos sillones y una mesa baja de cristal, repleta de carpetas. El policía me invitó a sentarme y dijo que el comisario vendría en seguida. Y efectivamente no tardó, pero no era el comisario que yo conocía.

Me saludó muy cordial y me preguntó en qué podía ayudarme.

«Disculpe, pero ¿usted es el comisario?»

«Sí, soy el comisario.»

«¿Seguro?», insistí estúpidamente.

«Claro que soy el comisario, ¿por qué le extraña tanto?»

«No, no me extraña, es decir, sí me extraña. O por lo menos no es usted el que yo conocía. A no ser que lo hayan nombrado en los últimos meses.»

«No, señora», respondió con firmeza y un poco confundido, «estoy aquí desde hace dos años.»

«Pues yo vi a otro comisario.»

«¿Cuándo?»

«Era el día último del año pasado. Lo recuerdo muy bien, o el penúltimo. Vine aquí porque en mi casa se produjo un robo y el comisario me vino a decir...» Parecía que estábamos jugando al juego de los disparates.

«Disculpe, pero yo no le dije nada. ¿Quién la atendió?»

«Un policía que me dijo que era el comisario.»

«¿Está segura de que se lo dijo?»

«Pues...», dudé, «tal vez no me lo dijo él personalmente, pero el policía de la puerta sí me dijo "el comisario la está esperando", y me hizo entrar en este despacho y luego llegó él, así que yo debí de suponer que era el comisario.»

«Pues no lo era, además, este despacho no se utilizaba entonces, lo hemos arreglado hace escasamente un mes, pertenece al ala nueva y estaba en desuso.»

No sabía qué más decir. Tenía la impresión de que el comisario, el de ahora, me estaba tratando como si yo fuera una mujer con una leve demencia que tuviera la inveterada costumbre de comparecer en la comisaría un día sí y otro no buscando un policía que, en su delirio, hacía responsable de una serie de tribulaciones que le habían ocurrido hacía mil años. Y también yo me sentía insegura. La confusión se extendía como una gran mancha de aceite y me daba cuenta de que ya no pisaba terreno firme, no porque fueran ellos los que me engañaran, sino porque era yo la que perdía pie, la que ya no tenía confianza en mi propia memoria, como si realmente la demencia comenzara a asomar a mi conciencia y se dedicara a tergiversar la memoria y con ella los hechos que yo creía haber vivido y todos los que me habían contado. Pero de pronto recordé la mancha de sangre, y esa visión me hizo recobrar la fe en mis propias palabras. Dije:

«Era un policía que tenía una gran mancha roja en la mejilla.»

El comisario hizo un breve, brevísimo gesto de impaciencia que no podía escapárseme porque mis ojos estaban fijos en la expresión de su cara, buscando la señal que me indicara dónde radicaba la trampa, el engaño, la estafa. No quería, no podía fiarme de nadie. Sí, había hecho aquel brevísimo gesto de impaciencia, e inmediatamente se había quedado inmóvil y había adoptado una expresión impenetrable. Tal vez me lo pareció, pero en cualquier caso tardó en reaccionar. Yo esperaba, como si los dos supiéramos que la vez era suya ahora. Finalmente, tras un largo silencio, dijo:

«El policía Álvarez ya no está con nosotros, no pertenece al cuerpo.»

Una irritación que se había generado en el momento en que oí sus palabras se iba extendiendo por mi alma, por mi voz y por mis sentidos. Al final, viendo la calma con que él esperaba ahora mi respuesta, salté:

«Y me lo dice así, sin más. ¿Qué hago yo, pues, para recuperar el documento del joyero confirmando que mi guarda le vendió la sortija, qué hago para recuperar la joya cuyo importe él se puso en el bolsillo, qué hago yo...» Estaba tan irritada que las palabras salían entrecortadas de mi boca, farfullando y saltando de un argumento a otro, de una petición de justicia a otra, hasta que él me interrumpió de la peor forma posible. Para mí, por supuesto.

«Señora Fontana», tenía de nuevo el tono que se emplea con una persona que no está en sus cabales o que ha perdido la razón, aunque sea momentáneamente, «señora Fontana, no se ponga nerviosa.»

«¿Qué quiere decir con que no me ponga nerviosa?», quise saber. «Y ¿por qué no me puedo poner nerviosa? A usted, ¿qué más le da que me ponga nerviosa o no? Lo que usted tiene que hacer no es darme consejos sobre mi forma de reaccionar por infamante que le parezca, sino averiguar por qué me pongo, como usted dice, nerviosa, qué es lo que ha ocurrido para que así me altere y hacerse responsable de la delincuencia de uno de sus subordinados.»

«Creo que se está excediendo, señora Fontana. Haremos lo que podamos, pero ya le anticipo que no sacará nada poniéndose así.»

«No sé qué provecho sacaré, pero le aseguro que investigaré hasta la última célula toda esta corrupción que me envuelve, que ha tenido lugar aquí, en la comisaría de usted pero también en mi propia casa, y uno por uno, todos los que están mezclados en éste, y en otros asuntos, serán descubiertos y denunciados.»

Esta vez me miró con curiosidad. Debía de parecerle tan delicioso ver a una mujer amenazando a un comisario de policía, convencida además de que conseguiría la justicia a la que creía tener derecho sin contar con la más mínima prueba, que debió de despertársele un sentimiento de compasión y simpatía por la víctima, es decir, yo. Porque me sonrió. Pero fue un solo instante y no logré interpretar si la sonrisa era de suficiencia o de conmiseración. Sin embargo, la breve actitud amable que me había dedicado no le impidió continuar con el papel duro que había tenido a lo largo de toda la discusión:

«Mire, permítame que le repita que está usted muy nerviosa y que el nerviosismo, que yo comprendo, la lleva a fantasear. Nosotros estamos aquí para ayudar, pero lo que nos es imposible es corear y aplaudir los ataques de histerismo de cualquier persona que venga a acusar a la policía de ineficacia y de corrupción.»

Ignoré lo del histerismo.

«¿Así que usted no sabe nada de las andanzas de su hombre de la mancha de sangre en la cara? ¿Quiere que le cuente qué hace, o que hacía, en sus ratos libres? ¿Quiere que le cuente sus chanchullos con los joyeros, con los traficantes, con los jueces?»

Me miró con frialdad infinita y dijo:

«Lo que quiero es que me lo demuestre. Nada más.» Y pasó directamente a la amenaza: «En cuanto al robo de su joya, el caso fue sobreseído y ya puede usted darse por satisfecha con que el juez no la haya acusado de fingir el robo para cobrar el seguro. No desapareció ninguna denuncia. Al contrario, esta denuncia es la que podría incriminarla a usted.»

«¿Que qué?», chillé. Pero fueron mis últimas palabras, porque en seguida me di cuenta de que me había quedado sin ellas, y casi sin respiración. Así es como la gente tiene los infartos y los colapsos, logré pensar.

El comisario había abierto la puerta y yo salía por ella, inmovilizada mi voz por la sentencia final que no me dejaba ni siquiera el consuelo de una apelación. Porque recordé que la compañía de seguros, que al principio me había dicho que el seguro no cubría el «abuso de confianza», es decir, el robo perpetrado por una persona que vivía en la casa, me había enviado más tarde una notificación diciéndome que estaban estudiando el caso a la luz del sobreseimiento que exculpaba a la guarda y, según decía mi agente, cabría la posibilidad de que, al ser considerado ahora un robo, si recurríamos se pudiera cobrar la parte correspondiente al seguro. Pero, más tarde, y tras dos o tres conversaciones con él, me vino a decir que al haberse desestimado la denuncia no se podía hablar de robo y, por lo tanto, el seguro no tenía que pagar.

Salí a la calle intentando esconder la irritación y la agonía que me salía por los poros de la cara. Me ardían las mejillas y me temblaban las mandíbulas, y, poco a poco, un sudor frío me inundó la frente. Derrotada, vencida, humillada, me juraba a mí misma en la profundidad de mi amargura que este contubernio no quedaría impune. Entré en un café que resultó ser una librería, me senté a una mesa y pedí un gin-tonic. Eran las once de la mañana y la camarera me miró un poco extrañada, no sé si por mi aspecto descompuesto o por lo indecoroso de mi petición a esa hora temprana.

No tomé el gin-tonic, más bien habría querido echármelo por encima para apagar el fuego que me abrasaba. Pero el frescor de las gruesas paredes del café me devolvió poco a poco a la temperatura ambiente y comencé a meditar sobre las vueltas que estaban dando las cosas, y yo entre ellas atrapada como una mosca en una tela de araña. Pero, me decía a medida que me iba calmando, ¿cómo puedo denunciar unos hechos que sólo conozco de palabra? No tengo ni pruebas ni testigos, porque no creo que Félix y Segundo se prestaran a declarar. Bastante hicieron con contármelo. Y nada, no tengo nada que pueda aportar como evidencia de lo ocurrido. ¿Cómo he sido tan estúpida? Además, seguía mi razonamiento, si alguna vez lograra encontrar un indicio, incluso un testimonio, y los pusiera en manos de un policía competente, que a la fuerza tiene que haber alguno en algún lugar, comenzaría a tirar del hilo y acabaría imputando no sólo a joyeros y policías, que siempre serían los últimos en pagar, sino, sobre todo, a los vendedores de las máquinas de coser, a Adelita y el primero, reconocía en voz baja, al hombre del sombrero.

Era como si mi voz los estuviera acusando ya, como si la flecha que yo intentaba lanzar contra los que consideraba los verdaderos culpables se desviara como disparada por una mano que no era la mía, y llevada de una voluntad que tampoco lo era, acababa hiriendo exactamente a quien yo no quería herir. Tal vez en mi interior más profundo, en el núcleo más oscuro de mi conciencia, no sólo los consideraba culpables de todos los descalabros, sino que además los acusaba de haber arrastrado con su dinero y su poder a los demás, por decirlo así, a los míos. Y a medida que pasaba el rato y que mi mente se tranquilizaba, fui dando paso a un sentimiento de generosidad desmedida como si me hubiera sido posible denunciar los hechos y hubiera optado por dejar las cosas como estaban en callada ofrenda a quienes había desgajado del ejército de corruptos que me rodeaba.

Pero la inicial irritación que me cegó en la comisaría no había remitido totalmente, sino que como un río profundo que emerge sólo de vez en cuando para mostrar su intensidad y potencia, afloraba para recordarme, a pesar de todo, quién era el perdedor o la perdedora de esta historia. Tal vez por esto y aun habiendo tomado la inútil decisión de no seguir la lucha que había de hacer florecer la verdad costara lo que costara, pero impelida aún por una brutal curiosidad y por un deseo de que apareciera algún culpable en esta historia, aunque sólo fuera para mi satisfacción, saqué la agenda donde había anotado la dirección de la joyería, me levanté, pagué la consumición y allí dirigí mis pasos.

La joyería La Reina era una tienda pequeña ubicada en la entrada de una minúscula galería, casi una portería, en una calle ancha de uno de los barrios nuevos construidos en la periferia de la ciudad. Tenía los escaparates estrechos pero bien surtidos y bien iluminados y desde el exterior pude ver al joyero, que dentro de la tienda alineaba una serie de pulseras, o de cadenas o de collares en unas bandejas forradas de terciopelo con una meticulosidad de artesano. Aun sin haberlo visto jamás, me pareció reconocer al «atildado caballero de gafas de oro sin montura siempre vestido con americana y corbata que se negaba a desnudarse delante de los demás», como lo habían descrito los vendedores.

Era delgado, tal vez por eso no quería desnudarse, porque se encontraría demasiado huesudo y extraño entre el ejército de grasientos y gordos compañeros, o tal vez no quería compartir tanta familiaridad con aquellos vocingleros nuevos ricos que organizaban tan vastas orgías, porque atildado era, su traje de color gris estaba impecable, tal vez su propia mujer se lo había planchado esta misma mañana, y le había elegido la corbata discreta y elegante, e incluso le habría hecho el nudo antes de darle ese beso de despedida con que tantas veces el cine nos da cuenta de la sumisión, la fidelidad y la felicidad de una pareja. Llevaba aguja de corbata, de oro debía de ser, pensé, siendo él joyero, y gemelos en las mangas de la impoluta camisa celeste. Tenía cabello blanco que le daba un aire majestuoso y nadie diría, viéndolo aquí, que era un estafador. ¿O no era él el pudibundo que no quería desnudarse? No podía asegurarlo, es cierto, aunque qué importaba, nadie iba a enterarse jamás de lo que alimentaba la parte oscura de su vida, y podría seguir vendiendo joyas de primera calidad, seguir llevando los trajes planchados, contar con el beneplácito de su esposa y, seguramente, de la sociedad ciudadana que posiblemente lo consideraría, además de un hombre mayor aún de buen ver, un tipo elegante, buena persona, discreto y una persona de las que más había hecho por el progreso y el buen gusto de la ciudad. Estuve tanto rato tras los cristales haciendo consideraciones sobre su vida y su persona que alguna fibra de su anatomía debió de acusar el aguijón de mi mirada y de mi censura y se sintió aludido y observado, y en un momento determinado, sin soltar el collar que estaba colocando en paralelo con los que había puesto antes, levantó la vista pasándola sobre los cristales sin montura de sus gafas de oro y me vio.

Se quedó mirándome casi con la sonrisa puesta, pero queriendo adivinar qué me tenía inmóvil tras el escaparate sin prestar atención a las preciosas joyas que tenía expuestas, sino precisamente a él y, al ver que yo no me movía ni cambiaba la expresión de la cara, hizo un gesto con la mandíbula en el que afloró, como escapada de la cápsula donde debía de tenerla encerrada, una dosis tan espectacular de violencia y de grosería que distorsionó en un instante la escena casi decimonónica de joyero artesano cuidando de sus cadenas de oro. Tampoco me moví y mantuve fijos en él mis ojos. Entonces, dejó la joya en la bandeja, la puso en el lugar que le correspondía en la cómoda, cerró con llave, echó un vistazo a las vitrinas para asegurarse, posiblemente, de que estaban cerradas, y se dirigió a la puerta. La abrió sin precipitarse y, dirigiéndose a mí, dijo:

«Lleva usted un buen rato mirando el escaparate, mejor dicho, el interior de la joyería. ¿Puedo ayudarla en algo?»

Me di cuenta de que no se había atrevido a decirme que a quien miraba era a él y esto me dio seguridad para darle una respuesta clara y precisa, rotunda casi:

«Quisiera hablar un momento con usted sobre el robo de una sortija que tuvo lugar a finales del año pasado. La persona que la robó se la vendió a usted.»

No me hizo pasar. Se mantenía en la puerta y yo frente al escaparate. No cambió la expresión de formalidad contenida de la cara ni de los gestos. Dijo solamente:

«Esto no es un negocio de compraventa, es una joyería que sólo vende al público.»

«Entonces, ¿por qué compró usted una sortija a mi guarda, Adelita Flores, y le pidió el carnet de identidad, que presentó luego en la comisaría?»

«¿Quién le ha dicho tal cosa?»

«¿Lo niega?»

Se puso digno:

«No tengo por qué mantener esta conversación con usted. Si necesita un consejo o información, o quiere mirar o comprar, muy gustosamente la atenderé. De lo contrario, permítame que vuelva a mi trabajo.»

Sin esperar a que yo hablara, entró en la tienda, y cerró tras él la puerta con llave. Lo vi volver al mismo lugar que ocupaba cuando llegué, coger una bandeja de debajo de la vitrina y, sin mirarme una sola vez, ordenar con meticulosidad las cadenillas.

No podía hacer otra cosa, así que me fui por donde había venido. Podría haber... no, no podría haber roto los cristales del escaparate, aunque no me faltaron ganas, pero ni habría tenido la fuerza suficiente ni, de haberla tenido, el cristal habría acusado mis golpes, ni, sobre todo, me habría servido de nada.

Caminé despacio hacia el lugar donde había dejado el coche, arrastrando el desaliento de esa nueva derrota que se unía a las anteriores como un rosario de desgracias.

Pero el desaliento no me impidió detenerme, ya camino de casa con las manos vacías, en el juzgado de Toldrá. Estaban a punto de cerrar y no logré enterarme de lo que tenía que hacer para conocer el paradero de la notificación que el joyero había hecho a la policía en noviembre del año pasado. Tendría que volver, me dijeron, al cabo de unos días, porque la persona que se ocupaba de estas cosas no vendría hasta principios de la semana entrante. De todas maneras, me previno la mujer que atendía al público y al mismo tiempo se cuidaba del archivo, si se había sobreseído un caso por falta de pruebas, tal vez alguna persona implicada podría recurrir, habría que ver cómo se había producido, que son cosas delicadas, añadió, pero si no tenía nada nuevo, no hacía falta que volviera porque poco sentido tendría recurrir.

«¿Recurrir para qué?», preguntó, desafiándome.

«Entonces», quise saber, «si yo puse la denuncia, y se ha sobreseído el caso porque no hay pruebas contra la persona que yo acusé, ¿qué pasa con la notificación del joyero, que es lo que yo busco? No entiendo nada.»

«Tal vez se ha confundido con las informaciones que le han dado. El lenguaje de los abogados y de los jueces, el de la judicatura, me refiero, es complicado para un profano. Se lo digo yo, que trabajo aquí y sigo sin entender la mitad de las gestiones que hago. A veces», añadió con amargura que escondía cierta humillación, «lo que me dicen que tengo que hacer me parece que está en flagrante contradicción con lo que yo había entendido. Será que no es éste mi camino, porque a ellos les parece lo más natural.» Y dando por acabada la confidencia, añadió: «Así que cada cual a su trabajo, y yo al mío», y volvió a sumirse en una gran pila de papeles que pedían a voces su organización y archivo.

Cuando llegué a casa me dejé caer en el sofá del salón y allí me quedé durante horas, adormilada por el cansancio y por un extraño sentimiento de no querer enterarme del sin sentido de mis pobres investigaciones. Sonó el teléfono un par de veces pero no le hice caso. Desde que había ido a Gerona a conocer uno de los probables clientes de Adelita y le había dicho que no llamaran más, ya ni me molestaba en acudir, como si, hiciera lo que hiciera, las señales que me llegaban de otro mundo ya no alcanzaran el fondo del corazón.

Aquel «No, Dorotea ya no está aquí, no llame más» de los primeros días se había convertido en un silencio que no respondía solamente al deseo de que quien preguntara por ella supiera que aquí, en esta casa, ya no podría encontrarla, sino al extraño desinterés por todo lo que no fuera el pequeño, miserable mundo, al que había reducido mi vida, un simple punto de zozobra y desaliento dentro de mí que había borrado todo lo que hasta ahora lo había sostenido, la angustias del trabajo, la esperanza de las fiestas y de los encuentros, el gusto infantil por la crítica y el cotilleo con los colegas, la ilusión de que Gerardo me propusiera un viaje, la dulzura de la normalidad de la vida cotidiana en compañía, la buena acogida de mis triviales libros, la alabanza de un amigo y tantas cosas a las que ahora no daba el menor valor, del mismo modo que me resultaba insoportable reconocer su inconsistencia que tantos miedos y esperanzas había provocado, mi vida entera, mi biografía anodina, mi insípida e insustancial canción.

Pero ya tarde, casi de noche, cuando una vez hube cerrado las puertas y me disponía a subir a mi habitación, en el momento que pasaba junto a la cómoda de la entrada, un timbrazo violento me sorprendió y, sin darme tiempo a dejarlo sonar, lo cogí. «¡Diga!» Era Gerardo que me reclamaba, que me echaba de menos. Podría haberme emocionado su interés a pesar de los desplantes que le había dado, su ternura, su disposición a ir a verme, a ayudarme, porque, dijo, sabía que necesitaba ayuda. Pero su voz no alteró en nada el ritmo de mi corazón y sus preguntas no lograron arrancarme una explicación ni una respuesta. Sí, debí de hablarle con frialdad, no demasiada, más bien con indiferencia, distraída, con ganas de que colgase y yo pudiera deshacerme de las memorias compartidas que su voz a la fuerza habían de suscitar. Vino a decirme que le parecía que hablábamos por última vez, con una voz tan solemne y tan ronca que no supe interpretar si se refería a su próxima muerte o a la mía; en cualquier caso, fuera la que fuera, era inminente, parecía decir, e inevitable. Por última vez en esa última vez, rogaba, dime de qué se trata, qué es lo que te ha hecho apartarte de todo y de todos, qué te ocurre, o qué te ha ocurrido, qué ha cambiado el rumbo de tu vida de tal modo. Aun dándole la razón y reconociendo que sí, que mi vida había cambiado, no podía responderle porque tampoco yo sabía por qué. Ni lo sabía ni tal vez lo quería saber, me bastaba dejarme llevar por la pendiente ciega que, sin augurar la llegada de un acontecimiento singular, miraba hacia su propio fin, deseándolo o quizá sólo atisbándolo. Ése era mi estado de ánimo, no había más que contar, le dije para acabar. Y él repitió como despedida: «Algún día me dirás qué te ocurre, cómo te has convertido en un ser tan extraño y tan ajeno», y, tras un breve silencio que yo me cuidé de no interrumpir, añadió: «Algún día lo sabré.»

9

Aunque las visitas a los protagonistas de la historia no me habían aportado ninguna información y me encontraba en ese punto en que la investigación, por simple que sea, parece haber entrado en una vía muerta, no me daba por vencida. Había intentado ver a cada uno de los tres abogados y al joyero, había vuelto a la comisaría de Gerona y al juzgado de Toldrá. Tanto abogados como policías se habían comportado de un modo peculiar, como si hacerme sortear obstáculos fuera el modo más rápido y expeditivo de disuadirme para que siguiera buscando. Ni yo misma sabía qué buscaba, pero sí sabía que quería aclaraciones. Pero, a partir de un momento determinado, como si fueran una única voz y aun habiéndome recibido con extrema amabilidad, ninguno me había aclarado nada. Se ponía en marcha una forma de funcionar que acabó figurándoseme la habitual de todas las oficinas y de las instituciones oficiales, de todos los estamentos de mi país: el señor que se encarga de este asunto no está, lo lleva él personalmente, no sabemos cuándo volverá, tiene por costumbre venir a esta hora pero hoy no ha venido, tal vez más tarde, no le puedo asegurar. Era siempre la misma historia. Y no teniendo en mi poder una sola prueba, un testigo que pudiera apoyar mis acusaciones, decidí ir a ver a Adelita. Estaba segura de que, a pesar de todo, si la encontraba sola lograría hacerla hablar, y si no lo conseguía, tal vez la vencería el dinero, estaba dispuesta a todo.

Julián, aquel amigo de Madrid, el marido de mi colega Teresa, que en su momento me había dicho que no tenía nada que hacer, habló conmigo por teléfono e insistió en que abandonara mis ínfulas de detective, que olvidara lo que había ocurrido en mi casa y me dedicara a vivir en paz.

«Han convertido tu casa en un burdel, sí, de acuerdo, pero ¿qué quieres? ¿Investigar y descubrir la personalidad y el nombre de los que iban por allí? Y ¿qué harás una vez los tengas? ¿Acusarlos? ¿De qué? Cuanto más importantes sean, y peor el delito de que los quieras acusar, suponiendo que hubiera alguno, más difícil te sería adentrarte en sus secretos, y más complicado avanzar. Además, aunque pudieras demostrar que habían participado en orgías en tu casa, ¿qué? El único consuelo que te quedaría sería contarlo y dar los nombres a la prensa. Eso tú no lo harás, pero aunque lo hicieras, ¿crees que sin pruebas los publicarían? Y aun con ellas. Los periódicos saben muchas de las cosas que ocurren y se las callan. Y si lo publicaran, el lío en el que se meterían no les compensaría el éxito de haberlos descubierto. Habrían de ser realmente importantes para que se atrevieran. Importantes y conocidos. Y con pruebas fehacientes. Y aun así...»

«Pero es que ya sé quiénes son algunos de ellos. El joyero, el policía de la mancha roja...»

«Con eso ni siquiera se hace una crónica de sociedad», dijo, burlón. «Con lo que tienes, ¿qué quieres hacer?, ¿qué quieres demostrar? ¿Que son los mismos los que asisten a las juergas que los que te han robado? No puedes. Mejor será que te andes con cuidado, y te quedes callada. Como incordies demasiado, al final se volverán contra ti o con cualquier pretexto te encontrarás metida en un lío.»

Pero yo no me desprendía, no podía desprenderme de

esa búsqueda, tal vez porque se confundía con otras más oscuras que habían surgido dentro de mí con una fuerza desordenada y ciega, que tampoco acababan de encontrar su camino.

Menos mal, me decía aquellos días, que Gerardo no aparece, porque de haberle contado todo lo que había descubierto, algo me decía que al final tal vez también él me habría echado la culpa a mí. No porque hubiera creído que yo había participado en las orgías, pero sí que era igualmente culpable por no haber sabido despedir a Adelita cuando era el momento. En consecuencia, todo lo que había ocurrido me lo había buscado yo. Que él ya me lo había dicho, que yo no le había hecho caso, y ahora, ¿qué? Estoy segura de que, dispuesto como estaba a recriminarme esta debilidad, habría pasado por alto el hecho de que mi casa llevaba años convertida en un burdel, muy probablemente desde antes de morir mi padre, es decir, desde que Adelita había entrado en la casa.

Querido Gerardo, dulce amigo, que había vuelto a llamar aún un par de veces, aunque yo, con la cabeza y el alma en otros asuntos, apenas había hecho otra cosa que contestar con monosílabos, no de malos modos, pero dándole a entender que, por ahora al menos, no tenía ganas de ningún acercamiento, ni de la más mínima reconciliación. Debió de entenderlo así, porque en algún punto de la conversación, movido por la decepción y tal vez porque no estaba habituado a recibir negativas de este tipo, me vino a decir, poniendo en mis manos la decisión y la responsabilidad, algo así como que tal vez si dejábamos pasar demasiado tiempo ya no habría ocasión de recuperarlo. Yo no me di por aludida y él no insistió. No podía hacer otra cosa. Mis pensamientos llevaban ya demasiado tiempo alejados de él, mi vida anterior iba borrándose como si no hubiera tenido importancia, como si sólo hubiera sido el preludio de algo que, de acuerdo, no había llegado aún, pero todo parecía anunciar su inminente aparición. Estado de alerta podría decirse que era el mío. Algo había de ocurrir, algo se preparaba. Tal vez yo confundiera la excitación del último descubrimiento, con la aparición del hombre del sombrero, que había vuelto a ver junto a la higuera y que rondaba mi mente a todas horas, mientras me perdía buscando una prueba, un camino por el que seguir, como si él estuviera al final de un laberinto del que yo tenía que encontrar la salida.

No sabía exactamente dónde vivía Adelita. Nunca había estado en su casa y sólo recordaba lo que me había dicho aquel primer día cuando me la presentó y recomendó la carnicera; había dicho en la carretera del interior, a unos tres kilómetros de aquí, y aquí era precisamente el pueblo. También recordaba alguna indicación que ella había hecho sobre la casa de su madre, como, «al salir del cruce con la carretera del Faro», y, una vez que fue más explícita, me contó que había tenido que ir a dormir a su casa porque al día siguiente esperaban al albañil para que arreglara unas goteras que habían abierto las lluvias y que al salir se había encontrado con que en el camino de las Moreras, casi junto a su casa y a la de sus suegros, un árbol abatido la noche anterior por un rayo había quedado cruzado en la calzada y ella no había podido pasar hasta que la grúa había ido a sacarlo. Por eso había llegado tarde, había dicho.

Se llamaba carretera del Faro a una vieja carretera que había sido sustituida por una autovía y donde apenas había circulación. Las hierbas crecían rompiendo lo que quedaba del antiguo firme y había que eludir los baches que las lluvias y el tiempo habían dejado tras de sí. Era un paraje yermo tras los montes que lo separaban del mar y apenas había más que unas viejas casas de labor junto a una altísima torre de alta tensión y, más allá, después de un camino que supuse que era el camino de las Moreras, una vieja casita de ferroviario, un huertecito y un hombre cuidando de él, sin hacer caso de los ladridos del perro que tenía atado a un palo con una cuerda.

«Dígame, ¿sabe dónde vive Adelita Flores?»

El hombre me miró como si le hablara en ruso. Lo repetí:

«Adelita Flores, que dónde vive.»

«Yo no soy de aquí, pero pregunte en la tienda», y señaló tres o cuatro casas en hilera que había al fondo del camino.

Ni en la tienda ni en las demás casas contestaron cuando les pregunté por Adelita Flores.

Había dos o tres mujeres comprando que se miraron entre sí y luego a mí con desconfianza.

«Una mujer así», y señalé la altura de Adelita con la mano, «que tiene marido y tres hijos.»

Nadie hablaba. De pronto una mujer que acababa de entrar dijo:

«Se fueron.»

«¿Se fueron? ¿Adónde se fueron?»

«Se fueron. No sé más. No quiero líos.»

«Dígame al menos dónde vivían.»

Salió la mujer a la puerta, apartó una cortina de bolas de madera, y señaló en una dirección. Vi unos chopos muy altos y tras ellos una especie de almacén, tal vez un garaje.

«Allí», señaló. «Pero no vaya, ya no están, se fueron con Joaquín, el de la camioneta.»

«¿Los suegros tampoco están?», o ¿la madre?», pregunté. «¿Alguien que me pudiera dar razón?»

«No vaya, no vaya», repitió la mujer, pero tanta insistencia había aumentado mi curiosidad.

«Necesito hablar con ella, es muy urgente.»

La mujer hizo pantalla con la mano para suavizar los susurros que le salían de la boca. Miró en todas direcciones y, finalmente, con un gesto de simpatía, dijo:

«No vaya, mujer.» Cambió en seguida la expresión, una mueca de horror cubrió su rostro y dijo: «Está muerta.»

«¿Muerta? ¿Quién está muerta? ¿Adelita?»

Más bajo aún y mirando a lo lejos para disimular:

«Eso han dicho. Vino la Guardia Civil.»

Un golpe en la cabeza no me habría dejado más descompuesta. Dolor físico sentía en las sienes, como si lo que acababa de oír pugnara por entrar en mi entendimiento, que se resistía a abrirse y aceptar la noticia. Intenté reponerme, desmentirlo.

«No puede ser verdad.» Y acto seguido: «¿De qué ha muerto?»

Pero la mujer se había metido en la tienda con su cesto, dejando tras de sí, como un reguero de burla, el tintineo de las bolas de madera.

Caminé hasta el almacén, el paraje parecía desierto. Era un edificio grande, destartalado y descascarillado que se cocía bajo el sol con su cubierta de uralita. Tenía una valla que en un tiempo debió de tener alguna función, pero los palos habían caído y los alambres, oxidados, yacían por el suelo mezclados con la hierba seca. Había una gran puerta de hierro mal pintada en la fachada y junto a ella otra más pequeña de madera que se correspondía con una parte de la construcción de ladrillo sólo revocada en parte, que debía de ser la vivienda. Aquí vivirán, aquí en este erial, éste será el terreno que el ayuntamiento tiene o tendría que recalificar, la gran promesa, lo que los salvaría de la miseria, de este arrastrarse todos por la vida, éste sería el terreno que su Jerónimo se cuidaría de construir o de hacer construir, una casa de cuatro o cinco alturas en medio de un campo perdido y sofocante, fuera de la circulación pero que aun así es lo que les daría dinero a todos, el que llevaría a su marido al mejor médico y lo curaría, el que les permitiría ser como Adelita había querido ser, gentes respetadas, admiradas. Ese mísero terreno que no debía de tener más de mil metros cuadrados, por cuya recalificación debía de haber luchado al precio que fuera. No hay precio para los sueños.

Llamé a la puerta y nada se movió ni oí ningún ruido, pero insistí. A la tercera vez apareció por la ventana superior un rostro avejentado, un rostro que no habría sabido decir si era de mujer o de hombre de no haberse puesto a hablar sin darme tiempo a preguntar:

«Soy su madre, soy su madre, ella se ha ido, ya no volverá, soy su madre.»

«Señora», la interrumpí, «¿puedo entrar? Soy Aurelia Fontana, su hija estuvo mucho tiempo en casa, por favor, déjeme entrar.»

No contestó, desapareció del marco de la ventana y corrió la cortina. Al cabo de un momento se abrió la puerta de madera muy despacio y asomó su figura tan parecida a la de su hija que, por un momento, creí que era ella. Era bajita y ancha y llevaba una bata floreada y un delantal mal puesto, cuyo peto se le desmoronaba sobre el pecho. Tenía las raíces del cabello blancas, muy blancas, igual que las cejas, pero la cara colorada y los ojos, hinchados de tanto llorar como los de ella, no eran los de una anciana. Me hizo un gesto con la mano y se echó a un lado para dejarme pasar. Sollozaba a sorbos, a hipos, como estertores finales de un largo llanto que la había dejado sin lágrimas, y tenía en la mano ese apretado ovillo que había hecho con el pañuelo que tan bien había aprendido su hija a utilizar. Se destrozaba los ojos cada vez que creía detener el chorro de lágrimas que había de acompañar sus espasmos. Pero tenía los ojos secos.

La entrada a la casa era también un almacén, a la vista de las cajas y de los embalajes que cubrían el suelo hasta la pequeña escalera del rincón. Pero el lugar era fresco y la penumbra se abría al fondo por una claraboya y su rayo de luz polvorienta.

La mujer, sin dejar de gemir, se sentó en una caja y me invitó a hacer lo mismo.

Esperé un rato pero no cedía su tristeza, así que me atreví a preguntarle:

«¿Cómo ha sido?»

«No sé, hija mía, no sé, yo estaba en la cama, la diabetes, ¿sabe?, y ella dijo que iba al pueblo a buscar algo que no recuerdo. Ya no la vi más, nunca volvió. Dijeron que había tenido un ataque, que la habían llevado al hospital y de allí al cementerio.» Parecía en sus cabales, pero acto seguido, con la mirada torcida y el gesto dramáticamente convulso, repetía incansable: «No la he vuelto a ver. Nunca ha vuelto, nunca ha vuelto, dijo que volvería pero nunca ha vuelto, nunca ha vuelto.»

«¿Cuándo ha sido?»

Había interrumpido la enajenada y plañidera letanía, pero no había hecho más que entremezclarla con breves golpes de lucidez:

«Mucho tiempo, mucho tiempo, nunca ha vuelto, dijo que volvería pero nunca ha vuelto, hace ya mucho tiempo.» Su mente deliraba, pero de vez en cuando se detenía mirando hacia la puerta para repetir: «Se fueron todos, con la camioneta. Se fueron no sé adónde, dijeron que volverían, pero tampoco han vuelto.» El sentimiento era más profundo que la confidencia que lo había hecho salir de su guarida.

«Pero ¿cuánto tiempo hace?»

«Mucho tiempo... dijeron que...»

En aquel momento se abrió la puerta y entró otra mujer. Primero, al vernos a las dos sentadas, se detuvo, pero luego se acercó y dijo:

«Soy una vecina, ¿sabe? Vengo a ayudarla, le doy de comer, porque está deshecha, está traspuesta y hay ratos que no se entera de nada.» Y dirigiéndose a ella a gritos, como la gente del campo cuando habla a los extranjeros: «Engracia, que soy yo, la Lupe.»

«Nunca ha vuelto», dijo la madre.

«¿Lo ve?», dijo la vecina. «Si es lo que yo digo, no son edades para estos disgustos.»

«Disculpe, ¿pero qué ha pasado exactamente?»

«¿Qué ha pasado? Pues lo que tenía que pasar. Que las cosas se van liando, se van liando hasta que estallan.»

«¿Qué quiere decir?»

«Quiero decir lo que digo, que no hay quien pueda jugársela tanto sin que nunca le ocurra nada.»

Y aquí fue donde cometí el error. Dije:

«¿Le falló el corazón?»

La mujer era más joven que la madre, y sus ojos en la piel canela de la cara brillaban con una expresión tan explícita que cuando respondió me di cuenta de inmediato de que me había tomado por tonta.

«Sí, eso, el corazón, eso es lo que siempre falla primero, el corazón.»

Pero en aquel momento no reparé en el tono de mofa y creí de verdad que había sido el corazón. Por eso me atreví a preguntar otra vez:

«¿Cuándo ha sido?»

«Oh, hace por lo menos tres semanas, lo que pasa es que Engracia no se consuela, a ratos pierde la razón, se obsesiona y no hay quien la convenza de que si no ha vuelto Adelita no es porque no quiera, sino que es porque no puede, la pobre», e hizo un gesto raro al añadir: «tenía que ocurrir, es lo que yo digo, tenía que ocurrir.»

«Y la familia, ¿dónde está?, ¿sabe adónde ha ido?»

«El marido dijo que se llevaba a los hijos a Francia, donde viven su hermano y su cuñada, él está enfermo, ya lo sabe, ¿no?, tiene un mal feo, en el hígado, dicen, y a veces se le va la cabeza, pero yo no sé, prefiero no preguntar, es que soy muy discreta. Y la verdad es que este panorama no es para un hombre solo y enfermo y que encima ha de cuidar a su madre. Y sin dinero, que no tienen dónde caerse muertos. Como no les recalifiquen el terreno...» Miró al cielo como si esperara ella también el milagro y luego dijo: «Tenía que volver en unos días, pero hace semanas que no sabemos nada.»

Fue lo último que me dijo. Después se puso a hablar con la madre y a consolarla como si fuera una niña pequeña que quiere un caramelo. Aún estuve un rato con ella, atontada por el mazazo que había recibido. Después me fui sin que ninguna de las dos se molestara en esconder su total indiferencia.

Caminé hasta el coche, anonadada. No comprendía lo que podía haber ocurrido y la pena que sentía tenía más del golpe que deja un susto enquistado en el alma, que de tristeza o pesadumbre. Tal vez fuera la duda. Recordé que la mujer de la tienda había hablado de la Guardia Civil, ¿por qué la Guardia Civil? ¿Es que había indicios de algo más que del ataque al corazón?

Sin saber qué hacer, me fui a casa. La cabeza me daba vueltas y tenía ganas de tumbarme. Al entrar en el camino vecinal vi venir a Jalib, el jardinero, que había acabado su trabajo y se iba caminando hacia su casa. Nunca hablaba Jalib, tampoco lo había hecho cuando estaba Adelita ni menos aún cuando se fue. Detuve el coche y le pregunté:

«¿Jalib, sabe usted algo de Adelita?»

Jalib me miró con una mezcla de curiosidad y desconfianza.

«Se fue, ¿no?, se fue a su casa. Ella me dijo que ya no quería trabajar más, que su marido tenía un empleo muy bueno y que quería quedarse en casa.»

«Eso le dijo, ¿cuándo? Haga memoria.»

«No sé, pocos días después de que usted se fue, la última vez. Me la encontré en el pueblo con ese vendedor de máquinas de coser, un hombre alto, con un sombrero.»

Otra punzada lacerante, y aquel agujero de dolor.

«Pero ahora, ¿qué sabe de ella?»

Era evidente que Jalib no quería hablar del presente. Se entretuvo en una historia larga, para lo parco en palabras que él era, sobre el marido que estaba enfermo y los hijos, y lo que decían en el pueblo sobre si les recalificarían unos terrenos donde tenían la casa en que vivían, en las afueras, en el barrio que hay detrás de los montes.

«No, ahora, ¿qué sabe usted de ella ahora? ¿Es cierto que tuvo un ataque al corazón?»

«¿Un ataque al corazón? No, no creo. Dijeron que había tenido un accidente, que una noche iba en la mobilette hacia su casa, tarde era, dicen, y como nunca llevaba luces, un coche la embistió y tuvieron que llevarla al hospital sin conocimiento.»

«¿Quién la embistió? ¿Se sabe?»

«No lo sé», respondió, como si le hubiera hecho una pregunta rara.

«Y ¿qué pasó?»

«No sé, no lo sé del todo cierto porque mi mujer me dijo que se había muerto, pero, en cambio, la asistenta social que viene a vernos de vez en cuando dijo que se estaba recuperando.»

«¿Cuándo fue el accidente?»

«Hace más de un mes, sí, cinco o seis semanas, por lo menos. Después ya no he vuelto a saber de ella.»

La carnicera, a la que fui a ver a última hora de la mañana, me aseguró que Adelita, la pobre, había muerto. Pero no podía decirme de qué, porque ella, como todo el mundo, se había enterado cuando ya estaba enterrada. Sí, decían que había sido de accidente, pero más bien parecía que había sido —bajó la voz— un suicidio, que se había suicidado, que ya no podía más, que no hay quien aguante una vida así.

«No aguante, ¿qué?», le pregunté.

«A usted qué le voy a contar, si todo se sabe, ¿no ve que en el pueblo somos cuatro gatos? Que si viene una y te dice, que si viene la otra y lo cuenta. Todo se acaba sabiendo. Pero yo, callada, que no quiero meterme en líos, además, mire, yo por mí no sé nada, sólo sé lo que me cuentan, así que, ¡yo qué sé si es verdad o mentira! Lo mejor es callar y escuchar. Eso es lo que le dije al de la Guardia Civil que vino a preguntar. ¿Qué sacará usted de que yo le cuente si le puedo dar varias versiones y todas ellas distintas? Yo no me muevo de la carnicería, no he visto nada. Por no saber, no sabía siquiera que Adelita ya no trabajaba en su casa, y eso que sí sabía que usted estaba muy contenta, pero ya sabe, no tengo ojos más que para el trabajo y lo que se dice en la tienda, yo ni me fijo, yo voy a lo mío.»

«Pero ¿qué se dice en la tienda?»

«Pues de todo, ya sabe cómo es la gente, que si hace esto, que si lo otro. Que si va, que si viene. Que si la camioneta gris la va a buscar. Que si se la ha visto aquí o se la ha visto allá. Que si lleva un traje nuevo cada vez que sale o que si su hijo mayor se ha comprado otro coche. De todo, de todo dicen, la cuestión es hablar y hablar. Ahora bien», dijo levantando la cabeza y sosteniendo en alto el trinchante con el que había dejado un costillar a medio partir y mirándome como si lo que iba a decir no admitiera réplica, «lo que yo creo es otra cosa, lo que yo creo es que algo le ha pasado a la muchacha, por dentro, me refiero, y esto se veía venir. ¿No la veía llorando todo el día en los últimos tiempos y si no lloraba venía aquí con los ojos rojos, callada, ella que antes no paraba de hablar de lo que tenía y de lo que sabía hacer, pues ahora no decía más que lo que quería que le pusiera. Y mire lo que le digo», volvió a blandir el trinchante, «yo no he visto nada y ya sabe lo poco que me gusta hablar, y el poco caso que le hago a lo que me cuentan, pero si he de decirle la verdad, yo creo que suicidarse, sí se ha suicidado, ¡eso sí es posible!»

Salí de la carnicería tan perturbada y abstraída que un coche me pegó un bocinazo y frenó apenas a medio metro de distancia. Pedí disculpas con un gesto, o hice amago de pedirlas, pero seguí adelante. Al llegar a la plaza llena de gente que iban y venían del mercado o que se habían sentado a las mesas a tomar un café, me dejé caer en una silla sin importarme el sol que tanto odiaba. Era un día caluroso, sin viento, y tendría que haberme puesto bajo la sombrilla. Pero una sensación de abandono, de cansancio, de profundo malestar se había apoderado de mí y no me sentía capaz ni siquiera de pensar dónde tenía que sentarme. Veía las sombras de la gente caminando, sombras minúsculas al sol de verano, sombras deformes, que se distorsionaban desplazándose obedientes tras los cuerpos que las engendraban. Vibraba el asfalto por la reverberación del sol y la silla donde me había sentado retenía el fuego acumulado en la mañana atravesando la tela de mis pantalones y abrasándome los muslos, pero aun así no me cambié de sitio, no me apetecía irme a uno de los asientos libres bajo las sombrillas y los toldos.

Vino un camarero y le pedí una cerveza, que bebí de un trago. Pedí otra e hice lo mismo, y una tercera y una cuarta. El alcohol zumbaba en mi cabeza ahuyentando la inquietud y creando un vago estado de somnolencia que incrementaba el poderoso sol de mediodía. Por ella me dejé mecer, haciendo cábalas sobre la muerte, hasta que me invadió una tristeza de tal profundidad y calibre que habría llorado si no hubiera tenido ese prurito de mantenerme en mi lugar en toda ocasión. Pero en mi interior, lloraba, lloraba y gemía de desconsuelo y pesar, con la facilidad que se nos concede cuando bebemos grandes cantidades de alcoholes suaves. Lloraba mi alma en sus profundidades, mientras mis ojos entornados se aislaban del mundo, conscientes de que ninguna sombra habría de interponerse entre el sol y yo, ninguna imagen se materializaría para suavizar mi congoja, ni para sustituirla por otra congoja menos dolorosa, menos irreversible, menos irremediable. ¿Qué será de mí ahora? No volverá, nunca volverá, nunca ha existido, lo inventé yo. Nubes de confusión y desconcierto se agolpaban en mi mente agitada. ¿En quién estás pensando, a quién quieres en vano convocar?, decía la voz de la conciencia. ¿Qué será de mí? No tengo nada, nunca he tenido nada, y ahora sólo me queda tiempo, tiempo, tiempo que se extiende infinito ante mí sin paisaje ni figura con qué aderezarlo. Soledad del alma, soledad. De pronto, mi pensamiento dejó de moverse. No había objetivo ninguno que alcanzar, ni esperanza que mantener por estúpida y efímera que fuera, ése era mi tiempo, ése mi futuro.

La cerveza comenzó a trajinar arriba y abajo de mis conductos digestivos, desbancando las lágrimas que de todos modos no habían salido a la luz. Me encontraba mal, estaba mareada. Pagué la cuenta y, tratando de ocultar hasta qué punto me vacilaban las piernas y conteniendo el vómito que, como las lágrimas, pugnaba por salir, llegué al coche y arranqué. A las afueras del pueblo, me detuve y en un recodo, junto al esqueleto de un inmenso tronco de olivo que debía de haber muerto hacía muchos años, vomité, avergonzada, pero durante unos segundos, arrastrada por el bienestar de mi estómago apaciguado, mi alma encontró la paz.

Adelita cuelga de la rama de una higuera, debe de tener el cuello roto porque la cabeza se ha doblado sobre el pecho como si no tuviera huesos, como un pelele que lo hubieran atado con la cuerda recta como una línea que sale de la copa de hojas verdes. Qué extraño que Adelita haya elegido la rama de una higuera para ahorcarse siendo como es tan endeble y quebradiza su madera. Ella tendría que saberlo, ella es del campo de Albacete, en el sur también habrá higueras. Veo las viñetas en la página del libro que me regaló mi abuela cuando aprendí a leer, *Lecciones de cosas*. Hay un niño que va a subirse a una higuera. Su madre lo previene pero él no le hace caso. Al final, en la última viñeta, el niño está en el suelo despanzurrado porque la rama se ha roto. Yo nunca me he subido a una higuera porque no las había ni en el patio de la escuela ni en el parque ni en la playa donde íbamos los veranos, pero pienso ahora que Adelita debía de saberlo. Dorotea, así se llama la mujer que cuelga de la rama, sólo puede ahorcarse en esta higuera, precisamente en esta higuera. O tal vez no es cierto que esté colgando de una rama, tal vez lo imagino yo, o invento y sueño su balanceo y por eso no se rompe la rama, porque los sueños pueden ser como queramos. Los sueños los inventamos, los hacemos a medida para que encajen en una realidad que nos hubiera gustado de otro modo. Y si ella quiere ahorcarse en esta rama de esta higuera, poco importa que la rama pueda o no pueda sostener su peso el tiempo suficiente para que la cuerda que da vueltas alrededor del cuello le corte la respiración o le rompa el cogote, que tampoco sé si podría, porque su cuerpo es tan menudo, aunque por lo ancho y lo corpulento de su tórax parece pesado. La veo así porque necesito un final para la historia, y después de tanto buscar me encuentro con que tiene razón la carnicera, o la mujer del almacén, no sé cuál de las dos lo dijo, no puede tener otro final, tarde o temprano tenía que ser así, porque los caminos que nos vamos formando con los años nos conducen sin remedio hacia un único final predecible y posible ya cuando entramos en la vorágine de la primera obsesión, un final que corrobora la muerte, sin que la muerte sea necesariamente ese final. Así, sea cierto o no que Dorotea o Adelita se ha ahorcado y cuelga de la rama de esta higuera en aquel claro al fondo del valle, sí lo es que éste ha de ser su final, así lo veo yo desde esta ventana cegada también para mí como cegado está para mí el término irreversible al que me aboco. O tal vez sí que lo que quiero con esta última escena no es encontrarle un final a Dorotea, sino a la historia o, mejor aún, lo que estoy haciendo no es otra cosa que contar mi propia historia, dando siempre vueltas a lo mismo con otro aspecto y otro enfoque, y así yo también me voy envolviendo en una soga, convencida de que no es la mía, una soga que me inmoviliza cada vez más, hasta que me convierto en un mero paquete, un bulto, que apenas interviene en su propio devenir. Pero la higuera, ahora me doy cuenta, no está donde debería estar, no hay paisaje, la higuera nace en mi cama, dentro de mi habitación, que no es la mía, sino la terraza de un bar del mercado, y tal vez la que está en el paisaje, en el lugar donde debería estar la higuera, soy yo, pero no tan lejos que no pueda verle los ojos abiertos y fijos en sus propios pies, pequeños y abultados, que se balancean sobre las almohadas. Quiero acercarme a ella, pero tengo los pies hundidos en un suelo pegajoso del que no puedo desprenderme, y es que el miedo, sí, el miedo me tiene atenazada, y aunque supiera volar, aunque pudiera, que puedo hacerlo ahora que estoy dormida, no me dejaría esa melaza que me aprisiona, pero tengo que llegar como sea a ella, tal vez alargando los brazos sobre los campos y los árboles y amarrándome a las nubes, intento levantarlos mirando al cielo pero no puedo, y cuando vuelvo a mirar Adelita ya no está, ni la higuera plantada en mi cama, ni la cuerda, ni siquiera la cama, aunque lo que yo quiero ahora es desprenderme del suelo, pero es imposible, cada vez la melaza me cubre más, ahora ya llega a las piernas y me doy cuenta de que llegará a las rodillas. ¿Cómo le voy a dar el dinero ahora? Estará en Francia y no podré dárselo y su marido morirá porque no tiene Seguridad Social ni puede cobrar la pensión porque tiene que atravesar la calle y está llena de guardias civiles con capa y tricornio y guantes blancos que caminan unos tras otros al compás de una música estridente, una marcha militar que me lleva a gritar pidiendo ayuda y un hilo de voz previene de mi presencia al sargento Hidalgo, que dirige el pelotón. Me hace un gesto, calma, dice, calma, tranquilidad, tenga paciencia, dice, lo veo en el movimiento de los labios porque no lo oigo, no oigo más que la música, tenga paciencia, todo se arreglará, pero no me saca de la charca pegajosa que se espesa cada vez más, y él sigue con el mismo gesto, marcando el paso al son de la fanfarria mientras la melaza avanza y ahora ya me cubre los muslos y el vientre, no puedo mover las piernas, ni los brazos, estoy paralizada y a mi alrededor no hay más que un páramo de cemento que cubre los campos y los montes, una lava que se va acercando a mí. Me convertiré en cemento igual que la melaza y todo lo que me rodea, ni siquiera podrá palpitar mi corazón como ahora ni sentiré el dolor de sus latidos y sus contracciones. Abro la boca para pedir auxilio pero no me responde la voz, tengo la garganta seca y mis esfuerzos por chillar se convierten en sordas carrasperas y gestos mudos.

Sé que desfallezco, que el cansancio de tantos inútiles esfuerzos por hablar, por moverme, me han desvencijado. Pero lo intento otra vez y no puedo, y otra vez y otra, pero nadie responde porque nadie me oye, ni siquiera yo oigo mi propia voz.

Me despertó un alarido en la noche más oscura, y tardé en comprender que finalmente me había salido la voz. Pero la vuelta al ámbito conocido de mi habitación, cuando logré encontrar el interruptor de la luz, que parecía haberse extraviado en la pared a mi espalda, no me devolvió la tranquilidad. Es cierto, me dolía el pecho de los golpes del corazón, y tenía la frente chorreando, aunque todo mi cuerpo temblaba. Pero en medio de este desasosiego que se había pegado a mi piel de una forma tan real como real era aún la melaza del sueño, recordé al sargento de la Guardia Civil, el sargento Hidalgo, el único al que no había ido a ver, el único, pensé, capaz de ayudarme, tal vez el único que sabía lo que estaba sucediendo.

Era de noche aún y la pesadilla me había desvelado. Con cautela busqué un libro para apartar de mi mente las inquietantes imágenes del sueño, pero ninguno lograba abstraerme y recorría las líneas de una página o de dos sin enterarme de lo que leía, atenta a los crujidos de la madera en la noche, a las burbujas de aire condenadas a deambular por las viejas cañerías de la casa, al ajetreo invisible de insectos, roedores o reptiles en la oscuridad del campo, como si tras ellos se agazaparan, redivivos, los personajes de mi delirio y se confundiera con sus chirridos el motor de la camioneta gris. Había cerrado la ventana del cuarto, acuciada por el oscuro temor que me envolvía aún como una sutil telaraña y, aunque me asfixiaba, soporté con estoicismo y aprensión el inmóvil y enrarecido ambiente del cuarto. La claridad del alba me encontró dormitando entre el terror y la somnolencia y por el peso de tantas horas de angustia debí de caer rendida sin que las defensas contra el miedo tuvieran ya fuerza para resistir los embates del cansancio. Cuando desperté, eran más de las once de la mañana.

Iré a verlo, decidí mientras me preparaba un café. Sí, iré a verlo, no sé cómo no se me ha ocurrido antes. ¿Será que los sueños nos previenen de lo que nos olvidamos, y nos indican un camino en el que no habíamos pensado? ¿Será que incluso nuestras ensoñaciones recurren a la verdad, a la realidad, y de hecho inventar no inventamos nada? Y más tímidamente aún: ¿Será posible que, incluso inventada, esta agonía que me corroe a todas horas sea amor?

El sargento Hidalgo me recibió con mucha amabilidad. Desde la puerta de su despacho, me miró, inquisitivo.

«¿Ha adelgazado usted? ¿Se encuentra bien?»

«Tengo ojeras, ya lo sé, pero estoy bien», mentí, «he dormido mal. Eso debe de ser.»

«Siéntese, por favor», y él ocupó el sillón de su escritorio. «¿En qué puedo ayudarla?»

«Verá, es que, ¿recuerda aquella guarda que me robó la joya?»

«Claro que me acuerdo. Usted se fue a Gerona y ella acabó confesando aquella misma noche. ¿Por qué?»

«No, bueno, no sé. Es que tal vez usted no lo sepa, pero yo no la despedí.»

El asombro lo dejó mudo. Abrió mucho los ojos y con un gesto de la mano, sin que desapareciera aquella expresión que había aumentado el tamaño de sus ojos, me indicó que siguiera.

«No la despedí. Me pareció que tenía que darle una oportunidad. Pero las cosas se fueron complicando. Desaparecía, volvía muy tarde por la noche...»

«¿Le robó algo más?»

«No, que yo sepa no robó nada más, aunque es difícil saberlo, porque tengo que reconocer que no he examinado lo que hay y lo que no hay. De hecho, serviría de muy poco. La casa fue de mi padre y lo que hay en ella lo compró él o lo trajo él de nuestra casa. Así que, aunque se supone que yo tendría que tener el control de los objetos, no lo tengo, pero esto no importa ahora para lo que le voy a contar.» Me miraba, intrigado, pero yo continué: «El día que yo me fui, después de las vacaciones de Pascua, o sea, tres meses después del robo, cuando ya estaba en el taxi para ir a la estación, Adelita me dijo que por falta de datos y de pruebas, el caso se había sobreseído y que por lo tanto no se había celebrado el juicio.»

«¡Pero si teníamos la confesión y la denuncia de usted! ¡No es posible!» El sargento no salía de su asombro.

«Sí, ya lo sé, pero al parecer la denuncia no se tuvo en cuenta, tal vez desapareció, no lo sé. En el juzgado, donde estuve hace unos días, dicen que no tenían constancia de esa denuncia, y que, al alegar Adelita que se había declarado culpable bajo presión, se había sobreseído el caso.»

«Quien tiene que ir al juzgado a enterarse de lo que ha pasado es un abogado, no usted. A usted no le dirán nada.» Y añadió como para provocarme: «Y menos siendo mujer.»

«Tenga en cuenta que los abogados no quieren hacerse cargo del caso y acaban desentendiéndose», respondí, ignorando su comentario. «He consultado con tres: uno desapareció, el otro dijo que no le interesaba y el tercero no ha hecho más que entretenerme y hacerme perder el tiempo, una manera como otra de desentenderse.»

«Ya comprendo», fue la respuesta.

Ahora llegaba lo más difícil. Tenía que hablarle de la otra profesión de Adelita y de su nombre de guerra y de las bacanales que había organizado en mi casa. Tenía que decirle todo lo que sabía y cómo lo había sabido. Hice un esfuerzo por resumir, pero procuré no ocultarle nada. Y cuando me tocó hablar del hombre del sombrero, me entretuve en los detalles de su aspecto y de su cara, y de sus ropas y de sus gestos, saboreando esta primera vez que podía hablar de él, y alargando la explicación con el pretexto de que lo que le contaba era información necesaria para describir al hombre que tenía, dije, el amor de Adelita, sin especificar, como me habría gustado, que la hacía trabajar en esos menesteres, precisamente para él. Conté casi todos los pormenores, por supuesto, excepto los que se referían a mis obsesiones, le conté con todo detalle la primera vez que los había encontrado en la plaza del mercado y le expliqué que durante un tiempo lo veía desde la ventana de mi casa en la ladera de enfrente porque había alquilado un chamizo a nuestros vecinos. Hablé de los timos que había cometido con la venta de las máquinas de coser y de los fraudes a la empresa La Puntual.

«Sí, eso lo sé», me interrumpió, «porque nos ha llegado de Barcelona una denuncia contra él que la empresa interpuso hace unos meses, pero como está en paradero desconocido, poco podemos hacer. Pero siga, por favor.»

Me di cuenta entonces de que ya no quería continuar, ya lo había dicho todo, y cediendo a la tentación de hablar de él, lo estaba acusando. El sargento todavía retuvo en la cara durante unos instantes los jirones de aquel estupor primero por el sobreseimiento del caso. Miraba en otra dirección, como si buscara en la memoria o en algún otro oculto lugar de su inteligencia un indicio, una señal que se relacionara con aquella trama delictiva que yo le acababa de descubrir. Después, no encontrando al parecer nada, me hizo una serie de preguntas para acabar de aclarar ciertos puntos y, finalmente, se levantó:

«Bueno, señora, gracias, tal vez podamos aún hacer algo.»

Yo le dije:

«Una última cosa, sargento, ¿sabía usted que Adelita ha muerto?

«Claro que lo sé», dijo. «¡Claro que lo sé!»

«Y, ¿es cierto que se ha suicidado?»

«Pues...», dudó. «Nadie puede saberlo, aunque todo parece indicar que fue ella la que se echó bajo las ruedas del coche que venía de frente. Que fue ella la que, según las huellas, se echó hacia la izquierda sin dejar tiempo al conductor del coche más que a frenar de forma brusca, pero el golpe que recibió fue mortal, y el espectáculo de su cuerpo destrozado, dantesco. Es cierto que también las huellas de las ruedas del coche giran levemente hacia su izquierda, pero mucho menos. Claro que como todo ocurrió en una curva muy cerrada que Adelita tenía a su derecha, también podemos suponer que se desvió para tomarla más abierta y que no vio el coche que venía o que los faros la deslumbraron. También podemos deducir que el coche que venía la embistió sin más. Todo puede suponerse. ¿Me sigue?»

«Sí», dije.

«Así que es difícil saber exactamente lo que ocurrió.»

«Los del otro coche, ¿qué dicen?»

«Bueno, poco pueden decirme, al menos a mí, porque el conductor y los ocupantes, si es que los había, se dieron a la fuga. Por las huellas de los neumáticos y por la pintura, sabemos que podría ser un Mercedes negro. Aunque bien podría ser que llevaran ruedas de segunda mano y eso haría más difícil la investigación.» Sonrió. «De hecho, ya hemos preguntado a la gente que podría habernos dado una pista, y apenas han querido hablar. Ya sabe cómo son, basta que venga la Guardia Civil para que todos a una se callen. Es lo que han hecho. El único que nos falta por interrogar es el marido que, según dice la familia, fue a Francia a llevar a sus hijos, pero no confío demasiado en su declaración. Lo conozco porque lo he tenido aquí muchas veces, y nunca hay forma de saber lo que quiere decir. Un hombre de una rara especie: por una parte, silencioso y discreto, y, por otra, pendenciero y marrullero. Así que la versión con la que nos hemos quedado, la oficial, es que ha sido un accidente, no podemos hacer otra cosa.»

«Es evidente», asentí.

«En cuanto a usted, lo único que le puedo decir es que se ande con cuidado. No vaya por ahí contando que si en su casa se han hecho camas redondas, o que se ha convertido en un centro de prostitución. En primer lugar, piense que ellos saben que usted sabe, a la fuerza Adelita tuvo que contarles que ya no pueden disponer de su casa, y cuanto menos ellos sepan de usted, tanto mejor. En segundo, no olvide que una orgía en esas condiciones no es delito. Así que deje de fabular sobre las posibilidades de denunciarlos porque cree que hay una relación entre esas orgías y el robo. ¿Qué testigos tiene? ¿Quién declararía en contra de ellos si ni siquiera los abogados han querido hacerse cargo del asunto? ¿No se da cuenta de que, si es una red delictiva, es también influyente y con dinero y poder en todos los rincones y estamentos de la sociedad, como lo son todas en mayor o menor medida? No crea que le va a ser tan fácil descubrirlos y demostrar sus delitos. Se ayudan y tapan la boca de los posibles acusadores con dinero. Con dinero y con prebendas. A Adelita, según usted me dice, si no se le hubiera acabado disponer de su casa, ya le habrían conseguido una recalificación de su mísero terreno, y esto la habría salvado. Sin la casa de usted para bacanales, ni sacaba dinero para el chulo», y me miró como dando a entender que también sabía lo que yo callaba: «ni obtenía favores que le solucionaban los problemas de la familia. No crea que no era triste su situación, no crea que no hay por qué quitarse la vida. Se le desmoronó todo el tinglado que había montado con empeño y paciencia. Pero piense también en ellos: aunque usted no tiene dónde agarrarse, no les gustará que alguien ande investigando. Como tampoco les habrá gustado», y aquí se detuvo a mirarme como pidiendo que comprendiera sin obligarlo a ser más explícito, «o no les habría gustado», rectificó, «que usted hubiera puesto una denuncia por el robo de la joya. Adelita habría tenido que declarar. Podría haber hablado en el juicio... ¿Comprende lo que le estoy diciendo?» Calló un momento sin dejar de mirarme. Luego debió de pensar que yo no había entendido y continuó: «No digo que sea así, pero ¿quién no nos dice que al saber que usted andaba husmeando tuvieron miedo de que Adelita hablara y...?»

Dejó en el aire un interrogante, y un escalofrío recorrió mi cuerpo, como si un rayo de luz gélida hubiera atravesado el ambiente espectral que había creado con el brutal peso de la insinuación. Hubo un momento de silencio. Él asistía a mi reacción, atento y satisfecho de ver el pánico en mi cara, por eso añadió:

«Así que, créame, este trabajo nos lo deja a nosotros, que para esto estamos. Si la necesitamos, ya la llamaremos. Y en segundo lugar, tenga en cuenta que todo se sabe y que las habladurías no la ayudarán a que la acepten las gentes del pueblo.»

«A mí qué más me da que me acepten», tuve todavía valor para protestar.

«¡Claro que le da! Por lo menos si, como me dijo el día del robo, cada vez quiere vivir más tiempo aquí y menos en la ciudad. Hágame caso y olvide este asunto. Investigarlo no es trabajo de usted, sino nuestro. ¡Ah!, y llámeme cuando quiera, será un placer poder ayudarla.»

Me acompañó hasta la puerta y, cuando yo ya había salido a la calle, me llamó como si se le hubiera olvidado decirme alguna cosa importante:

«Oiga, señora Fontana, llámeme cuando quiera, pero no olvide que nosotros nos vamos.»

«¿Se van? ¿Adónde se van? ¿Quiénes se van?»

«Quiero decir que a partir de noviembre la Guardia Civil se va de este pueblo, porque viene la policía autonómica, con ellos deberá entenderse, pero de momento seguimos aquí.»

«En noviembre ya me habré ido, y esta pesadilla habrá terminado», dije.

«Adiós y cuídese», lo dijo con convicción y sinceridad, y me llamó tanto la atención que al pasar por el primer escaparate me volví para ver la cara que tenía. Sí, tenía mala cara, definitivamente mala, malísima. Negras ojeras me daban un aspecto de actriz antigua y había adelgazado tanto que los pómulos sobresalían con agresividad en una cara carcomida y chupada.

Me estuve, pues, quieta en casa toda la tarde, intentando recuperar un poco la tranquilidad. No tenía la menor intención de quedarme a vivir en el campo, de hecho nunca la había tenido y menos ahora, desde que había salido del cuartelillo, ansiando reincorporarme a la vida de la ciudad, que volvía a mostrar su aspecto más grato. La obsesión se me pasaría, de hecho no era más que una obsesión infantil que había tenido su principio y que tendría su fin. Todo lo tenía. A la luz de la muerte real de Adelita, volvía la vida a recuperar su valor, y el tiempo, que un par de días antes me había parecido una carga que arrastrar más que el soporte donde construir y vivir, adquiría otra dimensión, otros límites. Ya no era infinito como en la infancia y la juventud o como cuando lo veía vacío, sin paisajes ni figuras, no, ahora de nuevo lo limitaba la muerte. Igual que la de Adelita había acabado con su tiempo, la mía podía llegar y dejarme sin existencia, sin voz y sin palabra, sin la capacidad de decidir, de mirar y de inventar, incluso de soñar el sueño de un amor prestado.

No, no quería morir, aunque tuviera tan poco de qué vivir, y aunque me resultaba difícil aceptar que Adelita pudiera haber sido víctima de una maquinación que le impidiera hablar y contar lo que sabía, más bien me inclinaba a creer que había sido ella la que había elegido su propia muerte. Aunque, conociéndola como la conocía, tal vez habría estado más en consonancia con su personalidad, siempre deseosa de dramatizar y de impresionar, que se hubiera tomado una dosis de unas pastillas obtenidas de la farmacia gracias al médico de las recetas o que se hubiera colgado de la rama de un árbol como en mi sueño. ¿Por qué no? La versión de la horca casera sostenida por la rama de una higuera o una catalpa, balanceándose su sombra por el suelo al que ya no le llegaban los pies, trágica muerte de héroes desesperados, péndulo macabro marcando un ritmo que ella ya no podría oír. Sin embargo, nada le habría gustado más que ser admirada, fría y blanca ya, en la cama, o tumbada en un catafalco que ella misma habría arreglado, vestida con una túnica de seda para aparecer más bella en la sobriedad de una muerte sin dolor y mostrar al mundo la plenitud de su inocencia.

Eran muertes adecuadas, decidí dejando vagar mis pensamientos para acallar un atisbo de remordimiento que se empeñaba en aparecer, muertes menos traumáticas, más limpias que la sangre y los huesos y la carne salpicando la carretera, y la mobilette a diez metros de distancia convertida en un amasijo de hierros, una imagen que había quedado grabada en mi conciencia con la misma contundencia que si el accidente hubiera ocurrido ante mis ojos horrorizados. Muerte provocada tal vez para callar sus mentiras o sus confesiones. Podía ser. En los entresijos de su devenir, de todo lo que había organizado, de lo que ocultaba y de lo que se vanagloriaba, bien cabía la figura de un desalmado que, cumpliendo órdenes de un poder superior, la embistiera a ella y a su mobilette y la dejara destrozada en la carretera para que no hubiera ni una sola probabilidad de que se descubrieran una serie de orgías que podrían oscurecer su imagen pública. Bien podía ser, tal como había insinuado el sargento.

Al cerrar las puertas de la casa, ya de noche, el temblor de la mano al dar la vuelta a la llave, me di cuenta, como en una reacción tardía, de que el temor no había desaparecido. No por Adelita ni su trágico fin, sino porque de pronto me encontraba en el punto de mira de ese hombre desalmado que me iba cercando, armado con una segunda orden que cumplir. El miedo es libre y no necesita motivos ni realidades para manifestarse. No se sostenía en nada, pero allí estaba, al alcance de la mano.

Al día siguiente, cuando salí por la puerta trasera para ir a buscar el coche, recordé en el último instante que el día anterior, seguramente empujada por las ganas de encerrarme en casa, no lo había aparcado detrás de la casa como siempre, sino que lo había dejado frente a la puerta principal de entrada, en la parte delantera. Y fue en el momento de abrir la cristalera cuando vi el paquete sobre la mesa que había bajo un cañizo, a unos seis o siete metros de la casa. Al principio no entendí de qué se trataba. Parecía el cuerpo inerte de un bicho negro. Lo miré con prevención hasta que me fui acercando y me di cuenta de que era una caja, de la medida de una caja de zapatos aunque menos alta, envuelta en papel negro y atada con un cordel negro también, que tenía una etiqueta donde figuraba mi nombre en el extremo más visible. «Aurelia Fontana.» Alguien habría venido mientras yo dormía, alguien que, al no obtener respuesta, había optado por dejar el paquete sobre la mesa. Qué extraño, pensé, porque aunque hayan venido muy de mañana yo tendría que haber oído el coche. Tengo el sueño muy leve. Tal vez el paquete lo habían dejado el día anterior y yo no lo había visto. Pasaba tantas horas encerrada y salía tan pocas veces al jardín que era posible que no me hubiera enterado.

Desenvolví el papel negro y abrí la caja. Envuelta en un embalaje de bolitas de plástico, encontré una pistola. Una pistola de verdad, aunque yo nunca había visto ninguna, ni de verdad ni de fogueo, pero estaba segura de que era una pistola de verdad. Y esto me hizo pensar que, puesto que era una pistola de verdad, el hecho de que estuviera aquí, con una etiqueta que me estaba dirigida, no podía ser sólo una broma de mal gusto. Una prevención rigurosa me impidió levantarla. ¿Qué me estaba diciendo esa pistola? ¿Cómo tenía que interpretarlo? No podía apartar los ojos de ella. Al cabo de un buen rato alargué la mano y la toqué. Estaba fría y la parte de la culata, que tenía el metal grabado con un dibujo de malla, era rugosa al tacto. Decidí cogerla, no podía pasarme nada. No sabía si estaba cargada ni habría sabido cómo comprobarlo. Muy despacio la levanté, dirigí la boca hacia adelante y con mucho cuidado puse la mano en el gatillo para imitar el gesto de los pistoleros. De pronto, una sacudida me electrizó la muñeca y un estruendo apocalíptico retumbó en el jardín y levantó una nube de vencejos ocultos en la espesura de una morera. Yo tenía el corazón en la boca, y la mano paralizada sostenía con fuerza la pistola, como si temiera que se me encabritara. Noté el sofoco en las mejillas y en los siempre excesivos redobles de mi corazón. Poco a poco, bajé la mano, con cuidado, manteniendo la boca de la pistola hacia adelante, y la dejé con suavidad sobre el trapo negro que yacía, como una mortaja, fuera de la caja. Y corrí al teléfono.

«¿Es el cuartel de la Guardia Civil?»

«Sí, aquí es.»

«Quiero hablar con el sargento Hidalgo, soy Aurelia Fontana.»

«Un momento.»

Todavía retruñía en mis oídos el estallido de la descarga que, al menos en mi conciencia, había dejado tras de sí una nube de humo y de olor a fuego antiguo. Desde el teléfono veía el jardín donde había vuelto la paz, incluso los vencejos se habían alborotado más aún y sus repetitivos trinos se aglutinaban en una inmensa bolsa de gorgoritos.

«Diga, señora Fontana.»

Al oír su voz me habría echado a llorar, de miedo esta vez, pero tampoco lo hice.

«Una pistola», dije para esconder el nudo que se me había hecho en la garganta. Y más recuperada la voz: «Me han enviado una pistola, metida en una caja y envuelta en un trapo negro. La he cogido y se me ha disparado.» Y añadí para mí, todavía tiemblo, y era cierto, desde que se había desprendido del peso del arma, un espasmo imparable se había apoderado de mi mano derecha como si quisiera fijarse en ella para siempre.

El sargento no me dejó pensar en el temblor de la mano:

«¿Una pistola? ¿Que le han dejado una pistola en la puerta de su casa?»

«Bueno, no exactamente en la puerta, sino frente a ella, sobre la mesa del jardín.»

«Váyase, ¡váyase en seguida! Ya volverá. Deje que las cosas se tranquilicen, pero váyase, no nos cree problemas ni se los cree usted.»

Estaba mucho más nervioso que yo, se atascaba al hablar y se repetía. Es más, no estaba nervioso, estaba asustado, y logró asustarme a mí más aún de lo que lo había estado en todo este rato.

«Váyase», repetía. «Cierre la casa y váyase, no se exponga.»

«¿No me exponga a qué?, ¿qué me quiere decir?»

«Le estoy diciendo que se vaya.»

«¿Y qué hago con la pistola?»

«Yo qué sé lo que tiene que hacer con la pistola. Póngala en un cajón. No, mejor déjela sobre la mesa del jardín y nosotros la recogeremos.»

La tensión se convirtió en explosión.

«¿Qué me está diciendo?», salté, «¿que deje el arma al alcance de cualquiera?» El juicio me abandonaba. «¿Qué quiere, que me maten? ¿Es eso lo que quiere?, ¿es así como lo ve usted? O sea, ¿que también usted está conchabado con los demás?»

«¡Cálmese, señora Fontana! ¡Cálmese! No es el momento de encresparse.»

«No quiero calmarme, quiero saber qué ocurre, qué está pasando para que usted me diga que deje el arma sobre una mesa. Para que me maten.»

«No lo repita. Hágame caso, cuelgue el teléfono y váyase.»

No le hice caso.

«Tal vez a usted no se le escapa por qué me han dejado una pistola, ¿no es así? Y no le hace falta adivinar quién me la ha dejado porque ya lo sabe, ¿no? Pero al menos podrá decirme si me la han dejado para que me defienda o para que me mate. Dígamelo, dígamelo claramente, usted también está con ellos, tenga valor y hable, no se quede como todos tratándome como si estuviera loca.»

«Señora Fontana, cálmese, se lo ruego, yo no sé nada, sólo le aconsejo que se vaya. Y haga lo que quiera con la pistola, es mejor que la tengamos nosotros, pero si quiere, llévesela. Y váyase, váyase de una vez.» Entonces, cambiando de tono, como si estuviera de pronto interesado en los detalles prácticos, añadió: «¿Tiene alarma su casa?»

Tal vez ese cambio fue lo que me devolvió la calma.

«Sí», dije, recobrando el sentido.

«¿Con quién la tiene conectada?»

«Con la central.»

«¿Qué central? Deme el nombre y el número de identificación, si lo tiene.»

«Voy a ver.»

«¡Espere! Llame a la compañía y dígales que si se dispara llamen aquí al cuartel, ya sabe nuestro teléfono. Y deme usted el de ellos.»

La irritación había desaparecido, pero me había entrado el pánico, y me era difícil encontrar los papeles de la alarma. Dejé un cajón completamente despanzurrado y, finalmente, con el contrato en la mano, volví al teléfono. Le di el número al sargento y la contraseña y, todavía antes de colgar, oí su voz que repetía:

«Rápido, váyase, hágame caso, váyase de una vez.»

Llamé a la central y les di el mensaje. Temblando, recogí la pistola, cerré con llave la puerta cristalera de la entrada y la de atrás de la cocina. De pronto, comprendía que tenía salvación, que la salvación estaba en la huida, en el miedo que me devolvía al verdadero valor de las cosas. ¿Valor? ¿Qué valor? Daba igual, volvería al mundo, olvidaría esta historia, seguiría viviendo una vida de comodidad, sin riesgos, sin dudas, sin pesadumbres por un pasado que ya no tenía remedio, cantaría mi canción, la mía propia, por humilde y desabrida que fuera. El miedo a la muerte me devolvía a la vida, sí, así sería, lejos de esta casa y de sus infinitas sombras.

Con esta incipiente euforia y una esperanza recién recobrada, me fui a mi habitación, cogí una maleta y la estaba haciendo a bandazos, y en el más absoluto desorden, como las hacen en las películas las mujeres que abandonan a sus maridos, cuando sonó la campanilla de la puerta. Mi atribulado corazón se detuvo. La campanilla jamás la utilizaba nadie, escondida como estaba entre las hojas de la parra. Cogí la pistola y bajé lentamente la escalera con la atención puesta en los peldaños, convencida de que las piernas no me aguantarían y acabaría en el suelo. Desde el último tramo ya veía la puerta cristalera de la entrada. Una sombra ocultaba los cristales del centro. Reconocí de inmediato la silueta que estaba tras ellos. Me acerqué despacio y abrí la puerta, conmovida por un temblor nuevo y una emoción desconocida. Allí estaba él. Lo había reconocido por la forma del sombrero, por la imagen ahora cercana, copia de la que había atisbado en el monte con Adelita, o de la que tantas veces había permanecido inmóvil bajo la frondosa higuera cuyas hojas verdes y anchas, movidas por el viento del verano, dibujaban claros y sombras que la ocultaban en parte y que en el invierno, aun con abrigo y sombrero, el pasmo de las heladas dejaba tan desnuda como el paisaje adormecido bajo la capa de escarcha. Así había permanecido en mi memoria. Y así aparecía ahora, coincidiendo con ella como un calco. Tenía la luz del sol en la espalda y su rostro quedaba en la sombra, pero aun así el brillo de sus ojos se abría paso en la tenue penumbra que lo envolvía con la misma obscena seducción de aquellas imágenes inaccesibles que tantas noches yo había convocado en mis sueños. Estaba inmóvil en el quicio de la puerta con las manos en los bolsillos, apoyado el peso del cuerpo en una pierna que a su vez desnivelaba los hombros un poco encorvados, echados hacia adelante en una actitud de quererme arropar o proteger, o tal vez sólo de quererme arrinconar y someter, o esperando a que yo hablara y me interesara en saber de dónde venía, qué lo había traído hasta mi casa, o mejor aún, a decirme lo que esperaba de mí. Porque esta vez, estaba segura, yo era su objetivo, Adelita ya no estaba. Y aunque no podría haber adivinado si había venido a cumplir un mandato como el que había recibido el hombre desalmado o si, vencido él también por la impaciencia y el deseo, aquí estaba para redimirme de mis terrores y apaciguar de una vez mis ansias y las suyas, entendí que mi preocupación debía ser de otro orden, porque sentí el solaz que otorga la cercanía del objeto de nuestro deseo cuando cobra vida, desprendiéndose de los sueños y fantasías, y comprobé cuán rápidamente había desaparecido la soledad. En esta historia, pensé, todo estaba previsto excepto el desenlace.

Él miraba la mano que empuñaba la pistola, no con sorpresa, sino como si antes que nada tuviera que solucionar ese asunto. No cambió la expresión de la cara, tal vez la dulcificó con la levedad de un soplo. Alargó la mano en un ademán que no era de súplica, aunque tampoco era una orden, así, sin más, para que yo le diera el arma, como si su lugar no estuviera en mi mano sino en la suya. Alargué el brazo y él la recogió, y con un simple gesto casi doméstico, se la puso en el cinturón.

Impulsada por su actitud y su mirada y fascinada tal vez por una sonrisa que comenzaba por fin a definirse, me fui echando hacia atrás, más por atraer la imagen real que tenía delante, ahora que definitivamente había quedado atrapada en ella, que por huir. En la lentitud de nuestros movimientos, él avanzaba más rápido que mi retroceso, acortando a cada paso la distancia. Un instante antes de quedar aprisionada entre la pared y su cuerpo, en el momento en que sus brazos me envolvían y se acercaba a mi boca el aliento de la suya, un último relámpago de lucidez me vino a decir que era yo y no él quien justificaba la oscura y descalabrada historia de Dorotea, pero que, de todos modos, fuera cual fuere el camino que a partir de ahora me deparara el destino, nunca me sería dado saber si la canción que iba a cantar sería alguna vez la mía.

Llofriu, junio de 2001.

301

NOVELAS GALARDONADAS
CON EL PREMIO PLANETA

1952. *En la noche no hay caminos.* Juan José Mira

1953. *Una casa con goteras.* Santiago Lorén

1954. *Pequeño teatro.* Ana María Matute

1955. *Tres pisadas de hombre.* Antonio Prieto

1956. *El desconocido.* Carmen Kurtz

1957. *La paz empieza nunca.* Emilio Romero

1958. *Pasos sin huellas.* F. Bermúdez de Castro

1959. *La noche.* Andrés Bosch

1960. *El atentado.* Tomás Salvador

1961. *La mujer de otro.* Torcuato Luca de Tena

1962. *Se enciende y se apaga una luz.* Ángel Vázquez

1963. *El cacique.* Luis Romero

1964. *Las hogueras.* Concha Alós

1965. *Equipaje de amor para la tierra.* Rodrigo Rubio

1966. *A tientas y a ciegas.* Marta Portal Nicolás

1967. *Las últimas banderas.* Ángel María de Lera

1968. *Con la noche a cuestas.* Manuel Ferrand

1969. *En la vida de Ignacio Morel.* Ramón J. Sender

1970. *La cruz invertida.* Marcos Aguinis

1971. *Condenados a vivir.* José María Gironella

1972. *La cárcel.* Jesús Zárate

1973. *Azaña.* Carlos Rojas

1974. *Icaria, Icaria...* Xavier Benguerel

1975. *La gangrena.* Mercedes Salisachs

1976. *En el día de hoy.* Jesús Torbado

1977. *Autobiografía de Federico Sánchez.* Jorge Semprún

1978. *La muchacha de las bragas de oro.* Juan Marsé

1979. *Los mares del sur.* Manuel Vázquez Montalbán

1980. *Volavérunt.* Antonio Larreta

1981. *Y Dios en la última playa.* Cristóbal Zaragoza

1982. *Jaque a la dama.* Jesús Fernández Santos

1983. *La guerra del general Escobar.* José Luis Olaizola

1984. *Crónica sentimental en rojo.* Francisco González Ledesma

1985. *Yo, el Rey.* Juan Antonio Vallejo-Nágera

1986. *No digas que fue un sueño (Marco Antonio y Cleopatra).* Terenci Moix

1987. *En busca del unicornio.* Juan Eslava Galán

1988. *Filomeno, a mi pesar.* Gonzalo Torrente Ballester

1989. *Queda la noche.* Soledad Puértolas

1990. *El manuscrito carmesí.* Antonio Gala

1991. *El jinete polaco.* Antonio Muñoz Molina

1992. *La prueba del laberinto.* Fernando Sánchez Dragó

1993. *Lituma en los Andes.* Mario Vargas Llosa

1994. *La cruz de San Andrés.* Camilo José Cela

1995. *La mirada del otro.* Fernando G. Delgado

1996. *El desencuentro.* Fernando Schwartz

1997. *La tempestad.* Juan Manuel de Prada

1998. *Pequeñas infamias.* Carmen Posadas

1999. *Melocotones helados.* Espido Freire

2000. *Mientras vivimos.* Maruja Torres

2001. *La canción de Dorotea.* Rosa Regàs